薪火相传

"十四五"时期国家重点出版物出版专项规划项目

迈向体育强国之路

中国体育改革与创新发展研究文丛

总 主 编｜易剑东

副总主编｜李树旺　龙斌

ON THE WAY
TO A SPORTS POWER

薪火相传

科学计量学视角下
我国体育科学学科史研究

王琪　著

北京体育大学出版社

丛书总策划：赵月华　赵海宁
丛书责任编辑：赵海宁
本册责任编辑：姜艳艳
本册责任校对：郝　彤　魏赛伟
封 面 设 计：刘星逸
版 式 设 计：杨　俊

图书在版编目（CIP）数据

薪火相传：科学计量学视角下我国体育科学学科史

研究 / 王琪著 . -- 北京：北京体育大学出版社，2024.

6. -- （迈向体育强国之路：中国体育改革与创新发展

研究文丛 / 易剑东总主编）. -- ISBN 978-7-5644-4130-

2

Ⅰ . G807.4

中国国家版本馆 CIP 数据核字第 2024KF5088 号

薪火相传——科学计量学视角下我国体育科学学科史研究
XINHUO XIANGCHUAN —— KEXUE JILIANGXUE SHIJIAOXIA WOGUO TIYU KEXUE XUEKESHI YANJIU

王琪　著

出版发行：北京体育大学出版社
地　　址：北京市海淀区农大南路 1 号院 2 号楼 2 层办公 B-212
邮　　编：100084
网　　址：http：//cbs.bsu.edu.cn
发 行 部：010-62989320
邮 购 部：北京体育大学出版社读者服务部 010-62989432
印　　刷：北京昌联印刷有限公司
开　　本：710mm×1000mm
成品尺寸：170mm×240mm
印　　张：15.25
字　　数：240 千字
版　　次：2024 年 6 月第 1 版
印　　次：2024 年 6 月第 1 次印刷
定　　价：88.00 元

总序

体育强国建设的理论贡献和学术追求

体育强国，对中国人来说至少是一个百年梦想。

早在 1907 年，我国著名教育家张伯苓就提出我国派运动员参加奥运会的设想。

随后的 1908—1909 年，中国大地上流传着著名的"奥运三问"："中国何时派一人参加奥运会？中国何时派一支队伍参加奥运会？中国何时举办奥运会？"

到了 1910 年，在中国历史上第一届全国运动会[1]举办之前，新的"奥运三问"在媒体出现了，其中的第二个问题换成了"何时能于万国运动大会[2]时独得锦标"。

这三个梦想，中国人花了百年才完全实现。

百年前的 1924 年巴黎奥运会，中国曾有四名运动员报名参加网球男子比赛，可惜后来因为种种原因未能如愿。

1928 年，宋如海代表当时的中华全国体育协进会参观了荷兰阿姆斯特丹奥运会。他回国后出版了《我能比呀·世界运动会丛录》，将"Olympia"置换成"我能比呀"，发出了中国人期待在奥运会展露风采的强音。

1932 年美国洛杉矶奥运会上，中国运动员刘长春孤身一人踏上了赛场，成为中国奥运第一人。

1980 年 2 月，中华人民共和国首次派团参加了在美国普莱西德湖举办的第 13 届冬奥会。

1984 年 7 月 29 日，许海峰在美国洛杉矶奥运会射击场上夺得当届奥运会第一枚金牌，国际奥委会主席萨马兰奇亲自颁奖，称这是中国体育史上伟大的一天。

---

[1] 原名"全国学校区分队第一次体育同盟会"，辛亥革命后追认为"第一届全国运动会"。
[2] "万国运动大会"即当时国人对于奥运会的称呼。

2001 年 7 月 13 日，北京成功获得 2008 年奥运会主办权。

大约半年后，杨扬在美国盐湖城举办的第 19 届冬奥会上夺得两枚金牌，实现了中国冬奥会金牌零的突破。

我们的首次夏季奥运会和冬季奥运会之旅都是在美国开启的，金牌零的突破也是在美国实现的，特别是夏季奥运会，首次之旅和金牌零的突破都是在美国洛杉矶。这是一个历史的机缘巧合，似乎也预示着中国人的强国梦的开启和落实。

2008 年 8 月 8—24 日，北京奥运会成功举办，获得了国际奥委会"无与伦比"的评价。2022 年 2 月 4—20 日举行的北京冬奥会，国际奥委会再次给出了完全一样的评价——"truly exceptional"，我们称之为"无与伦比"！

中国的体育强国梦想，从一开始就是在国际环境中自我激励和砥砺前行的产物。我们在与其他国家（或地区）的比较中生发出民族强盛的梦想，我们在屈辱的近代历史中希望通过体育的强大洗刷曾在战争中遭受的屈辱。体育成为中国人强大心灵和强盛梦想的显性承载平台。因为这个平台鲜明、直观、庞大，极易打动人心，也最能凝聚人心。

根据历史记载和旧人回忆，我国最早出现"体育强国"一词应该在 1980 年前后。在中央电视台拍摄的一部体育纪录片中，曾经担任国家体委主任的李梦华亲口坦诚地说："体育强国一词是我提出来的。"

2008 年北京奥运会结束以后，在总结表彰大会上，国家主席胡锦涛在讲话中提出了中国从体育大国向体育强国迈进的战略目标。

2019 年，国务院办公厅发布了《体育强国建设纲要》。

笔者曾经阅读过 20 世纪 80 年代初出版的《体育理论》《体育概论》教材，发现其中已经出现了体育强国建设的指标，包括奥运会金牌总数进入前六名这个硬指标，还有群众体育参与人数比例、人均体育场地面积数、青少年体育成绩达标人数、体育经费占比等指标。这个体育强国的指标，后来还在四个现代化的目标描述中被引用，成为"2000 年的中国体育"中关于中国体育贡献与国家现代化的一个核心表述。

如果说过去提出"体育强国"的概念和口号，代表着我们依托国民经济和社会发展的目标对体育发展提出的要求，那么 2019 年发布的《体育强国建设纲要》则是在我们建设现代化强国的征途中体育与国家同步走向现代化的一个切实而具体的目标。

体育强则中国强，国运兴则体育兴。这句简洁的话语背后，蕴含着体育强国的深刻内涵和深层逻辑。只有在国家经济社会发展处于不断进步的背景下，体育才能获得发展的环境和条件。在国际舞台上，体育的强大往往是国家强盛的重要标志之一。体育强国，必然是先有强国才有强体育，而强体育是展示强国实力的重要标志。这也是体育成为强国标志性力量重要组成部分的应有之义。所以，我们的体育强国建设，包含着两个必然的逻辑进路：体育在国家经济社会发展支撑下逐步强大，进而通过体育的强大昭示和展现国家的强大实力。

《体育强国建设纲要》提出了全民健身、竞技体育、体育产业、体育文化、体育外交五个关键领域逐步发展更好的目标、任务和步骤，开启了中国体育全面实现高质量发展的新征程。

我们来看下具体的表述。

"全民健身更亲民、更便利、更普及"，这是让大众体育走进百姓日常生活的具体要求，是增加群众体育人口和人均体育场地面积乃至体育经费的必然要求，需要我们付出巨大的努力。

"青少年体育服务体系更加健全，身体素养显著提升，健康状况明显改善"，这是国家层面加大对青少年体育投入以取得显著效果的必由之路，展示了对当前我国青少年体育现实加以改变和完善的决心。

"把竞技体育搞得更好、更快、更高、更强"，这是对我国参与国际体育竞争的目标和能力的表述，将"更好"置于"更快、更高、更强"之前，也体现出我们追求中国竞技体育高质量发展和高水平治理的战略目标。

"体育产业更大、更活、更优"，这是我国将体育产业建成国民经济支柱性产业的战略目标的表述，该目标势必要求体育产业规模更大、机制更灵活、效益更优。这不仅可以为体育事业提供强有力的支撑，也可以为国民经济和社会发展作出更大贡献。

"体育文化感召力、影响力、凝聚力不断提高。"体育文化发展是体育事业和体育产业发展的根基和灵魂，指引着体育改革的方向。体育赛事和群众体育活动、体育新闻报道和文化艺术作品等，只有充分发挥感召世人、影响舆论、凝聚人心的功能，才能助推体育强国建设。

"体育对外和对港澳台交往更活跃、更全面、更协调。"体育是举世公认的身体语言和世界语言，体育对外交往是塑造可亲、可敬、可信的中国形象的独特平台。宏大、激越、亲和、直观的体育交往平台是不可替代的对外交往场域。使体育对外交往增加活跃度、拓展影响面、注重协调性是中国建成体育强国的必然要求。

今年1月，笔者有幸参与了国家体育总局政策法规司组织的一次关于构建体育强国建设指标体系的座谈会，其间有机会听取了我国交通运输部一位专家讲解的"交通强国"建设指标体系的构建思路和做法。这次座谈会的召开，也昭示着体育强国建设已经进入了分领域、分阶段、分步骤推进的实质性、全方位谋划与评估的新阶段。

如何分领域和任务、分阶段和步骤建设体育强国，已经成为摆在我们前面的一项具体而切实的使命。

北京体育大学出版社"迈向体育强国之路：中国体育改革与创新发展研究文丛"（以下简称"文丛"）就是在这样的背景下出版的，这是体育文化人对体育强国建设的战略审视、策略思考，更是对中国体育改革和发展实践的理论观照、现实把握。在中国竞技体育，特别是奥运会成绩已经稳定在世界前三名的背景下，我们的文丛首先聚焦在体育强国建设的基础领域：全民健身和青少年体育。这是一次对中国体育基础性、根本性、前提性问题的全面关注，也是一次对体育强国建设奠基性和战略性工程的系统观照。

《使命在肩——我国青少年体育活动促进制度体系研究》的主编肖林鹏教授，目前是北京体育大学管理学院教授、博士生导师，多年来致力于体育管理实践领域的研究和探索，是我国体育公共服务、青少年体育研究学术影响力最大的几位学者之一。他二十多年来深得教育部、国家体育总局等相关部门的信任，主持了一系列关于青少年体育领域的重要研究项目和政策文本的研制，如他先后承接了体育总局青少年体育司"青少年体育活动促进计划"等多项工作性研究项目，主编了《中国青少年体育活动促进发展报告》《中国青少年体育俱乐部发展报告》年度系列等，在我国的青少年体育研究中属于领军型学者。该书着力于我国青少年体育活动促进制度体系的研究，全方位探索社会制度、体育制度和青少年制度的有机整合，力求提炼出支撑我国青少年体育的完整制度元素及其有机互动，为青少年体育活动的全面、深入、普遍开展提供坚实的制度保障。体育强国的根基在青少年，青少年体育是体育强国建设的基础性工程和标志性体现。

《薪火相传——科学计量学视角下我国体育科学学科史研究》一书的作者是王琪教授，现任北京师范大学体育与运动学院副院长、博士生导师，中国高等教育学会体育专业委员会副秘书长、理事，中国教育学会体育与卫生分会理事，教育部普通高校师范类专业认证专家等职。王琪教授长期主要从事体育科学史、学校体育教育、体育教师教育等方面的教学与研究工作，发表了一系列学术界公认的研究成果。该书以科学计量学为研究方法，对1949年以来的体育学科知识流动进行了系统性梳理，从史学视角回顾和归纳了其发展概况、演进阶段、知识特征、流动规模与机制，旨在为中国式现代化建设背景下有序地推进中国特色体育学科体系建设添砖加瓦。习近平总书记曾指出："了解历史、尊重历史才能更好把握当下，以史为鉴、与时俱进才能更好走向未来。"体育强国建设不能缺少对中国体育学科史的探赜，这是由体育学科史自身价值所证明的。当下追溯与挖掘中国体育学科史，总结中国体育学科的历史根源和发展规律，反思中国体育学科在知识流入和知识流出层面上的知识生产模式，可以为未来一段时间内如何围绕中国体育学科基本议题加快构建体育学科体系提供理论参照，也可以为新时代中国体育改革事业持续走向纵深提供历史性支撑。

《培根铸魂——体育教师核心素养的内涵与培养》的作者尹志华教授，现任华东师范大学体育与健康学院教授、博士生导师、博士后合作导师，曾先后担任教育部体育与健康课程标准修订专家组成员兼秘书、教育部体育教师培训课程标准研制组专家、教育部体育与健康教材审查指标研制组专家、教育部全国专业学位水平评估专家等。长期从事体育教师教育、体育课程与教学等方面的教学与研究工作，在体育教师素质与能力研究领域成果丰硕，受到学界的普遍认可，其学术成果具有广泛的社会影响和学术影响。该书基于当前我国核心素养导向体育课程改革的发展趋势，秉持"培养学生体育与健康核心素养的体育教师应该具备相应核心素养"的原则，在系统归纳国内外相关研究的基础上，立足体育教师的核心使命和主要任务，建构了顺应体育教育改革和教育理念更新的体育教师核心素养体系，在内涵阐释和要义明晰的基础上，提出了高水平体育教师核心素养培养的主要策略。学校体育和青少年体育所需要的关键资源之一是高水平的体育师资，这是中国体育强国建设必须补齐的短板。因此，该书的理论价值和现实意义毋庸置疑。

《强国有我——青少年体质健康的社会决定因素及政策应对研究》的作者郇昌店教授，现就职于山东体育学院体育管理学院，教授，教育学博士，硕士研究生导师，兼任中国体育科学学会体育社会科学分会委员、中国体育科学学会青年工作委员会委员。郇昌店教授多年来笔耕不辍，产出了大量高水平的体育学术成果，特别在青少年体育、公共体育服务、体育产业等领域，成果较多，影响较大。该书针对建设体育强国的关键问题，坚持理论与实践相结合，综合运用多学科理论方法，站在健康社会决定因素的视角，关注青少年体质健康的社会决定基础，并讨论了这些因素之间的内在关系，从理论系统性和现实完备性的角度讨论了促进青少年体质健康的公共政策应对问题。体育强国建设的使命之一是为建设健康和谐的社会作出贡献，并在国家经济和社会发展的基础上实现体育事业高质量的发展，该书阐明了青少年体质健康的社会决定因素，提出了政策建议，抓住了体育强国建设的核心问题和关键环节之一，为体育强国建设提供了理论参照与实践指引。

《凝心聚力——全民健身志愿服务心理契约治理研究》的作者夏树花副教授，现为河南师范大学体育学院副院长、硕士研究生导师。在全民健身、志愿服务等研究领域取得了众多优秀成果，出版专著《城市社区体育志愿者服务模式研究》，参编国家级规划教材《体育科学研究方法》第三版和第四版、参编群众体育蓝皮书《中国社会体育指导员发展报告（2016—2020）》等。该书从心理契约的研究视角，结合经济学、心理学、管理学等研究理论，讨论了我国全民健身志愿服务的治理问题。要想做好体育强国建设的广泛深入的持续推进工作，必须做好全民健身事业的一个重要群体——全民健身志愿者的工作，一个关键环节——志愿服务治理的工作，把握好心理特质和契约治理就是有力的抓手。本研究从以往鲜受关注的领域深入开展，探讨我国全民健身公共服务体系建设必须面对的现代化治理长效化的核心问题，具有重要的理论价值和切实的决策价值。

毋庸讳言，此次的五部著作之间的逻辑关系并不严密，也无法覆盖体育强国建设的五个领域。然而，这五部著作分别基于作者团队扎实的研究基础、独特的研究视角、深入的研究方法，既提出了助力体育强国建设的全民健身、青少年体育、体育教育、体育学科方面的重要问题、理论框架、政策建议或思考，也都从自身视角提出了我国体育改革和发展的思路、策略和改革建议，从而推动我国体育强国建设走向深入、理性和持续。

在后续的竞技体育、体育产业、体育文化、体育对外交往等领域，我们将竞争性地选择优秀作品，针对性地遴选优秀学者，聚焦改革和发展的核心问题，推出更多高水平著作，为推动我国的体育强国建设如期完满地实现战略目标和完成主要任务，为建设现代化强国作出新的更大贡献。

巴黎奥运会将于当地时间 7 月 26 日 19：30（北京时间 7 月 27 日凌晨 1：30）开幕，成绩已经稳定在世界前三名的中国体育代表团将毫无疑问占据奥运会金牌榜的前列。然而，对于致力于 2035 年建成体育强国的我国来说，通过巴黎奥运会检视我们在国际体育秩序和格局盘整中的战略、国际体育组织决策和管理权力的争取、国际体育事务规则制定和调整中的智慧输出等，将是更加艰难、更加重要的工作。

冀望我们的"文丛"汇入这一潮流，有助于推进我国体育事业的高质量发展和体育治理体系和能力的现代化。

易剑东

2024 年 6 月于瑞士洛桑

前言

2022 年，习近平总书记在党的二十大报告中指出，现阶段我们应该"加快构建中国特色哲学社会科学学科体系、学术体系以及话语体系"，这对未来做好哲学社会科学建设工作指明了方向。梳理和归纳新中国成立以来体育学科知识的演化脉络，不仅有利于对新中国体育学科的发展历史与现状进行适时的总结，而且对推动中国式体育学科现代化建设具有重要的借鉴和启示作用。近年来，体育学科的理论建设取得了不俗的成绩和长足的进步，但是从目前来看，仍然缺少对新中国成立以来体育学科知识流动机制的系统性认识和全面性分析。因此，现阶段学界亟须在遵循体育学科知识发展逻辑的基础上，探寻新中国成立以来我国体育学科的发展历程。基于此，本书通过回顾和归纳新中国成立以来体育学科的发展概况、演进阶段、知识特征、知识流动规模和流动机制，以期在新时代背景下为有序推进中国特色体育学科体系建设添砖加瓦。

本书共分为五个章节。开篇第一章对新中国体育学科发展演变的研究背景等进行了详细的阐述。一方面，每一门现代学科的形成与发展皆是从最初一个界限模糊的研究"领域"走向一门独立的"学科"知识体系，并不断走向成熟的。因此，多元化学科知识的更迭与流动不断塑造着体育学科的衍生趋势。另一方面，在当前各个学科相互交汇融合的时代背景下，体育学科逐渐演化和拓展，形成了众多分支，并与多个领域相交融。体育学科是一门复杂的，既具有自然属性，又具有社会属性的综合性交叉学科。无论是从学科知识内化发展、理论层次明晰还是从学科交融的深度、广度等方面来说，它都已经获得快速提升。基于以上两个方面，本书在知识流动理论框架下，运用文献计量研究方法，该方法对某一学科知识结构或学科专业领域发展态势进行研究，能够洞悉学科之间的知识流动特征，把握各相似学科的发展脉络，了解各学科的知识结构，进而分析多学科之间交叉、渗透和衍生的趋势。该研究方法可以较好地揭示体育学科知识流动的动态结构和发展规律，以此发现体育学科发展过程中的个性特征和一般规律。本书的研究不仅有助于全面总结和审视不同发展背景下体育学科所取得的理论研究成果和学术发展特征，也有利于体育学界加深对我国体育学科演进历程的理解和认同，更有助于为加快推进中国特色体育学科体系建设提供理论基础和实践参考。

第二章通过研究发现，对于知识存量而言，新中国成立后至改革开放，我国体育学科知识的起步较晚，知识的更迭速度较为缓慢，受国家政策和社会环境的影响大；改革开放以来，我国无论是在政治、经济还是在文化等方面都迎来了新的发展，国家对科学技术发展的重视程度日益凸显，体育学科知识迎来了大发展，体育研究领域年发文数量呈现持续爆发式增长的趋势。对于知识流量而言，新中国成立以来，我国体育学科知识流出量获得了高速增长，体育学科外部建制和内部构造发展得越来越成熟，体育学科向知识供体方向发生转变，体育学科的地位和社会影响力都获得巨大提升，对其他学科知识流出量不断增加。

第三章运用中国引文数据库（Chinese Citation Database，CCD）中学科分析器系统软件，对知识流入视角下我国体育学科特征、知识流出视角下我国体育学科特征、我国体育学科知识流动机制进行分析。发现 1949—1958 年，体育学科的知识吸收的强度较弱，知识吸收量较少，知识吸收的广度较窄，知识流出量微弱，知识流出广度较窄，知识流出强度偏低；1959—1968 年，体育学科的知识吸收的广度小，知识流出的广度扩大，知识流出的内容明显增多，知识流出的强度偏弱；1969—1978 年，体育学科知识的吸收呈现下降趋势，知识吸收广度小，知识吸收强度低，知识流出的体量小，但知识流出范围较广，流出强度弱；1979—1988 年，体育学科的知识吸收广度扩大，知识吸收的强度增强，体育知识流出的体量增多，流出的强度弱；1989—1998 年，体育学科知识吸收量逐步增加，知识流出强度增强；1999—2008 年，体育学科知识吸收量大、知识吸收广度宽，该阶段为新中国成立以来体育学科知识产出量之最高，知识流动量之最大，知识流出强度相对较强的阶段；2009—2020 年，体育学科知识吸收其他学科知识量最大，知识吸收范围最广，知识吸收路径最明显，知识吸收强度最大，知识产出量大，知识流出量较大，知识输出广度宽。中国体育学科知识的内部动力包括体育学科与其他学科的知识势差、内部自身发展不平衡性和竞争性、科研创新能力发展的要求、学科研究的不断深化、主体认知能力和学科认同度的提升；外部动力包括群众体育的参与热情与减轻医疗、卫生压力的社会需要，国家政策的支持，学科内在逻辑的确立和外部建制发展的需要。

第四章运用 VOSviewer 可视化软件对体育学科文献进行分析，直观地再现了我国体育学科在 1997 年及之前的发展历程，归纳与厘清了我国体育学 4 个二级学科的历史发展脉络。同时对 1998 年及之后我国体育教育训练学、体育人文社会学、运动人体科学、民族传统体育学 4 个二级学科的关键词和引文进行分析，以了解我国体育学二级学科成立后体育学科研究主题的具体演变趋势和发展动向。

第五章在前文的基础上，主要以知识流动的视角总结了新中国成立以来体育学科整体的知识演变情况，得出结论如下：第一，新中国成立以来体育学科历经知识储备成长期、知识指数爆炸期、知识逻辑稳定期三个阶段，实现了学科的快速革新与发展。第二，体育学科的知识流动情况在各年份均有不同，从知识流动的规模上看，体育学科整体的知识流入量在各阶段呈现指数增长的趋势，自引率呈现不稳定波动状态是受社会环境的影响，总体呈现上升趋势，体育学科从发展初期的独立性较弱、包容性较强的学科，逐步发展至独立性较强、包容性较弱的学科；从知识流入的视角看，体育学科知识吸收的体量由新中国成立初期的微弱水平，发展至改革开放时期的稳固上升并呈现爆发式增长的趋势直至目前最高的水平；从知识流出的视角看，体育学科知识流出的体量呈现指数增长的趋势，以改革开放为转折点，体育学科知识体量爆发，知识流出体量增加，达到较高的水平。第三，采用论文引文可视化分析得知，体育学科各个领域的引文趋势都有明显的提升，尽管提升的效率有所不同，但也预示着我国体育学科与其他相近学科交叉度与融合度的双重提高，学科研究不断深入，延伸度愈发扩展，正经历横向、竖向双重发展的剧变。

本书在撰写过程中，项鑫、李经展、柴宏琴等博士生和朱亚杰、梁嘉鹏等硕士生参与了书中相关章节的数据收集、整理、文稿修改及统稿工作。本书的编写和出版离不开广大同人的大力支持。感谢北京体育大学出版社的领导和工作人员对本书出版工作的支持和关心。同时，对本书直接或间接引用的相关研究成果的作者表示衷心的感谢！

王琪

2024 年 6 月于北京师范大学

目录

第一章　绪论 ………………………………………………………………**001**

第一节　研究背景 ……………………………………………………… 001

第二节　研究意义 ……………………………………………………… 004

第三节　文献综述 ……………………………………………………… 005

第四节　研究设计 ……………………………………………………… 015

第二章　我国体育学科知识流动规模分析 ………………………**020**

第一节　我国体育学科知识存量分析 ………………………………… 021

第二节　我国体育学科知识流量分析 ………………………………… 027

第三章　我国体育学科知识流动特征分析 ………………………**036**

第一节　测度指标选取说明 …………………………………………… 036

第二节　知识流入视角下我国体育学科特征分析 …………………… 038

第三节　知识流出视角下我国体育学科特征分析 …………………… 055

第四节　我国体育学科知识流动特征动因分析 ……………………… 071

第四章　我国体育学科发展论文计量可视化分析 ………………**075**

第一节　1997 年及之前我国体育学科发展论文计量可视化分析 ……075

第二节　1998 年及之后我国体育学科发展论文计量可视化分析………102

第五章　研究结论与展望..218

第一节　研究结论..218

第二节　研究展望..220

主要参考文献..**222**

第一章

绪论

第一节　研究背景

一、多元化学科知识的更迭与流动不断塑造着体育学科的衍生趋势

学科即主体在认识客体的过程中所形成的系统性知识体系，它是知识生产、传播、应用积累到一定阶段的产物[1]。每一门现代学科的形成与发展皆是从最初一个界限模糊的研究"领域"走向一门独立的"学科"知识体系，并不断走向成熟。自16世纪伊始，在全球化科学革命和工业革命思潮的影响下，一门门现代新兴学科相继从哲学、文学、历史学等中剥离并分化出来，致使传统学科通过多元化学科知识的更迭与流动形成了新的交叉学科。体育学科恰是由于多元学科知识存量的增加与研究范畴的分解而逐步衍生出的一门新学科。它作为专门研究人体运动的综合性学科，兼具自然科学与社会科学等多重知识属性，其也不断在多元化学科知识的交叉、融合、应用的周期中累积叠加、融合发展[2]。现如今，伴随着全球科学技术的进步、知识的积累，以及国家社会

---

[1]　周光礼，武建鑫. 什么是世界一流学科 [J]. 中国高教研究，2016（1）：65–73.

[2]　王晓微. 成就·经验·反思·构建：中国体育学若干重要议题探骊——黄汉升教授学术访谈 [J]. 北京体育大学学报，2021，44（12）：1–23.

政治、经济、文化的进步，中国体育学科的内涵与外延随着中国近现代的社会转型而不断演化，其知识生产质量逐渐提高，知识更迭速度逐步加快，知识的反复更迭促使知识产量呈现指数增长，这也推动了各学科知识内容不断推陈出新，知识结构不断优化。所以说，如果"仅凭一个学科的知识、一个学科的视野、一个学科的规范话语体系，还是不能回答很多问题"[1]。因此，鉴于社会需求和学科建设多样化的出现，触发了体育学界对学科交叉与融合的思考，多元化学科知识的更迭与流动也在不断地塑造着体育学科的衍生趋势。由此可见，在新时代，研究新中国成立以来体育学科发展演变对推动我国多形态体育学科知识的交叉、创新和发展发挥着不可或缺的作用，此举更可以为我国体育学科的建设提供多重理论支撑、奠定学术基础。

二、审视体育学科建设中的现实问题离不开系统梳理体育学科的发展历程

新中国成立以来，体育学科无论从学科知识内化发展、理论层次逐渐明晰，还是从学科交融的深度、广度等方面来说，都获得了快速的提升。尤其是在当前各个学科相互交汇融合的时代背景下，体育学科已经发展为具有众多分支学科、相近学科不断融合的学科。而下属分支学科中不仅有人文社会学的相关研究，还有自然科学的相关研究：是一门复杂的，既具有自然属性、又具有社会属性的综合性交叉学科。尽管体育学科随着时代的迅速发展而发展，但仍很难称之为一门成熟的学科。一部分国外学者认为，目前，体育学科仍然存在学科概念界定困难[2]、学科性质混乱、学科学术核心不清晰[3]、学科体系众说纷纭、院系名称繁杂等问题。上述种种研究结果表明，体育学基础理论研究相对浅显，缺乏对学科基础的深入探究。国内学者认为，"体育科学本身的研究内

[1] 张诗亚. 论学科与学科交叉 [J]. 重庆高教研究，2022，10（4）：3-6.

[2] MORROW, Jr., JAMES R."Pass it on"——75 years of leadership in kinesiology and physical education: introduction[J].Quest，2006（58）：1-2.

[3] KARL M,NEWELL. Kinesiology: challenges of multiple agendas[J].Quest，2007（59）：5-24.

容的缺失，是限制当前体育学科发展的重要原因"[1]，这是导致当前我国体育学科研究范围狭窄、学科结构不清晰、学科基础理论研究缺少等一系列问题的根本原因。此外，目前体育学界还存在着基本概念不清、独有研究方法缺失、体育学话语权弱[2]、缺乏标志性学说、代际传承断裂、分支学科彼此脱节[3]等现象。这些问题极大地影响了我国体育学科的建设进程，亟须我们正视和解决。基于此，本研究在吸收和借鉴前人研究成果的基础上，以学科知识演变为研究视角，探索新中国成立以来体育学科知识与外部学科知识的演化历程，把握体育学科知识流动的规律，明晰体育学科与其他学科之间的关系，这对于完善和构建中国特色体育学科体系、加快体育学科体系的优化升级、厘清和解决体育学科的现实问题具有重要的参考意义。

三、体育文献计量研究是厘清体育学科交叉演变的重要手段之一

2016年5月17日，习近平在哲学社会科学工作座谈会上提出，新时代应"加快发展具有重要现实意义的新兴学科和交叉学科"。这不仅为构建具有中国特色、中国风格、中国气派的哲学社会科学学术话语体系提供了思想指引，而且为新发展阶段高质量推动体育学科建设指明了方向。但是，学科建设是一个学科知识和学科建制长期积累和流动融合的过程。譬如，学科间的知识流动现象普遍出现在学术研究之间。学术文献是学术研究和学科知识的具象化体现，知识通过学术文献的物理载体形式得以保存和传播。学术文献作为文献计量学的研究对象，是把握单个学科或学科之间整体知识流动内容的动态变化的关键。这种知识流动的图景可以进一步具象化为隶属于各个学科的学术文献之间的引文流动，通过对不同学科的学术文献之间相互引用现象的分析，学科之间的知识流动现象可以通过学术文献中的关键词、主题、

---

[1] 黄汉升.现代体育科学研究的方法学特征[J].体育科学，1999（2）：6-10.

[2] 齐大路，黄汉升.学科形态演变视角下中国体育学发展的历程、谱系及启示[J].北京体育大学学报，2023，46（1）：79-92.

[3] 王家宏，韩春利.中国特色体育学科体系的构建与完善[J].上海体育学院学报，2021，45（8）：1-10.

参考文献等各个关键因素构成的共现网络得以体现，并以此为依据探索不同学科知识的来源和去路，为学科的交叉研究提供新的方法和手段[1]。通过对学术文献的整理和研究，文献计量学成为间接刻画学科间知识流动的图景和过程的主要方式[2]。在知识流动理论框架下，运用知识计量的方法，对某一学科知识结构或学科专业领域发展态势进行研究，能够洞悉学科之间的知识流动特征，把握各相似学科的脉络并了解学科的知识结构，进而分析多学科之间的交叉、渗透和衍生趋势。因此，本研究运用文献计量研究的方法可以较好地揭示体育学科知识流动的动态结构和发展规律，以此发现体育学科发展过程中的个性特征和一般规律。

第二节　研究意义

一、理论意义

第一，本研究突破了以往以定性研究为主的模式，采用科学计量学中前沿的文献计量研究的方法，将有助于全面总结与审视不同阶段背景下体育学科所取得的理论研究成果和学术发展特征，也有利于体育学界加深对我国体育学科演进历程的理解和认同。

第二，本研究将"计量分析"和"知识流动"应用于体育学科发展演变的计量学研究中，不仅有利于为构建中国特色体育学科体系研究提供理论范式，而且有利于激发未来体育学科知识生产的迭代创新与潜力释放，同时为丰富我国体育学科演变和交叉研究提供一定的理论基础。

---

[1]　刘则渊，陈悦，侯海燕，等.科学知识图谱：方法与应用 [M].北京：人民出版社，2008.

[2]　文庭孝，陈书华，王丙炎，等.不同学科视野下的知识计量研究 [J].情报理论与实践，2008（5）：654–658.

二、实践意义

第一，由于当前体育学科呈现出学科综合和交叉协同发展的态势，亟须加强对其本身学科知识的纵深研究。因此，总体归纳体育学科知识的发展趋势有助于把握新中国成立以来体育学科发展的总体趋势。以此为促进我国体育学科的发展提供实践参考。

第二，本研究通过知识流动理论探析新中国成立以来体育学科的系统性知识演化规律，不仅有助于体育学界准确判断体育学科交叉发展的趋势和未来的发展状态，而且有助于为加快推进中国特色体育学科体系的优化升级，及时吸收相关的前沿知识和研究方法，不断丰富体育学各分支学科的知识体系，提供更多的启示。

第三节　文献综述

一、理论基础

（一）知识流动的概念

通过梳理国内外学者对知识流动的认识后，华连连提出知识流动的四种形式：知识溢出、知识扩散、知识转移、知识共享，并对知识流动的相关概念进行解释和说明[1]。知识流动是指在特殊环境中，发生在一定需求的主体（包括个人、组织和区域）之间，是知识存量高者向知识存量低者发送其所需要的知识的过程[2]。知识溢出作为知识被动的表现，没有明确的方向，是无目的和无

[1] 华连连，张悟移.知识流动及相关概念辨析[J].情报杂志，2010，29（10）：112–117.

[2] JUAN J C, CHEN Z F.Patent collaboration and international knowledge flow[J] .Information processing & management，2012，48（1）：170–181.

意识的，是知识流动最初级的表现形式[1]。知识扩散是知识溢出更高级的表现形式，是指知识携带者对知识的有意传播，具有一定的方向性和目的性，但不明显，其本质是通过信息实质传递，实现信息的广泛传播，逐步达到知识的共享和利用的目的[2]。知识转移是一种有意识地、主动地对知识进行输出和吸收的过程，是知识流动高级的表现形式，知识转移的方向、目的、路线都较为明确，具体体现在知识源和知识受体对于知识转移的内容十分清楚[3]。知识共享作为知识流动的最终目的强调知识在较大范围内的价值实现，是知识流动的最终目的，知识源和知识受体不断地促进知识流动，最终达到广泛使用知识的目的[4]。知识溢出、知识扩散、知识转移和知识共享都是知识流动在不同情况下的表现形式，是对不同情况下产生的知识流动现象进行的解释。总之，知识流动是知识主体经由一定的途径流向知识客体，进而实现知识共享，形成知识创新的过程。

（二）知识流动的形式

根据存在的形式，知识可分为显性知识和隐性知识。显性知识是物质载体的具体表现，可以编码转移和表现，常以学术论文、专著等形式出现，具有公开性；隐性知识则没有物质载体，隐藏于知识传授者传递知识的过程中，影响显著但很难甄别[5][6]。两种知识类型分别对应不同的知识流动的形式，即显性知识流动和隐性知识流动。虽然显性知识流动和隐性知识流动在很多方面都存在较大差异，但并不意味着两者之间毫无联系。何晓庆认为，显性知识和隐性知

[1] 梁爽，刘小平，柴文越.主题—引文融合视角下重要主题发现及知识流动路径研究 [J].数据分析与知识发现，2024，8（2）：99-113.

[2] YAN E. Finding knowledge paths among scientific disciplines[J].Journal of the association for information science & technology，2014，65（11）：2331-2347.

[3] BECKMANN M. Knowledge networks: the case of scientific interaction at a distance [J].The annals of regional science，1993，27（1）：5-9.

[4] YAN E, DING Y, ZHU Q. Mapping library and information science in China:coauthorship network analysis[J].Scientometrics，2010，83（1）：115-131.

[5] POLANYI M.The tacit dimension[M].Chicago:The University of Chicago Press，1966.

[6] LIAO S H, HU T C. Knowledge transfer and competitive advantage on environmental uncertainty: an empirical study of the Tai - wan semiconductor industry[J].Technovation，2007，27（6/7）：402-411.

识之间的相互流动，推动了知识的更新升级，实现了知识价值和创新[1]。在社会实践领域，知识流动研究较多地聚焦于隐性知识流动对工作效率以及产量的提升；而在学术研究领域，对知识流动的考查多以显性知识流动为主，以显性知识载体（如学术论文、专著）进行计量学分析、考察学科知识的变化规律。

（三）知识流动的过程

知识流动是一个复杂的动态过程，而非简单的知识主体之间知识给予、输出、转换，知识需要经历不同阶段才能真正实现有机、可持续的流动[2]。韦斯特（J. West）等对知识流动在开放创新中的现象进行研究发现，开放创新过程中的知识流动通过知识吸收、知识合并和知识商业化三种形式来实现[3]。托马斯（H. Thomas）则认为，知识的传递和吸收是知识流动的基础，前者是后者的支撑，后者是前者的体现[4]。赵艳枝则考虑了知识生产的重要性，将知识流动的过程划分为知识的选择、生产、遗传、变异、共享五个部分[5]。通过对知识流动过程的总结，学科间的知识流动可分为知识流入、知识吸收、知识创新、知识流出四个部分。

（四）知识流动效果的评价研究

对知识流动效果进行评价是激发知识流动的重要手段。知识流动效果是一个较为宽泛的概念，在知识流动体系下产生的所有结果不仅包括知识流动的起始，也包括知识流动的过程，均是在知识流动效果的范畴内，如知识流入（流出）效果、知识扩散效果、知识转移效果等。国内外众多的研究者对知识流动效果的评价研究大多是以评价指标体系的建立以及个别指标的选取

[1] 何晓庆. 基于知识流动视角的图书馆知识实验室构建 [J]. 图书馆学研究，2018（4）：26-29.

[2] 赵伟. 区域创新系统（RIS）知识流动研究：复杂科学管理视角 [D]. 武汉：武汉大学，2013.

[3] WEST J, BOGERS M.Leveraging external sources of innovation: a review of research on open innovation[J]. Journal of product innovation management，2014，31（4）：814-831.

[4] THOMAS H, DAVENPORT, LAURENCE PRYSAK. Working knowledge: how organizations manage what they know[M]. Boston: Harvard Business School Press，1998.

[5] 赵艳枝，王慧. 基于引证关系的期刊知识流动评价的实证研究 [J]. 新世纪图书馆，2015（11）：91-96.

为起点，运用结构方程模型、层次分析、文献数据分析等方法对知识流动效果进行量化研究。

现有的知识流动效果的评价研究主要集中于与社会实践相关的组织管理、企业合作、跨国公司知识流动管理效果和社群过程中的知识绩效[1][2]，以及与学科相关的、运用文献计量学的研究方法探究学科内部知识构成和学科外部知识交流特征的研究中。而知识流动效果的评价研究在学科知识构建和发展研究过程中，最能凸显科学计量类指标以及文献计量方法的优势[3]。知识流动效果的评价研究对学科知识流动具有独特的表征作用。对客体文献数据进行收集和分析，数据获取难度小且能将知识概念抽象化。以引用类指标和合著类指标的形式在知识流动效果的评价研究中应用是科学计量学指标方法的特殊表达方式。文献引用体现了相同学科知识之间相互传播的连续性与继承性，以及不同学科知识之间的渗透性和综合性，是知识更迭发展的重要载体。因此，引用关系可被视为固像化、有迹可循的知识流动关系，是反映显现知识的流动轨迹的主要方式，而反映知识流动的计量学指标则有自引率、知识流动率、科学关联度、知识流动广度等[4][5][6]。

二、国内外体育学科相关研究

（一）国内体育学科相关研究

我国对体育学科的研究经历了从无到有，研究理论从简单到复杂，研究方法由单一到多元的科学发展过程，研究内容主要集中在学科理论体系创新构建、

[1] ZHANG W Y, LI X L, DENG Y L,et al.The Evaluation and Research of Knowledge Flow in Supply Chain Based on Fuzzy Comprehensive Analysis[C].// Proceedings of the Second International Symposium on Intelligent Information Technology and Security Informatics. IEEE，2009：81-86.

[2] TAO F M, MENG W D. Evaluation Model of MNEs' Knowledge Flow Management[C]// Proceedings of the International Conference on Programming Languages for Manufacturing. Boston:Springer，2006（207）：71-78.

[3] 董坤，许海云，崔斌.知识流动研究述评[J].情报学报，2020，39（10）：1120-1132.

[4] ZUCCALA A A, ZHANG H H, YE F Y.Mapping disciplinary knowledge flows using book reviews[C]//ISSI，2019：643-654.

[5] THOMAS P, MCMILLAN G S. Using science and technology indicators to manage r&d as a business[J]. Engineering management journal，2001，13（3）：9-14.

[6] 李江."跨学科性"的概念框架与测度[J].图书情报知识，2014（3）：87-93.

学科内部逻辑建制的规划与完善、专业人才培养现状与对策、学科性质界定、国外体育学科发展脉络研究与对比借鉴等领域。在对体育学科性质探究的质性研究方面取得了较为丰厚的研究成果，如：鲁长芬等深入研究我国体育学科的政策文件，阐明了我国体育学科研究的重要性、体育学科的分类体系，借鉴发达国家体育学科建设的经验，对我国体育学科建设进行建议[1][2][3][4][5]；董德龙、刘文明等从学科研究方向对我国体育学科的发展认识进行了重新的界定[6]；李博、王雷从学科构建路径的角度对体育的演变历程进行了相关研究[7]。黄汉升认为，目前我国已形成了具有中国特色的学位授予与人才培养学科专业目录，建立了结构布局相对合理的涵盖一级学科、一种专业学位类别、一类本科的学科专业体系，已经构成较为完整的体育学科专业教育体系[8]。周爱光也提出，我国体育学已具有明确的研究对象，形成了较为完整的知识基础、理论体系和研究方法，这为体育学成为学科门类提供了依据[9]。张瑞林等从体育知识生产模式的视角提出，遵循知识价值观是体育学科建设的价值旨归，探寻知识生产模式变革下，动力机制、组织机制和治理机制一体化体育学科建设实践路径[10]。这些研究以体育学科内外部发展逻辑为关键核心点，围绕体育学科概念辨析、学科内部逻辑建设以及体育学科外部建制等方面进行研究，取得了适应当前体育理论逻辑自洽的研究成果，并构建了体育实践研究所需要的相对完善的学科体系。

随着科学计量学的研究方法在各类学科中的充分应用，国内研究者运用科

[1] 鲁长芬.我国体育学科体系研究的必要性及策略 [J].上海体育学院学报，2008（2）：6-10.

[2] 鲁长芬，罗小兵，龚建林.发达国家体育学科体系研究的特点与启示 [J].上海体育学院学报，2008，32（4）：47-51.

[3] 鲁长芬，杨文轩，罗小兵.对体育学科分类的分析与调整建议 [J].体育学刊，2009，16（4）：6-10.

[4] 鲁长芬，罗勤鹏.体育学、体育科学与体育学科辨析 [J].天津体育学院学报，2009，24（4）：285-288.

[5] 鲁长芬.中国体育学科体系研究述评 [J].体育学刊，2007（6）：1-6.

[6] 董德龙，刘文明，SEAMUS KELLY.归属、规模、规制：对中国体育学科发展的认识——一种学科方向探究 [J].体育科学，2015，35（3）：83-89.

[7] 李博，王雷.学科建构路径视域下体育学演进历程探微 [J].体育科学，2019，39（12）：3-13.

[8] 黄汉升.全面提高体育人才自主培养质量，加快建设体育强国 [J].武汉体育学院学报，2023，57（1）：5-13.

[9] 周爱光.体育学从一级学科提升为学科门类的几点思考 [J].北京体育大学学报，2022，45（3）：1-8.

[10] 张瑞林，车雯.守正与创新：体育学科知识生产模式演进特征、逻辑转向与实践启示 [J].体育学刊，2023，30（2）：1-8.

学计量学的研究方法对体育学科内部规律进行的研究，也在逐步地展开。朱慧等通过中文社会科学引文索引（Chinese Social Science Citation Index，CSSCI），创造性地构建了体育人文社会学的引用和被引网络，并从学科引用和被引两个方面探讨了体育人文社会学与其他外部学科之间的关系[1]。张颖、沈君则运用可视化软件，对近 10 年来体育学科的 CSSCI 期刊的发文数量、关键词、高产作者和发文机构进行了知识网络研究，揭.示了体育学科学术研究的研究热点，划分了学术研究的主题[2]。徐丹、陆作生则通过对近年来体育学科文献的关键词进行梳理，运用文献计量学中的共词分析法与词频分析法，从关键词共现角度对体育学科体系进行了重构[3]。

（二）国外体育学科相关研究

龚建林等深入研究了德国体育学科的发展历程，从体育学科体系构建的主要模式、学位授予和学科专业设置的角度展开研究[4]。此后，王雷等又从德国高等教育发展中心（Center for Higher Education Development，CHE）体育学科评价体系入手，对我国体育学科评价体系进行比较研究，得出发达国家体育学科的建设经验，以此推动对我国体育学科发展方向上的研究[5]。龚建林、富学新在《俄罗斯体育学科的发展状况及其启示》一文中提出，俄罗斯体育学科发展过程详细划分为初步发展期、系统化发展期和转型期三个阶段；并发现俄罗斯体育学科建设过程中存在学科与专业设置庞杂、大而全，开放性较弱等问题，以此为契机提出与国际研究方向接轨、增强学科专业目录指导性等学科发展意见，将"有限规划"的固化发展模式，逐步过渡到学科的全面化、均衡化发展，

---

[1] 朱惠，邓三鸿，王昊，等.我国体育人文社会学学科引用网络的构建与分析[J].图书与情报，2013（6）：77–83.

[2] 张颖，沈君.体育学科的知识网络结构研究——基于 10 种 CSSCI 体育期刊的文献计量[J].北京体育大学学报，2015，38（9）：34–41.

[3] 徐丹，陆作生.基于共词分析的体育学科体系重构[J].武汉体育学院学报，2019，53（5）：68–75.

[4] 龚建林，杨文轩，陈琦，等.德国体育学科体系的发展现状及启示[J].体育学刊，2007（7）：121–125.

[5] 王雷，李平平，方千华.德国高等教育发展中心(CHE)体育学科评估解析及启示——兼评德国体育学科发展现状[J].武汉体育学院学报，2015，49（11）：93–100.

推动学科研究发展领域的多元化、丰富化 [1]。杨波等根据美国学科形成的逻辑性特点，从宪法对教育门类的约束到体育学科建设要求的路径进行分析，将美国体育学科划分为三个阶段，并对中国体育学科建设提出建议 [2]。王琪在博士论文《西方现代体育科学发展史论——基于知识图谱视角的实证研究》中创造性地运用共词分析、引文分析等科学计量学的研究方法，对西方现代体育学史进行动态的、可测化的探索，将传统的史学研究通过定量的方式表现出来，总结出西方现代体育科学发展的四大趋势和四大动力 [3]，随后又用《研究季刊》引文网络生成的共现图谱，探究了西方体育科学学科的演变结构 [4]。

基于国内外对于体育学科的研究成果，本研究认为，目前对于体育学科的研究，尽管已经有少量体育学科的研究开始运用科学计量学的研究方法对体育学科的内外建制进行量化分析，但体育学科的研究内容仍然相对较多地以质性研究的形式出现。任何学科的研究都是复杂的、动态的，以单一性质的方法进行学科研究，会使学科研究领域狭窄、研究范围不广泛。

三、国内外关于学科知识流动的相关研究

（一）国内关于学科知识流动的相关研究

知识流动理论在学科研究中的应用最早出现于图书情报学，邵瑞华、张和伟以图书情报学期刊为研究对象，运用社会网络分析法，以UCINET工具为手段对图书情报学内部的知识流动特征进行了捕捉[5]。王昱霞、赵丙军以CCD中互引频次为数据基础，以知识流动过程中的起点知识流出和终点知识流入为研究视角，对近年来中国图书情报学的知识流动特征进行分析，并结合先前研究经验

[1] 龚建林, 富学新. 俄罗斯体育学科的发展状况及其启示 [J]. 上海体育学院学报, 2009, 33（5）: 45–49.
[2] 杨波, 杨文轩, 龚建林. 美国体育学科发展历程及现状 [J]. 体育学刊, 2007（7）: 116–120.
[3] 王琪. 西方现代体育科学发展史论——基于知识图谱视角的实证研究 [D]. 福建师范大学, 2011.
[4] 王琪, 黄汉升. 西方现代体育科学学科结构的演变研究——基于美国《研究季刊》1930—2009 年文献共被引网络的知识图谱分析 [J]. 南京体育学院学报, 2012, 26（3）: 26–33.
[5] 邵瑞华, 张和伟. 图书情报学期刊内部知识流动分析——以 2013 年 SSCI 收录的 84 种图书情报学期刊为例 [J]. 情报杂志, 2015, 34（6）: 75–80.

对知识流动量、流动广度、流动强度、流动速度等测度指标进行界定和使用，开辟了知识交流特征研究的新路径[1]。

随着知识流动理论的不断成熟，关于医学、医药化学、档案学、传播学及体育学等其他学科领域的研究也相继展开。李盈、许萍基于中国知网引文数据中对医学专题文章、医学各学科之间的知识流动进行了研究，发现临床医学由于其研究的特殊性而导致其知识流动量位居第一，是医学知识流动网络中的核心；中医学与外科学之间知识交流密切；基础医学作为医学研究的基础，其知识流出量较高；口腔医学和神经病学在医学领域较为独立，与其他医学学科交流得较少[2]。同年，关于医药化学学科的知识流动演变规律的研究也开始展开，徐晓艺、杨立英基于科研合作视角对医药化学知识流动特征进行分析，随后，二人通过合著医药化学论文进行研究分析，构建知识流动互动网络，得出医药化学学科知识与其他学科的流动趋势、流动质量[3][4]。邱均平、瞿辉、罗力以档案学的期刊印证关系为基础，探求档案学的知识扩散情况[5]。赵丙军、司虎克以CCD中引用数据和被引数据为基础，发现体育学科内部交流情况以及对其他学科的知识吸收和知识流出能力呈现不同的趋势，跨学科知识流动的学科分布高度离散和高度聚集性特征并存[6]；随后，两人还以知识流动理论为框架，从静态和动态两个维度对体育亲缘学科进行定量识别，运用计量学指标对体育学科的亲缘学科进行划分[7]。李文辉等则通过对《体育学刊》被引和引文

[1] 王旻霞，赵丙军. 中国图书情报学跨学科知识交流特征研究——基于CCD数据库的分析[J]. 情报理论与实践，2015，38（5）：94–99.
[2] 李盈，许萍. 基于引文网络的医学各学科间知识流动的规律与启示[J]. 中华医学图书情报杂志，2014，23（12）：1–5.
[3] 徐晓艺，杨立英. 科研合作视角下的学科知识流动分析方法研究——以药物化学学科为例[J]. 图书情报工作，2014，58（19）：83–91.
[4] 徐晓艺，杨立英. 基于合著论文的学科知识流动网络的特征分析——以"药物化学"学科为例[J]. 图书情报工作，2015，59（1）：89–98.
[5] 邱均平，瞿辉，罗力. 基于期刊引证关系的学科知识扩散计量研究——以我国"图书馆、情报、档案学"为例[J]. 情报科学，2012，30（4）：481–485.
[6] 赵丙军，司虎克. 体育跨学科知识流动特征研究——基于中国引文数据库(CCD)的分析[J]. 西安体育学院学报，2015，32（1）：60–64.
[7] 赵丙军，司虎克. 基于知识流动的体育亲缘学科定量识别探索[J]. 图书情报工作，2013，57（1）：122–129.

情况进行统计分析，挖掘出体育学科知识创新溢出的基本计量特征，并构建了知识溢出网络图谱，得出了体育学科知识溢出的强度随着时间逐渐减弱，而经济发展对体育学科知识溢出有促进作用的结论[1]。

通过上述研究可以发现，知识流动理论不仅运用于人文社会学科，也运用于自然学科。南京大学信息管理学院的张家榕、张慧、叶鹰从学科性质的整体出发，运用中国引文数据库收录的中国科学引文数据库（Chinese Science Citation Database，CSCD）和 CSSCI 期刊论文，分别对我国理工农医和人文社科领域的跨学科知识流动进行了探测研究，发现了自然科学门类下的学科之间的关联度较小、学科相对独立，农业科学之间的关联度极高、学科较为开放，工业技术之间的关联度适中；而在人文学科中，流入学科数量较少，流出学科数量分别为11 个和 12 个，其中经济学和管理学是知识流入和知识流出的两大主要学科[2][3]。武汉大学的吴江、金妙、陈君是以基金为视角对 2014 年之前所有的国家自然科学基金项目构建的知识流动网络进行社会网络分析，通过一个基于基金代码共现提出的知识流动强度指标，探明学科知识流动网络的演变过程以及路径特征[4]。学术名词作为不同学科中独有的象征，其跨学科迁移很大程度上反映了学科迁移。张瑞等以知识流动为研究视角，从学术名词的文献引用角度把握学科间的跨学科知识流动规律，探讨了学术名词的迁移和发展特征[5]。

（二）国外关于学科知识流动的相关研究

李敏、苏士梅以美国的传播学和社会心理学科技文献为例探讨了传播学与社会心理学两个学科之间的知识流动，发现美国社会心理学与传播学两者是互

[1] 李文辉，利雪莹，邱钰杰，等 . 体育学科知识创新溢出研究——以《体育学刊》2001—2017 年载文为例 [J]. 体育学刊，2019，26（3）：72-77.

[2] 张家榕，张慧，叶鹰 .CSCD 体现的我国理工农医跨学科知识流动探析 [J]. 图书与情报，2020（3）：49-54.

[3] 张慧，张家榕，叶鹰 .CSSCI 体现的我国人文社科领域知识流动探析 [J]. 图书与情报，2020（3）：41-48.

[4] 吴江，金妙，陈君 . 基金视角下的学科知识流动网络构建与分析 [J]. 图书情报工作，2016，60（8）：79-85.

[5] 张瑞，赵栋祥，唐旭丽，等 . 知识流动视角下学术名词的跨学科迁移与发展研究 [J]. 情报理论与实践，2020，43（1）：47-55.

相影响、彼此促进的关系[1]。奥尔顿（Alton Y. K.Chua）等选取了 1988—2007 年信息科学与技术协会（JASIST）期刊上发表的所有期刊论文的关键词进行词频和共词分析，发现情报学与法学、传播学、统计学关系密切，具有学科间的知识交流特征[2]。海赛（R. Hessey）和威利特（P. Willett）以社会科学引文索引（Social Science Citation Index，SSCI）期刊载文数据为基础对图书情报学的知识输入和输出进行了研究[3]。Odell J. D. 选取了 1996—2004 年 SSCI 中的 67 种图书情报学期刊论文进行引文分析，发现图书情报学知识主要来自计算机科学、工商管理学和医学，其中受计算机科学的影响较大，之后依次是工商管理学和医学[4]。

知识流动的相关研究已经在国内外各学科的研究中广泛开展，研究主要以引用关系、合著关系、引用与合著关系、学科关键词为切入点展开，并结合文献计量学指标和相关研究方法进行量化研究，构建不同学科知识发展过程和完善不同学科之间的相互关系，其中引用关系的研究成果较多，研究体系较为成熟。

四、研究评述

近年来，国内外学者运用知识流动理论在图书情报学、档案学、医学、传播学等学科进行了大量的实证研究，研究理论趋于成熟和完善，为不同学科的内部知识演化及跨学科知识交流提供了有力的理论支持与实践帮助。

当前知识流动理论在不同学科中的应用已经较为广泛，并取得了重要成果，知识流动测度指标的选取和知识流动理论的运用都趋于成熟，知识流入与知识流出的研究视角逐步清晰，都为本研究的开展奠定了良好的理论基

[1] 李敏，苏士梅 . 传播学与社会心理学的知识流动——以美国为例 [J]. 传播力研究，2019，3（15）：242.

[2] CHUA A Y K, YANG C C.The shift towards muti–disciplinarity in information science[J].Journal of the American society for information science and technology，2008，59（13）：2156–2170.

[3] HESSEY R，WILLETT P. Quantifying the value of knowledge exports from librarianship and information science research [J].Journal of information science，2013，39（1）：141–150.

[4] ODELL J D，GABBARD R.The interdisciplinary influence of library and information science 1996–2004: a journal–to–journal citation analysis[J].College & research libraries，2008，69（6）：546–564.

础。本文聚焦新中国成立以来体育学科各个阶段的知识流动特征，从流动规模、流动特征与变化、流动主体等方面揭示了体育学科整体知识流动模式，并对知识流动内外动力要素进行甄别，以求发现新中国成立以来体育学科知识的演变规律。

已有的体育学科知识流动的研究成果，无论是运用文献计量学研究体育学科的跨学科特征，还是亲缘学科的测定，都是对某一阶段的科技文献进行测定，缺乏对新中国成立以来体育学科宏观发展的把握，缺少从局部到整体的对照。因此，有必要对新中国成立以来体育学科整体的知识流动状况进行考察和测定。

第四节 研究设计

一、研究思路

本研究在知识流动理论框架下，主要采用科学计量学中的文献计量方法，深入地探究了我国体育学科的知识流入、流出情况及其特点与动因。整体而言，研究内容主要分为两个部分：一是体育学科外部知识流动情况，即体育学科与其他一级学科之间的知识流入和知识流出；二是体育学科内部知识的流动及其对二级学科形成、发展的影响。

本研究对体育学科外部知识流动展开深入的分析，在系统地梳理了我国体育学科各阶段的发展趋势、体育学科与其他一级学科之间的知识流动规模的基础上，基于收集的数据利用 CCD 中的学科分析器系统软件，从知识流入和知识流出两个视角对中国体育学科的特征及其知识流动机制进行了详细的分析。

本研究对体育学科内部知识的流动及其二级学科形成和发展展开深入的分析，运用 VOSviewer 可视化软件，对我国 1997 年及之前体育学科的初始阶段、停滞阶段、恢复阶段进行了深入的研究，并绘制了相关的论文关键词、热点图、聚类图及时间演化趋势图。本研究对我国 1997 年及之前的体育学科发展历程进行了归纳和探析。同时对 1998 年及之后我国体育教育训练学、体育人文社会学、运动人体科学、民族传统体育学 4 个二级学科的关键词和引文进行分析。在此基础上，本研究构建了各二级学科的演变历程，深入剖析了体育学科发展的内部特征及其影响。

二、研究方法

（一）文献资料法

利用北京师范大学图书馆、数据库查阅国内外大量与本研究有关的研究资料，对不同阶段体育学科知识流动的机制进行分析，系统梳理了新中国成立以来体育学科知识发展过程中的文献资料。

（二）比较法

对新中国成立以来不同历史阶段体育学科知识流动的特点进行纵向比较，划分出知识流动的类型，以找出其演变的规律，并探索体育学科知识流动的机制。

（三）文献计量法

在对体育学科知识流动特征、规律、情况的研究中，全方位地运用词频分析法、共词分析法、引文分析法等多种文献计量学的研究方法。文献是反映学科知识的物质载体，通过保存、传播得以表达，文献间的相互引用和被引关系可以通过学科间的知识流动来描绘。运用文献计量学的研究方法，以体育学科与其他学科的印证关系为手段和测度指标来测量体育学科知识流动的方向、强度和路径具有一定的可行性。

（四）数理统计法

对新中国成立以来体育学科文献对其他学科文献的引用次数和被引次数进行数据统计，从学科门类和一级学科两个维度，将数据进行不同历史阶段的划分、整理，并根据研究需要对所得数据进行知识流动相关测度指标分析，进而对新中国成立以来体育学科知识规模、发展历程进行深入的数据剖析，以揭示其演变规律。

三、数据来源

本研究的数据来源为中国知网、中国引文数据库、中文社会科学引文索引及自建数据库，自建数据库包含1949—1997年缺失的部分文献数据，总体文献数据如表1-1所示。

表 1-1　总体文献数据

时间段 / 年	分析内容	数据量 / 篇	文献数据库来源
1949—1983	体育学科外部知识流动	161 634	自建数据库
1983—2020		748 646	中文社会科学引文索引
1949—1997	体育学科内部知识流动	94 080	中国知网
1998—2020		823 251	中国知网
1949—1997	总计	255 714	中国知网与自建数据库
1998—2020		1 571 897	中国知网与中文社会科学引文索引

研究共搜集数据1 827 611篇，总体划分为两个时间段，即1949—1997年与1998—2020年，每个时间段包含文献数据与引文数据，为后续计量分析提供数据支撑，旨在以客观的数据合理地阐述体育学科的发展过程。

在收集文献的总体数据时，通过中国知网期刊全文数据库高级检索界面，输入检索条件：年限选择1949—2020年，主题选择体育，来源期刊精确选择CSSCI期刊，得到新中国成立以来体育学科研究的相关文献（数据内容包括关键词、作者、机构、参考文献）。

在收集引文的总体数据时，选取了CSSCI数据库，通过高级检索选定发文年限为1983—2020年，文献类型为论文，学科类别为体育学，并对所有来源文献和被引文献信息进行了数据收集。原始数据包含来源文献共计37 512篇，被引文献为 748 646 篇；其中，二级学科被引文献数据分别为：体育教育训练学 212 780 篇，体育人文社会学 151 025 篇，运动人体科学 266 801 篇，民族传统体育学 118 040 篇。以 748 646 篇被引文献为分析对象。

由于 CSSCI 数据库不包含 1949—1983 年的文献引文数据，研究构建了基于期刊检索的引文自建数据库，通过对 CSSCI 数据库来源期刊进行追溯，确定了对《北京体育大学学报》等 17 种期刊进行数据补充与数据库构建，总计包含 161 634 篇引文数据，其中二级学科被引文献数据分别为：体育教育训练学 36 489 篇，体育人文社会学 48 723 篇，运动人体科学 45 177 篇，民族传统体育学 31 245 篇。

四、软件工具

（一）中国引文数据库数据分析器

中国引文数据库数据分析器是基于中国知网源数据库文献的文后参考文献和文献注释为信息对象建立的一个规范的引文数据库分析器。引文数据权威、准确，涵盖期刊（中外文）、博士和硕士学位论文、国内和国际会议论文、图书、中国专利、中国标准、年鉴、报纸等文献类型引文。通过揭示各种类型文献之间的相互印证关系，不仅可以为科学研究提供新的交流模式，而且可以作为一种有效的科研管理及统计分析工具。

该分析器具有筛选、初步统计数据的作用，为本研究提供基于参考文献分析的深度数据挖掘服务。多维度客观分析参考文献的被引情况，为本研究提供主题研究的继承与发展分析服务，有助于满足后续探寻与发现学科生长点及交叉学科等深度情报分析工作。

（二）COOC 软件

COOC软件不局限于文献计量领域，任何学科、任何形式的数据均被支持。软件在准确度、功能和操作等方面具有十分优秀的表现，能够实现很多知识图谱软件无法完成的功能。

在本研究中，COOC软件负责多数据库去重、共现矩阵、词篇矩阵、二模矩阵、相似度矩阵、社区聚类图谱、系统聚类、双聚类、词云图、邻接表、相异矩阵及作者、机构、关键词统计等方面的工作。

（三）VOSviewer软件

VOSviewer软件是一款用于可视化和分析科学文献的软件工具，由荷兰莱顿大学的研究员Loet Leydesdorff和Ludo Waltman开发。它能够帮助研究者理解文献数据集中的知识结构、合作网络和研究趋势。

在本研究中，VOSviewer软件通过可视化呈现文献数据中的关键词、作者、期刊和引用关系等信息，使研究者能够更加直观地分析和探索文献覆盖的领域。该软件提供了多种可视化图表选项，如共词图、作者网络图和期刊地图。共词图展示了文献中关键词之间的共现关系，帮助研究人员识别研究主题和重要概念。作者网络图揭示了作者之间的合作关系和合作频率，有助于研究人员了解学术界的合作网络和合作趋势。期刊地图显示了期刊之间的引用关系和影响力，可以帮助研究人员评估期刊的重要性和知名度。

第二章

我国体育学科知识流动规模分析

科学知识的记录、保存和传播是科学文献客观存在的价值体现，而科学文献的价值性则是通过文字等方式对科学知识客观、准确地记录、保存和传播来体现的。科学知识存量的增长势必会导致科学文献数量的增长，科学文献的数量是衡量科学知识存量的重要标准[1]。科学文献产量和知识存量数据之间存在紧密联系，均表明开展知识流动研究的必要性，而对新中国成立以来的体育学科知识总量以及变化趋势进行量化分析可以更为直观地解释学科发展历程及演变特点，为知识流动研究建立扎实的数据基础。

1978年，党的十一届三中全会召开，我国进入了改革开放的新时期。改革开放使中国体育由封闭走向开放，中国共产党人发挥集体智慧，以更加积极的姿态丰富了体育强国观念的内涵，为新时代体育强国观念的升华奠定了物质基础和思想准备。改革开放以来，我国的体育事业发生了翻天覆地的变化。本研究以改革开放起始时间为分界点，将新中国成立以来的体育学科知识存量的变化趋势分为两个阶段进行统计和梳理研究。

---

[1] 邱均平. 文献计量学 [M]. 北京：科学技术文献出版社，1988.

第一节　我国体育学科知识存量分析

一、改革开放前我国体育学科知识存量的变化趋势（1949—1978 年）

图 2-1 展现了从新中国成立以来到改革开放前我国体育学科的发文数量变化，发文数量总计为 2 943 篇，年平均发文数量为 98.1 篇，从发文数量的总体趋势来看，曲线变化波动较大，没有呈现明显的上升或下降趋势，而是呈现不规则的特征，这与我国当时的社会背景有很大的关系。

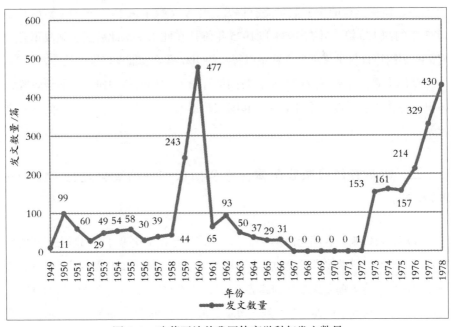

图 2-1　改革开放前我国体育学科年发文数量

从图 2-1 可以看出，1949—1958 年的年发文数量曲线波动较为平稳。1950年的发文数量最高，为 99 篇；发文数量最少的年份是 1949 年，为 11 篇；其余年份发文数量为 45 篇左右。原因主要是新中国成立初期我国的体育事业在各个方面大都照搬"苏联模式",人才培养模式单一,重实践轻理论[1],缺乏对中国特色体育事业发展的思考,因此年发文数量较少。1959 年,随着中苏关系的破裂以及后续历史遗留问题的存在,我国各项事业不得不采用独立探索的模式以谋求发展。在体育学科方面,主要表现为 1959 年和 1960 年两年发文数量激增,并于 1960 年达到改革开放前 30 年发文数量的最高值,为 477 篇,这与当时我国体育事业独立发展的大背景和我国体育研究者的积极探索是分不开的。之后的 10 年,我国各项科学文化事业的发展都受到了社会政治环境的影响,而"文化大革命"更是使我国的科学文化事业遭受了重大打击,体育学科文献发文数量逐步缩减。1967—1971 年,体育学科并没有相关研究文献发表;1972—1975 年,体育学科的发文数量略有提升,年发文数量从 1972 年的 1 篇增长至 1973 年的约 150 篇,并在 1974 和 1975 年维持在此水平;此后至实施改革开放前,我国的体育科学文献发文数量以每年约 100 篇的数量在持续增长。

总体来看,改革开放前30年,我国体育学科知识的相关研究开展得较晚,知识的更迭速度缓慢,受社会环境和国家政策的影响较大,学科内部的稳定性较差。

二、改革开放以来我国体育学科知识存量的变化趋势（1979—2020 年）

改革开放以来,我国无论是在政治、经济还是在文化等方面都迎来了新的发展机遇,国家对科学技术发展的重视程度凸显,体育学科知识迎来了大爆发,年发文数量呈现持续爆发式增长的趋势。1979—2020 年,发文总量为 813 880 篇,年均发文数量约为 19 378.1 篇,约是改革开放前的 198 倍。如图 2-2 所示,该阶段发文数量于 2008 年达到顶峰,为 53 878 篇;从年度发文数量整体的发展趋势来看,体育学科知识在此时主要经历了三个发展阶段。

---

[1] 毕世明 . 论 50 年代学习苏联体育经验 [J]. 体育科学,1992（3）：9-12.

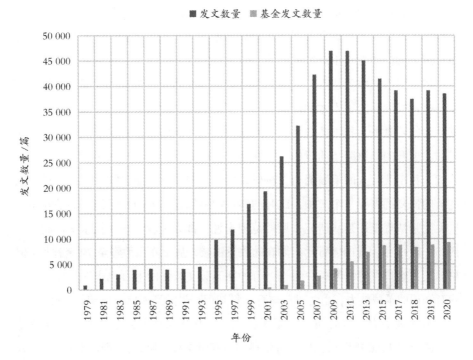

图 2-2　1979—2020 年我国体育学科年发文数量和基金发文数量

（一）知识储备成长期（1979—1995 年）

从图 2-2 中可知，1979—1993 年，我国体育学科发文数量逐年增长，特别是在 20 世纪 80 年代初期增速较快，但是在 20 世纪 80 年代的中后期增速放缓。自 1978 年十一届三中全会召开以来，我国科学文化教育事业迎来全面恢复。在此背景下，1979—1990 年，我国创办了 1 769 种期刊，占新中国成立以来创办期刊总量的 1/3，期刊在种类、数量、内容和质量等方面迎来巨大发展 [1]。在体育学科领域，专业科研期刊《体育科学》的复刊以及中国体育科学学会（China Sport Science Society，CSSS）的成立，都为日后体育学科知识的恢复和发展以及

[1] 郭玉，赵新力，潘云涛，等 . 我国科技期刊基本状况统计与分析 [J]. 编辑学报，2006（1）：1-4.

我国体育科研事业的繁荣提供了良好的支撑。《1981—1990 年体育科技发展计划纲要（草案）》的颁布为我国体育科学的发展指明了方向[1]，此时，我国初步形成了参与体育科学研究的氛围，较为系统地培养了一大批体育专业实践人才和体育科研人才，建立了合理的体育科学研究体系，为未来我国体育科研事业的高速发展奠定了人才和技术基础。在国家政策的指导下，以及科研组织相继成立的背景下，我国体育学科文献发文数量持续增长。事物发展的方向是前进的、上升的，道路是曲折的、迂回的。学科的发展也不是一蹴而就的，需要一代人甚至几代人的不懈努力。科研人才的培养、学科建设的完善及学科知识产量的恢复都需要一个过程，此时的体育学科知识发展尚处于储备期，知识产量无论是从规模还是从研究领域的范围来说，都处于较低的成长水平。此外，1985—1995 年，我国体育学术期刊的数量锐减，从 100 余种降至 70 余种[2]，但总的发文数量在持续增长。另外，每种期刊载文数量的上升也进一步提升了期刊对知识的承载能力，也为日后体育学科知识存量的高速增长奠定了基础。

从宏观上看，该阶段的改革对我国体育科研事业的发展带来了一定的冲击，造成了 1986 年以后我国体育学科知识存量增幅下降，甚至还出现了一定程度的倒退，这种情况直到进入 20 世纪 90 年代才有所改善。但是从长远来看，改革的深化推动了科研产出效率的提高，很大程度上对我国的体育学科知识在日后的蓬勃发展奠定了制度基础。总体来说，改革开放的实施和国家经济的持续增长推动了这一阶段体育学科知识的不断发展，但是其整体规模偏小，整个学科体系还处于储备阶段。

（二）知识指数爆发期（1996—2008 年）

指数函数作为数学里增幅最大的函数，被著名科学家德里克·普赖斯在《巴比伦以来的科学》中应用于对科研领域的文献数量变化规律的研究当中。他指出，在科学知识高速更迭的时代，科学文献数量是有规律的，以大约每

[1] 黄汉升.中华人民共和国体育科技发展史 [M]. 北京：科学出版社，2002.
[2] 卢石，刘文娟，白洁.中文体育类核心期刊研制工作的历史、现状和发展趋势 [J].武汉体育学院学报，2001（6）：19-23.

10 年到 15 年增加一倍的指数函数形式呈现[1]。从发展趋势上看，该阶段的发文数量年均增长率达到 22%，最高一年的增长率可以达到 28%，这说明该阶段体育学科知识无论是在知识量还是在知识深度方面都迎来了爆发式增长。另外，从发展速度看，从 1992 年后开始快速增长，由于初始基数较小，其年均增长率也维持在较高的水平，基本达到 30%。通过对该阶段历史和时代背景的梳理，总结出体育学科知识存量出现指数爆发期的三个重要原因：首先，在改革开放的背景下，"科学技术是第一生产力"的提出在宏观上极大地推动了我国科学界的整体发展，加之 20 世纪 90 年代受当时社会背景的影响，"举国体制"应运而生，运动员的比赛成绩被赋予了展现大国国力的特殊意义，使得我国各地市高校在推动体育科学应用研究方面不遗余力，极大地推动了该阶段体育学科知识的爆发式增长。其次，1996 年 9 月，体育社会科学被列为国家统一规划、管理的哲学社会科学一级学科；从 1997 年开始单独进行国家社会科学基金项目的申报和立项，从而正式从教育学中独立出来，在体育学科独立发展的道路上迈出关键的一步。1997 年，学科调整后，体育学一级学科被划分为 4 个二级学科；1998 年，本科体育学科专业也调整为体育教育、运动训练、社会体育、运动人体科学、民族传统体育 5 个学科专业[2]。体育学科人才培养体系的完善以及现有体育学科的规范化和科学化的发展，为体育学科知识总存量的进步和腾飞提供了良好的学术研究环境。最后，2001 年北京申奥成功，中华人民共和国全国运动会（以下简称"全运会"）、亚洲运动会（以下简称"亚运会"）、世界锦标赛（以下简称"世锦赛"）的成功举办促使我国人民群众体育热情空前高涨，《全民健身计划纲要》《2001—2010 年奥运争光计划纲要》等政策的出台，进一步激发了我国人民群众对体育活动的参与程度，为体育科研事业构建了更加广阔的平台[3]。一言以蔽之，体育学科在此阶段的指数级别的知识爆炸离不开国家政策的支持、学科构建体

[1]　普赖斯．巴比伦以来的科学 [M]．任元彪，译．石家庄：河北科学技术出版社，2002.
[2]　鲁长芬．中国体育学科体系研究述评 [J]．体育学刊，2007（6）：1-6.
[3]　李元伟．科技与体育——关于新世纪体育科学技术发展问题 [J]．中国体育科技，2002（6）：4-9.

系的完善、人才培养规模体制的改进和人民群众积极参与体育运动的氛围日益浓厚。

（三）知识逻辑稳定期（2009—2020 年）

科学文献的指数增长现象并不绝对，会随着学科知识存量的丰富而减缓。一般来说，某一门学科科学文献在学科刚诞生时会经历一个急剧爆发式增长的时期，随后其增长速度会变缓。当一门学科处于诞生、发展期，其科研产出数量呈指数增长，随着研究的深入进入相对成熟期，文献的增长率变小，曲线变得平缓[1]。从图 2-2 我们可以看出，体育学科文献数量增长的趋势在 2009 年之后逐步趋于平稳，这表明此时我国的体育学科知识产出量进入了一个相对平稳的高质量状态，年均发文数量基本稳定在 43 000 篇左右，年增长率与上一阶段相比有较大差距，但基金发文数量依旧呈现持续上升的趋势，增长率保持稳定。通过对该阶段体育学科的发展历程和发展背景进行梳理，发现了产生该现象的原因。首先，国家体育战略发生转变。2008 年，北京奥林匹克运动会（以下简称"奥运会"）成功举办后，在"体育大国向体育强国转变"的国家体育发展战略目标调整的大背景下，体育学术期刊审稿要求进一步提高，要求研究者在体育学科研究和论文表达上更加严谨、切合实际，同时审稿过程进一步严格化、规范化、透明化，促使期刊论文的发表更加注重研究内在知识的价值。其次，由于高等教育体制改革和发展模式的转变，扩招频率和数量进一步降低，要求学校教育以提高教学质量为原则，致使体育学科的研究者将更多的目光聚焦于教学质量的提高，使体育学科知识产量受到影响。最后，在期刊出版数字化的时代背景下，期刊主办方管理理念发生转变。"规模促发展，集约出效益"，经过多年的努力，我国期刊的发展转变呈以下态势：出版方式数字化、技术影响显性化、传播效应立体化、运营模式集约化等。[2]体育学术期刊不再盲目追求发展规模，而是从根源

---

[1] 邱均平.文献计量学[M].北京：科学技术文献出版社，1988.

[2] 初景利，盛怡瑾.科技期刊发展的十大主要态势[J].中国科技期刊研究，2018，29（6）：531-540.

处着手提高体育学科知识的价值，以期提升体育学术期刊的总体质量。

从学科发展的角度看，体育学科发文数量从指数增长期逐步进入稳定增长状态是体育学科发展相对成熟的表现。从知识构成来看，指数增长期的迅猛发展，使我国体育学科知识存量急剧增长，进入 21 世纪后，我国体育学科发展成为一门拥有众多二级、三级学科且研究内容丰富的、构建较为合理的体育学科体系 [1]。

第二节　我国体育学科知识流量分析

体育学科知识流量是一个动态的概念，包括某一时间段内体育学科流入和流出的知识数量，具有方向性，是知识供给双方的交互作用，反映出体育学科的知识流动规模。本节采用基本的引文测度指标，分别从施引学科角度和被引学科角度对我国体育学科的知识流量变化情况进行探析，基本引文指标分为体育学科对其他学科的引用次数，记为 C_{ing}；体育学科被其他学科引用的次数，记为 C_{ed}；体育学科引用自身学科的次数，记为 C_s。基本思路是体育学科论文与其他学科论文的相互引用即代表体育学科的知识流动，从施引角度而言，体育学科从其他学科获取知识，称为知识流入；从被引角度而言，其他学科从体育学科获取知识，称为知识流出。施引次数与被引次数之和为知识流入和知识流出的总量。本节采取自引率（C_sR_1）、被自引率（C_sR_2）和知识流动率（FR）的基本测度指标对体育学科知识流动进行测定，公式如下 [2]：

$$C_sR_1 = \frac{C_s}{C_{ing}} \times 100\% \qquad\qquad 式（1）$$

[1]　杨雪芹 . 学科交叉视野下我国大学体育学学科建设研究 [D]. 北京：北京体育大学，2010.

[2]　ZUCCALA A A, ZHANG H H, YE F Y. Mapping Disciplinary Knowledge Flows Using Book Reviews[C]. //ISSI. 2019：643–654.

$$C_sR_2 = \frac{C_s}{C_{ed}} \times 100\% \qquad\qquad 式（2）$$

$$FR = \frac{C_{ing} - C_{ed}}{C_{ed}} \times 100\% \qquad\qquad 式（3）$$

式（1）和式（2）分别反映了体育学科引用自身学科次数和体育学科引用其他学科次数的百分比、体育学科引用其他学科次数和体育学科被其他学科引用次数的百分比，通过自引率可以测量体育学科知识流入和知识流出的情况。如果在某一阶段体育学科的施引次数中自引率大，则说明该阶段的体育学科知识局限于本学科的知识，知识流入范围较为狭隘。如果体育学科在某一阶段被引次数中被自引率大，则说明本学科知识较多地被本学科引用，对其他学科产生的影响较少，知识流出的范围较小。式（3）表示学科的知识流动率，可以反映体育学科在不同阶段的知识流动类型。

一、知识流入视角下我国体育学科知识流量分析

从知识流入视角即施引学科的角度出发，我们可以较为全面地判断体育学科知识流入的情况，即体育学科从哪些学科获取了知识，总的施引次数可以对体育学科总体的知识获取量进行反映。从施引次数的绝对值来看，体育学科知识随着每个时间节点不断推移，其绝对值与年份呈现正相关，即年份越大，施引次数的绝对值越大。此外，施引次数也与不同阶段的体育学科发文数量有较大的关系。进一步探究体育学科知识自引次数占施引次数的百分比，体育学科各个阶段对其他学科知识的吸收情况：自引次数占比若较大，则说明该阶段体育学科知识以自身学科作为知识的主要来源，从其他学科吸取的知识较少；反之，则说明该阶段体育学科知识以吸收外部学科知识为主，对自身学科知识吸收得较少。根据表2-1所示，截至2020年，我国体育学科知识流入总量为2 402 204次，从第一阶段的14次到最后一阶段的1 969 691次，知识流入量呈现指数级别的上升趋势，我国体育学科知识的整体自引率为59.38%。从发展趋势上看，每一阶段的自引率虽然呈现波动状态，但总体呈现上升趋势且增长得较快，并于1999—2008年达到最高值，为66.95%，下一阶段略

有回落，为 57.82%。通过对以上数据进行分析发现，我国体育学科虽然经过 70 余年的发展，但开始依靠自身学科知识进行发展却是在改革开放之后。"每个新兴学科从初创到发展，必须借鉴现有的发展较为成熟的学科，将这些学科发展过程中的宝贵经验以及学科知识化为己用，以求新兴学科取得进步"[1]。对外部学科知识的学习和归纳是一门学科由初创到成熟必不可少的重要手段，任何学科在建设初期，自身学科知识增长的需求受到建设初期学科内部框架的局限，无法依靠自身学科知识开展广泛且深入的研究，这就要求对其他学科知识进行全面而细致的吸收，以此解决本学科内部的问题。从新中国成立初期至改革开放前，体育学科存在研究成果少、研究价值低、学科发展不成熟、内部建制缺失、外部学科知识吸收较慢等问题，使得体育学科需要广泛地吸收生物学、医学、教育学等其他学科的知识以完成研究和学科建设，对自身学科知识吸收的程度低。在研究内容方面，则集中体现在将人类生活过程中身体活动产生的各种生理和心理的变化进行甄别并赋予体育学科含义，以此实现知识创新，并转化为体育学科知识，促使体育学科知识体量实现快速增长。改革开放以来，在不断内化其他学科知识的过程中，体育学科知识产出量增加，体育学科内部构建趋于完善，体育学科形成了独有的研究视角和较为扎实的研究基础，体育学科研究的延续性和广泛性大大增加，尽管在 2009 年之后体育学科自引率略有下降，但是知识产出量依旧保持在较高水平。这说明体育学科随着知识深度的不断提升，不仅注重学科内部的稳定性以及研究的延续性，也在不断深入、积极拓展符合时代发展的新的研究方向，更加注重与其他学科的融合、互相渗透。

表 2-1　我国体育学科施引情况一览

时间段 / 年	体育学科施引次数 （C_{ing}）/ 次	体育学科自引数量 （C_S）/ 篇	体育学科自引率 （C_SR_1）/%
1949—1958	14	1	7.14
1959—1968	13	1	7.69

[1]　迪尔凯姆 . 社会学研究方法论 [M]. 胡伟，译 . 北京：华夏出版社，1988.

时间段 / 年	体育学科施引次数 (C_{ing}) / 次	体育学科自引数量 (C_S) / 篇	体育学科自引率 (C_SR_1) /%
1969—1978	247	70	28.34
1979—1988	1 178	557	47.28
1989—1998	18 681	10 963	58.69
1999—2008	412 380	276 078	66.95
2009—2020	1 969 691	1 138 789	57.82
1949—2020	2 402 204	1 426 459	59.38

另外，唯物辩证法要求我们用辩证的方式看待问题。从学科的整体建制来看，学科内部还存在着学问、学说、学派的缺失带来的瓶颈[1]，学科外部面临着学科定义不明晰、学术价值偏低、学位分类混乱等问题的挑战。因此，如果仅仅通过自引率来判断体育学科是否发展成熟就过于片面了，必须要与其他成熟发展的学科进行反复比较，同时结合其他计量学指标和学科研究史才能进行客观的判定。自引率作为一项计量学的指标能从学科的成熟度以及学科知识的包容程度两个维度对学科进行判定。学科自引率越高，说明对其他学科知识的包容程度越低，学科内部越封闭。反之，则是包容程度越高，学科内部越开放[2]。体育学科作为一门仅有100多年历史的年轻学科，我国的体育学科也只是经过70余年的发展，仅依据自引率这个单一计量学指标衡量，体育学科确实算是一门成熟、较为独立的学科，但学科成熟度评价标准并不只有计量学相关标准。从学科评价标准的其他方面讲，如果自引率长期处于较高水平，则意味着该学科有故步自封的趋势。在科技信息迅速发展的背景下，各类学科知识内容层出不穷、频繁更迭，学科交叉、分化、融合的进程迅速，各门学科知识都曾经过指数增长阶段，知识存量饱满。学科建设的制度化、规范化不断推进，不仅为学术研究带

[1] 易剑东，熊学敏 . 当前我国体育学科发展的问题 [J]. 体育学刊，2014，21（1）：1-10.
[2] 李韶红，侯金川 . 自引与自引分析 [J]. 图书馆，2001（6）：39-43.

来了政策支持和社会资源的投入，也为不同研究者跨学科研究提供了灵感和便利。学科知识存量的快速膨胀会使研究者面对海量的信息时增加甄别难度，导致研究者无法打破学科间的枷锁，只得着眼于自己本身的学科领域，使学科开放性降低，学科活力丧失。体育学科就存在这样的问题，知识存量的指数增长，使较多的研究者只需要运用本学科知识就能保证研究的推进，导致跨学科知识吸收的减少。另外，学科研究领域的精准化、细致化，使研究领域过于集中化、具体化，致使大多数研究者很难将关注点置于外部学科。采用跨学科研究形态作为一种减轻学科制度约束的手段，力求打破学科壁垒，积极推动学术交流，扩大研究视野，但实施效果与预想效果偏差很大[1]。

从施引角度看，我国体育学科经过 70 余年的发展，知识流入量呈现指数增长趋势，体育学科发展以改革开放为分界点，由新中国成立初期的不成熟、包容性强、较为开放的学科，发展为相对成熟、包容性弱且封闭性强的学科。

二、知识流出视角下我国体育学科知识流量分析

从知识流出视角即被引学科的角度分析，我们可以判断体育学科知识整体流出的情况及每一阶段的知识流出量的情况，体育学科总的被引次数可以反映其知识总体流出情况，即我国体育学科知识的流出体量，而体育学科自引次数占被引次数的百分比的值可以进一步反映在不同阶段体育学科知识被其他学科所获取的情况，自引次数占被引次数的百分比的值若较大，则说明该阶段体育学科知识大部分是被自身学科所吸收，知识流出性较弱。通过被自引率可以了解体育学科的学科地位、影响力等方面的情况。若体育学科被自引率高，则表明其对其他学科的影响力较小，学科地位低，知识流出强度低[2]。被自引率作为一个评价学科地位和影响力的计量学测度指标，学科被自

[1] 范广贵，孙久喜，阿英嘎. 探析中国体育学科的演进方式及其跨学科研究的指向 [J]. 南京体育学院学报（自然科学版），2010，9（4）：17–20.

[2] 李韶红，侯金川. 自引与自引分析 [J]. 图书馆，2001（6）：39–43.

引率高则表示对本学科知识吸收得较多，而被其他学科吸收得较少，学科知识的增长大多是学科内部的自我演化，不利于学科的发展。但是单一的评价指标，无法对学科地位和影响力进行准确的、标准化的判断，因此对学科地位的判断应结合多方面因素从多角度进行。

如表2-2所示，自新中国成立至2020年，体育学科整体知识流出量为2 507 637次，从被引次数的总量上来看，我国体育学科知识流出量由最初的287次增加到1 327 555次，呈现指数增长的趋势。2009—2020年，被引次数最多，为1 327 555次。从被自引率上看，体育学科整体的被自引率为75.37%，这说明我国体育学科学术地位偏低，学科影响力微弱。另外，尽管我国体育学科整体的被自引率数值较高，但各阶段的被自引率随着时间的推移呈现逐步下降的趋势，已经由新中国成立初期的84.32%，以每阶段1%~2%的微弱降幅，下降至2009—2020年的73.26%，下降了约11个百分点。被自引率逐阶段下降的原因：一是体育学科研究者跨学科意识觉醒，深刻地认识到仅局限于学科内部的自我演化不仅无法推动体育学科知识的价值产生，还会成为阻挡我国体育学科健康发展的障碍；二是科研体制的改革创新、大量跨学科人才的引进、科学技术的快速革新、体育热潮等带来的冲击。

从被引角度看，新中国成立以来我国体育学科知识流出量稳步增长，体育学科外部建制和内部构造发展得越来越成熟，体育学科向知识供体方向发生转变，学科地位和社会影响力都获得巨大的提升，对其他学科的知识流出量不断增加。

表2-2 我国体育学科被引情况一览

时间段/年	体育学科被引次数 （C_{ed}）/次	体育学科自引数量 （C_S）/篇	被自引率 （$C_S R_2$）/%
1949—1958	287	242	84.32
1959—1968	520	433	83.27
1969—1978	1 040	862	82.88
1979—1988	25 459	20 560	80.76
1989—1998	154 928	123 693	79.83

续表

时间段 / 年	体育学科被引次数 (C_{ed}）/ 次	体育学科自引数量 （C_S）/ 篇	被自引率 （$C_S R_2$）/%
1999—2008	997 848	771 602	77.33
2009—2020	1 327 555	972 571	73.26
1949—2020	2 507 637	1 889 963	75.37

三、我国体育学科知识流动类型分析

用学科知识流动率对我国体育学科的知识流动情况以及总的知识流动情况进行判断。如图 2-3 所示，横轴表示不同年份，纵轴表示体育学科各阶段的知识流动率。根据知识流动率的定义，以 0 数值的水平横轴作为判断的基准线，若知识流动率数值位于基准线上方，则说明该阶段体育学科知识流动类型为流入型；若知识流动率数值位于基准线下方，则说明该阶段体育学科知识流动类型为流出型；刚好位于基准线上，则说明该阶段体育学科知识流动类型为稳定型。从图 2-3 和表 2-3 还可以看出，体育学科整体 70 余年的知识流动类型趋于稳定型，为 3.51%。而从每个阶段看，体育学科的知识流动类型呈现不同的变化，1949—1958 年、1959—1968 年、1969—1978 年、1979—1988 年、1989—1998 年、1999—2008 年，这 6 个阶段知识流动率均低于 0，表示这几个阶段体育学科知识流动类型为流出型，但数值波动情况较为复杂，数据变化大，其中 1999—2008 年知识流动率最高为 –58.67%，1959—1968 年知识流动率最低为 –97.50%；2009—2020 年，体育学科知识流动类型为流入型，知识流动率为 98.85%，呈现出高吸收状态。我们所得出的结论与王琪[1]、赵丙军[2]、李元[3]、

---

[1] 王琪. 西方现代体育科学发展史论 [D]. 福州：福建师范大学，2011.

[2] 赵丙军，司虎克. 基于知识流动的体育亲缘学科定量识别探索 [J]. 图书情报工作，2013，57（1）：122–129.

[3] 李元. 体育科学学科结构与理论演进的科学计量研究 [D]. 北京：北京体育大学，2014.

李博 [1] 等人的结论一致，只有在 2009—2020 年，我国的体育学科呈现高吸收状态，其他阶段则完全相反。本研究认为，体育学科是输入型学科，从整体情况来看，体育学科呈现知识流动平衡型状态。究其原因，我们在数据收集时，对被引次数的收集没有设定固定的被引年限，导致未能全面对该阶段发表的所有体育学科文献的被引次数和引用次数进行收集，致使每个阶段被引次数与施引次数差距较大，呈现知识流出型学科模式。2009—2020 年，体育学科知识更迭速度快，新知识以旧知识为基础进行更为深入的研究，旧知识以新知识为补充，健全体育学科知识覆盖的深度和广度。2009—2020 年属于体育学科知识推陈出新、更迭发展的重要阶段。这一阶段的发文数量较为稳定，知识质量高，学科发展较为迅速。

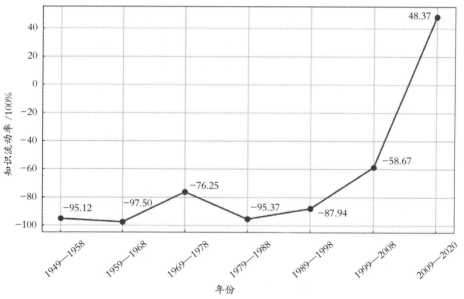

图 2-3　我国体育学科各阶段知识流动率分布

[1] 李博 . 学科交叉视域下我国体育学知识演化的多维研究 [D]. 福州：福建师范大学，2018.

表 2-3　我国体育学科施引次数、被引次数总体情况一览

时间段 / 年	体育学科施引次数 （C_{ing}）/ 次	体育学科被引次数 （C_{ed}）/ 次	体育学科知识流动率 （FR）/%
1949—1958	14	287	−95.12
1959—1968	13	520	−97.50
1969—1978	247	1 040	−76.25
1979—1988	1 178	25 459	−95.37
1989—1998	18 681	154 928	−87.94
1999—2008	412 380	997 848	−58.67
2009—2020	1 969 691	1 327 555	48.37
1949—2020	2 402 204	2 507 637	−4.20

第三章

我国体育学科知识流动特征分析

本章以体育学科文献引用数据和被引数据为知识流动的媒介，运用 CCD 中学科分析器系统软件，将下载的 168 个专题数据按照 13 个学科门类以及下属 110 个一级学科进行整理和划分，得出引用学科（学科门类）和被引学科（学科门类）列表，并将体育学科作为流动主体分别从知识流入视角和知识流出视角探究不同阶段体育学科的知识流动的广度与强度、知识流动演化特征和知识流动机制。本章从宏观层面对新中国体育学科整体知识流动情况进行研究，以此揭示中国体育学科知识流动的特征，把握体育学科在不同阶段的历史地位和作用，以及对其他学科产生的影响，最终把握体育学科知识的整体流动规律和流动模式。

第一节　测度指标选取说明

一、流入学科和流出学科

本研究将体育学科知识对其他学科知识引用的行为作为体育学科知识流入，将体育学科知识被其他学科引用的行为作为体育学科知识流出，因此，体育学科通过知识流入活动对其他学科知识进行吸收，将体育学科视为知识流入学科，其他学科视为知识流出学科。体育学科通过知识流出活动对其他学科知识给予影响，将体育学科视为知识流出学科，其他学科视为知识流入学科，其他学科均可视为体育学科知识流动的相互影响学科。

当引用行为发生时，知识被引用的学科为流出学科，引用知识的学科为流入学科，但是从学科层面来看，所有学科都具有双重属性，既是流出学科，又是流入学科。

二、知识流动广度和知识流动强度

本研究采用知识流动广度和知识流动强度对我国体育学科知识流动的情况进行整理分析。体育学科知识流动广度与知识流动强度指标构成如下。

体育学科知识流动广度（Knowledge Flow Breadth，KFB）可以用统计时间段内体育学科文献引用（被引）其他学科数除以该时间段的商来表示，即体育学科在该时间段平均引用（被引）学科数，其计算公式为：

$$KFB = \sum N_i \div Y_{pub} \qquad 式（4）$$

式（4）中，$\sum N_i$表示统计时间段内体育学科文献引用（被引）的其他学科总数，Y_{pub}表示统计时间段年限。KFB数值越大，表示知识流动路径越明显。

体育学科知识流动强度（Knowledge Flow Intensity，KFI）可以用统计时间段内体育学科文献引用（被引）其他学科总次数除以该时间段内引用（被引）本学科以外的总学科数的商来表示，即体育学科在该时间段平均引用（被引）次数，其计算公式为：

$$KFI = \sum F_i \div \sum N_i \qquad 式（5）$$

式（5）中，$\sum F_i$表示统计时间段内体育学科文献引用（被引）其他学科总次数，$\sum N_i$表示统计时间段内体育学科文献引用（被引）的其他学科总数。KFI数值越大，表示知识流动强度越大。

第二节　知识流入视角下我国体育学科特征分析

一、知识流入视角下我国体育学科特征分析（1949—1958 年）

运用学科分析器，将 169 个专题研究分别统计为 110 个一级学科，如表 3-1 和表 3-2 所示，1949—1958 年我国体育学科知识引用学科次数排名：生物学 7 次、基础医学 2 次、数学 2 次、体育学 1 次、教育学 1 次、心理学 1 次，分属理学、教育学、医学 3 个学科门类以及 6 个一级学科。根据上述引文测度指标对该阶段体育学科知识吸收广度进行计算，得出知识流动广度为0.5，知识流动强度为2.6。

表 3-1　1949—1958 年我国体育学科知识引用学科门类次数

序号	学科门类	引用次数 / 次
1	理学	9
2	教育学	3
3	医学	2

表 3-2　1949—1958 年我国体育学科知识引用学科次数

序号	学科名称	引用次数 / 次
1	生物学	7
2	基础医学	2
3	数学	2
4	体育学	1
5	教育学	1
6	心理学	1

新中国成立初期，我国发展的重心主要是生产力的变革，即由第一产业向第二产业及从农业大国向工业国转变，在实施社会主义三大改造的前提下，各项科学文化事业基本照搬苏联模式，加之当时的学术规范性、严谨性较弱，各学科

知识存在空白较大。以现有的引用学科数据来看，生物学是当时体育学科知识流入的主要学科，原因是生物学中动物的运动轨迹和运动方式对人体运动研究具有一定的参考价值和支持作用；体育学、教育学、心理学同属于教育学门类，互为表里，能够促进体育学科的发展。总体来说，该阶段体育学科的知识吸收强度较弱，吸收量较少，知识吸收广度较窄。

二、知识流入视角下我国体育学科特征分析（1959—1968年）

受当时国内社会环境的影响，1959—1968年，我国的科学研究发展得相对缓慢，致使体育学科发文数量骤降。

由表3-3、表3-4可知，从学科门类的角度来看，该阶段体育学科知识来自医学、教育学、法学、理学、经济学、哲学、考古学7个学科门类，除医学外，对其他学科门类的知识吸收程度较低。该阶段体育学科知识流入次数的学科排名分别为基础医学43次、体育学10次、马克思主义理论8次、生物学1次、哲学1次、物理学1次、考古学1次、理论经济学1次，体育学科主要吸收了8个一级学科的知识。通过计算可知，该阶段知识流动广度为0.7，知识流动强度为8.86。

在医学体系构建的过程中，基础医学作为医学研究的基石，由于当时基础医疗设施的不完善和各种疾病的威胁，其学科知识中生理学与解剖学的相关研究对当时主要的人体活动所产生的生理生化变化进行了解释说明，并对随后研究的深入提供了很大的理论指导，为我国运动生理学、运动解剖学的形成和发展奠定了基础。马克思主义作为我们立党立国的根本指导思想，马克思主义的哲学观以及"一切为了社会主义的建设而发展"[1]的思考方式，成为当时体育学科基础理论构建的必要条件，为之后体育学科与哲学经过分化综合后出现的体育哲学研究提供了较高的参考价值。生物学作为一门诞生较早的基础学科，对当时体育学科知识的构建和发展提供了巨大的支持。物理学作为科学技术革命过程中较早从哲学中分离出来的基础工具学科，基本对

---

[1] 赵富学，杨晔 . 新时代中国特色体育学话语体系构建 [J]. 体育科学，2002，42（4）：3-13.

涉及理工科的知识都有相当的输出作用。

该阶段整体来说，受当时社会环境的影响，体育学科知识产出量增长较小，虽然吸收了 7 个学科门类的知识，但主要集中在医学、教育学门类，知识吸收范围小，知识吸收广度扩大，吸收内容相对清晰，吸收强度增强。

表 3-3　1959—1968 年我国体育学科知识引用学科门类次数

序号	学科门类	引用次数 / 次
1	医学	43
2	教育学	10
3	法学	8
4	理学	8
5	经济学	1
6	哲学	1
7	考古学	1

表 3-4　1959—1968 年我国体育学科知识引用学科次数

序号	学科名称	引用次数 / 次
1	基础医学	43
2	体育学	10
3	马克思主义理论	8
4	生物学	7
5	哲学	1
6	物理学	1
7	考古学	1
8	理论经济学	1

三、知识流入视角下我国体育学科特征分析（1969—1978 年）

在这一阶段，从整体的体育学科知识产出量可以看出，学术氛围有复苏的迹象。但是通过对数据的分析发现（表 3-5），该阶段体育学科知识主要来自理学、医学、史学、法学等学科门类，较之前对教育学门类的知识吸收差异明显，究其原因可能是该阶段教育制度被破坏严重，各阶段教育相对脱节。

如表 3-6 所示，引用学科次数依次是天文学 6 次、气象学 5 次、神经病学 4 次、中国史 4 次、马克思主义理论 3 次、基础医学 2 次、临床医学 1 次，其知识流动广度为 0.7，知识流动强度为 3.57。研究发现，该阶段体育学科知识产出量较多，但是引用其他学科知识不仅种类较少，而且不同学科的引用次数都是以个位数呈现的，其中天文学、气象学这两门学科与当时体育学科下属分支中的体育气象学有关，认为气象是影响体育竞赛成绩的重要条件和因素，对气象的把握程度决定了运动竞赛成绩的好坏[1]，但是由于学科发展的局限性和外界环境因素对运动成绩贡献作用不明显，所以此状况仅为昙花一现。由于当时学术体系尚未完善，参考文献的学术规范尚未形成，使得该阶段体育学科中其他学科知识流入得较少，学科间关系较为疏远。

该阶段体育学科知识吸收呈现下降趋势，有学科吸收内容混乱、学科吸收广度小、学科吸收强度低等特点。

表 3-5　1969—1978 年我国体育学科知识引用学科门类次数

序号	学科门类	引用次数 / 次
1	理学	11
2	医学	7
3	史学	4
4	法学	3

表 3-6　1969—1978 年我国体育学科知识引用学科次数

序号	学科名称	引用次数 / 次
1	天文学	6
2	气象学	5

---

[1] 杨培基，谢传宁.气象要素对体育竞赛的影响[J].湖北气象，1993（4）：36-37.

续表

序号	学科名称	引用次数 / 次
3	神经病学	4
4	中国史	4
5	马克思主义理论	3
6	基础医学	2
7	临床医学	1

四、知识流入视角下我国体育学科特征分析（1979—1988 年）

改革开放初期，我国科学文化事业有了快速发展的趋势，体育学科无论是发文数量还是引用其他学科的次数，与前几个阶段相比都获得了巨大的提升。

如表 3-7 所示，这一阶段体育学科知识来源广泛，涉及 13 个学科门类，吸收的知识主要来自教育学、理学、医学、工学、法学、哲学、管理学、文学、经济学等学科门类，54 个一级学科（表中未全部列出），占所有一级学科的 49.09%，知识流动广度为 5.4，知识流动强度为 9.65。如表 3-8 所示，体育学科引用学科次数排名依次为体育学 557 次、生物学 101 次、特种医学 63 次、临床医学 55 次、教育学 45 次、数学 44 次、心理学 40 次、基础医学 34 次、中医学 24 次、哲学 21 次、自然科学理论与方法 17 次、预防医学与卫生学 16 次、科学研究管理 11 次、计算机科学与技术 9 次、社会学 8 次、民族学 8 次、马克思主义理论 7 次、电气工程学 6 次、中国史 6 次、力学 6 次。其中，引用次数超过 20 次的仅有 10 个学科。通过对比发现，该阶段体育学科知识引用的一级学科较多的来自自然学科。20 世纪 70 年代，体育人文社会科学研究大为缩减，对于运动项目的技术研究与实践研究占绝对比重，体育基础学科研究也相对减弱 [1]。这说明该阶段体育学科研究主要是围绕具有现实意义的运动项目技

---

[1] 鲁长芬.体育学科体系研究 [M].武汉：华中师范大学出版社，2012.

术和运动训练方向进行的，知识吸收主要是围绕生物学、医学等展开的。1979
年以后，为了进一步改善我国青少年的身体状况，提高青少年的身体素质，教
育部、国家体育运动委员会（以下简称"国家体委"）等联合多次召开关于提
高学生素质的学校体育工作会议，旨在加强体育教师在教学过程中的主观能动
性，激发学习体育的参与热情，改革当前学校体育管理体制，激发学校体育的
改革热情，并强调了对当时体育课程的建设是未来工作的重中之重。20 世纪 80
年代，以举国体制为主的竞技体育发展战略得到了充分的强化和完善。这一阶
段的竞技体育领域研究主要是以运动竞赛的研究和运动训练的研究为主。关于
运动竞赛领域的研究，国内体育研究者开始立足于科学化训练对运动员和运动
队水平的提高方面；体育赛事方面的研究多以竞赛筹备模式、竞赛形式变化、
竞赛的制度化水平的高低、各种竞赛之间的衔接的合理性呈现[1]。对于学生体
质、运动员训练的效果和体育竞赛成绩的提高，相关部门需要给予多维度的支
持和帮助，仅仅依靠体育学科原有的知识是不够的。体质健康和提高的相关研
究需要吸收生物学、特种医学、数学、基础医学等其他学科知识，学校体育管
理研究则需要吸收教育学和管理学的知识，学生心理健康和运动员的心理发展
的研究都需要心理学知识的运用和补充。

　　从该阶段我国体育学科知识吸收的整体情况来看，知识产出量增加，知识
吸收广度扩大，主要集中在教育学、理学、医学门类，其与该阶段体育学科的
研究重点相似，对自然学科的知识吸收量大，对人文学科的知识吸收量偏小，
知识吸收路径较为模糊，知识吸收强度增强。

表 3-7　1979—1988 年我国体育学科知识引用学科门类次数

序号	学科门类	引用次数 / 次	序号	学科门类	引用次数 / 次
1	教育学	642	8	文学	9
2	理学	145	9	经济学	7

[1]　卢文云，唐炎，熊晓正.20 世纪 60 年代以来我国竞技体育发展模式的历史演变 [J]. 西安体育学院学报，
　　2008（4）：12-16.

续表

序号	学科门类	引用次数 / 次	序号	学科门类	引用次数 / 次
3	医学	118	10	艺术学	7
4	工学	53	11	史学	6
5	法学	33	12	军事学	1
6	哲学	21	13	农学	1
7	管理学	19			

表 3-8   1979—1988 年我国体育学科知识引用学科次数

序号	学科名称	引用次数 / 次	序号	学科名称	引用次数 / 次
1	体育学	557	11	自然科学理论与方法	17
2	生物学	101	12	预防医学与卫生学	16
3	特种医学	63	13	科学研究管理	11
4	临床医学	55	14	计算机科学与技术	9
5	教育学	45	15	社会学	8
6	数学	44	16	民族学	8
7	心理学	40	17	马克思主义理论	7
8	基础医学	34	18	电气工程	6
9	中医学	24	19	中国史	6
10	哲学	21	20	力学	6

五、知识流入视角下我国体育学科特征分析（1989—1998 年）

通过对 1989—1998 年我国体育学科引用数据进行整理分析发现，该阶段体育学科知识吸收遍及全部的 13 个学科门类，其中教育学、医学、理学、法学、工学、哲学、管理学门类表现较为突出（表 3-9）。从吸收一级学科知识的视角来看，共有 72 个学科对体育学提供了知识支持（表 3-10 中未全部列出），占全部一级学科的 65.45%，知识流动广度为 7.1，知识流动强度为 95.43。其中，体育学科知识引用学科次数超过 100 次的一级学科如表 3-10 所示，依次是体育学 10 963 次、教育学 1 165 次、特种医学 1 102 次、生物学 629 次、心理学 620 次、临床医学 474 次、基础医学 396 次、预防医学与卫生学 304 次、社会学 283 次、数学 254 次、哲学 221 次、法学 164 次、工商管理 157 次、中医学 148 次、系统科学 128 次、政治学 122 次、理论经济学 108 次、马克思主义理论 102 次、管理科学与工程 102 次。体育学科的发展离不开科学研究，体育学科的科学研究不仅要为体育理论服务，还要密切联系体育实践，相对应的体育学科对于其他学科知识的吸收也应该是积极地为该阶段体育学科的研究方向、体育政策和战略服务。学校体育研究领域一直以来都是我国体育学知识产出和吸收的重要阵地 [1]。积极开展体育运动的实质就是增强人民体质，塑造健全的人格，形成高尚的道德品质，树立正确的价值观，适应与促进社会发展。学校是开展体育活动的重要场所，学校体育事业是实现体育强国、健康中国建设的重要支柱，学校体育的发展目标是一切学校体育活动的出发点和归宿，决定着学校体育活动的方向。20 世纪 90 年代初，"奥运争光计划"和"全民健身计划"的提出，预示着体育学科研究要深入到解决实际问题中去，为运动训练和全民体质健康做贡献，要求体育学科知识应积极获取和吸收临床医学、特种医学、生物学等学科知识，满足该阶段体育学科在运动训练、运动康复等应用研究方面的多样化、专业化需求，更加有效地提高运动员的运动成绩以及国民体质健康水平。另外，该阶段体育学科知识为了解决体育理论研究中缺乏现实性和针对性、体育理论研究方法存在偏向、引进西方体育理论脱离中国体育实践、体育改革实验操作性较差、体育理论研究者与实践者存在认知差异等问题 [2]，体育学科知识开始对社会学、哲学、法学等人文社会学科的知识进行吸收，推动了体育社会学、体育哲学、体育法学的发展，这是结合了体育学科知识和其他人文社会学科知识而产生的综合性学科，是研究体育的结构、内容、变革、发展和以体育运动为特点的社会行为

[1] 龙天启 . 体育与人的现代化及人的未来发展 [J]. 北京体育学院学报，1990（2）：1-5.

[2] 张争鸣 . 简论我国体育理论与实践相脱节的原因及对策 [J]. 广州体育学院学报，1992（1）：15-18.

关系、作用的极富生命力的一批交叉学科 [1]。

体育学科在该阶段的知识产出量不断增加，知识吸收量逐步增加，吸收范围较广。在主要吸收的一级学科中，自然学科和人文学科均有所涉猎，对自然学科吸收的学科种类偏多，但二者之间吸收量相差较小，吸收广度扩大，吸收强度较高。

表 3-9 1989—1998 年我国体育学科知识引用学科门类次数

序号	学科门类	引用次数 / 次	序号	学科门类	引用次数 / 次
1	教育学	12 748	8	文学	191
2	医学	2 569	9	经济学	188
3	理学	1 142	10	史学	125
4	法学	710	11	艺术学	90
5	工学	315	12	农学	47
6	哲学	235	13	军事学	40
7	管理学	222			

表 3-10 1989—1998 年我国体育学科知识引用学科次数

序号	学科名称	引用次数 / 次	序号	学科名称	引用次数 / 次
1	体育学	10 963	13	工商管理	157
2	教育学	1 165	14	中医学	148
3	特种医学	1 102	15	系统科学	128
4	生物学	629	16	政治学	122
5	心理学	620	17	理论经济学	108
6	临床医学	474	18	马克思主义理论	102
7	基础医学	396	19	管理科学与工程	102
8	预防医学与卫生学	304	20	文学	98

[1] 崔乐泉 . 体育史学与体育社会学关系辨析 [J]. 山东体育学院学报，1997（3）：1-5.

续表

序号	学科名称	引用次数 / 次	序号	学科名称	引用次数 / 次
9	社会学	283	21	应用经济学	80
10	数学	254	22	计算机科学与技术	76
11	哲学	221	23	自然科学理论与方法	73
12	法学	164	24	美术学	65

六、知识流入视角下我国体育学科特征分析（1999—2008 年）

1999—2008 年这一阶段，人民群众对体育的参与热情、消费热情及体育从业人员、科研人员的研究热情随着我国申奥的成功及北京奥运会的成功举办达到了最高峰，不仅体现在体育产业创造的价值方面，还体现在体育科研成果的产出量方面，均于 2008 年达到最高值。

体育学科知识量的暴增，必然源自对其他学科知识的吸收和综合。从学科门类的划分来看，如表 3-11 所示，涵盖全部的 13 个学科门类，吸收量分布均匀，对社会科学门类的知识吸收主要来自教育学、法学、文学、哲学、历史学，对自然学科门类的吸收以医学、理学、工学为主，还吸收具有双属性的经济学和管理学知识。从一级学科划分来看，该阶段体育学科知识来自 86 个一级学科（表 3-12 中未全部列出），占学科总数的 78.18%，知识流动广度为 8.5，知识流动强度为 1 366.5。如表 3-12 所示，体育学科知识引用学科次数超过 1 000 次的共有 26 个一级学科，依次为体育学 276 078 次、教育学 34 542 次、临床医学 9 957 次、特种医学 9 145 次、心理学 7 270 次、生物学 5 789 次、社会学 5 327 次、应用经济学 5 218 次、政治学 5 034 次、基础医学 4 497 次、法学 3 785 次、哲学 3 768 次、理论经济学 3 654 次、预防医学与卫生学 3 461 次、工商管理 3 087 次、文学 2 863 次、中药学 2 835 次、计算机科学与技术 1 908 次、数学 1 730 次、中医学 1 538 次、新闻传播学 1 480 次、马克思主义理论 1 382 次、中国语言文学 1 169 次、民族学 1 126 次、艺术学 1 109 次、中国史 1 077 次。较上一个阶段相比，该阶段不仅知识吸收量增加巨大，而且吸收广度扩大，吸收路径较为清晰。在引用学科次数超过 1 000 次的一级学科中，医学门类和教育学门类无论是从引用一级学科的数量还是从引用次数来说，排名靠前。由此可见，该阶段人们对学校体育与学生体质健康的重视程度。邓树勋对"十五"期间立项的学校体育科学研究课题的主要领域进行梳理，发现学生的身心健康研究已成为重点 [1]。当下快速发展的社会，要求社会成员具有良好的身心健康素质面对未来的社会发展，学校体育必须发挥促进学生身心健康发展的重要功能 [2]。研究者自 20 世纪 80 年代就开始对国民体质进行广泛研究，学生与青少年儿童体质调查研究成为这一课题的重要内容。

综上所述，21 世纪初学校体育领域的研究以学生体质健康为主要内容，并围绕学校体育目标进行科学研究与教学改革；学生体质健康的改善与增强，离不开临床医学和特种医学知识的贡献；贯彻落实各项体育锻炼政策、全方位提高学生的体质，让学生积极地参与体育锻炼，这也需要教育学、心理学知识向体育学科的积极输入和影响；竞技体育是 21 世纪以来体育科学研究者较为关注的重要研究领域，随着社会关注度和曝光度的增加，赋予了竞技体育巨大的商业价值，运动员竞技水平的不断提高，推动了竞技体育职业化改革，受此影响，竞技体育受关注的程度进一步提高，商业化特征鲜明 [3]。竞技体育后备人才的培养也成为众多研究者研究的重要课题。为了适应社会发展，竞技体育推行了职业化改革，职业化运动的发展，后备人才培养是基础，人才培养得不顺利，职业化将变成无根之树 [4]。竞技体育后备人才的培养，受到社会发展、训练方法和体育制度等诸多因素的影响，若想实际解决我国竞技体育后备人才的培养问题应该从以下几个方面考虑 [5]。首先，在后备人才的培养模式上应选取可持续发展的模式，并深入贯彻"体教融合"的理念。其次，面对竞技体育后

---

[1] 邓树勋.学校体育科学研究的若干思考 [J].体育学刊，2003（2）：5-7.

[2] 樊临虎，陈振东.迈向 21 世纪的中国学校体育 [J].沈阳体育学院学报，1999（3）：1-3.

[3] 田麦久.运动训练学 [M].北京：高等教育出版社，2006.

[4] 荆维玲.我国竞技体育后备人才培养现状分析 [J].南京体育学院学报，2013，27（1）：86-89.

[5] 郭经宙，倪湘宏，张志华.我国竞技体育后备人才培养现状分析 [J].武汉体育学院学报，2002（2）：18-20.

备人才稀缺、选材困难、培养效率低下、社会舆论压力等不利情况，通过深化培养机制、坚持"体教融合"、扩大人才培养范围、全方位提高职业教练素养、打破固化梯队式的培养模式，使我国竞技体育后备人才的培养朝着良性循环的方向发展[1]，职业队伍的建设、人才的培养和选拔方式、管理方式的选择和运用，更多地需要社会学、管理学方面的知识被体育学科知识转化、吸收。再次，现阶段体育已逐渐走入人们的日常生活中，体育人口迅速增加，体育消费飞速增长，我国的体育产业呈现良好的发展态势。体育产业的发展，是实现国家经济高质量发展的关键因素之一，是搞活体育经济、带动市场消费的重要体现。体育旅游可以充分完善体育经济的产业链，激发常规旅游业的消费人气，提高经济效益。中国特色体育旅游的开发可以增强国际合作，促进国家间的友好往来，促进体育产业经济效益的最大化，并向国际化发展。体育旅游作为全民健身运动的重要手段，能够吸引更多的人参与体育活动，使体育产业实现高质量发展[2]。这些内容在不同的方面都体现了体育旅游对体育产业发展的重要贡献。最后，随着社会的不断发展，北京奥运会的成功举办、群众体育的不断发展等在一定程度上拉动了我国的体育消费，为今后我国体育产业的发展带来了机遇。

总之，该阶段体育学科知识吸收量大，知识吸收广度宽，知识主要来自教育学、医学、法学、经济学、理学等，人文学科和自然学科吸收量相当，吸收路径较为明显，吸收强度大。

表 3-11　1999—2008 年我国体育学科知识引用学科门类次数

序号	学科门类	引用次数 / 次	序号	学科门类	引用次数 / 次
1	教育学	317 890	8	哲学	4 362
2	医学	32 700	9	管理学	4 171
3	法学	16 819	10	艺术学	1 978

[1] 陈为群. 节约型社会与中国竞技体育后备人才培养的可持续发展 [J]. 北京体育大学学报，2007（11）：1583–1585.

[2] 刘笑舫，武胜奇. 体育旅游在我国体育产业中的地位与作用 [J]. 体育学刊，2003（4）：18–20.

续表

序号	学科门类	引用次数/次	序号	学科门类	引用次数/次
4	经济学	8 872	11	历史学	1 972
5	理学	8 71	12	军事学	805
6	文学	6 018	13	农学	485
7	工学	5 769			

表3-12 1998—2008年我国体育学科知识引用学科次数

序号	学科名称	引用次数/次	序号	学科名称	引用次数/次
1	体育学	276 078	19	数学	1 730
2	教育学	34 542	20	中医学	1 538
3	临床医学	9 957	21	新闻传播学	1 480
4	特种医学	9 145	22	马克思主义理论	1 382
5	心理学	7 270	23	中国语言文学	1 169
6	生物学	5 789	24	民族学	1 126
7	社会学	5 327	25	艺术学	1 109
8	应用经济学	5 218	26	中国史	1 077
9	政治学	5 034	27	美术学	869
10	基础医学	4 497	28	管理科学与工程	766
11	法学	3 785	29	药学	754
12	哲学	3 768	30	军事学	726
13	理论经济学	3 654	31	图书馆、情报与档案管理	674
14	预防医学与卫生学	3 461	32	伦理学	594
15	工商管理	3 087	33	环境科学与工程	526
16	文学	2 863	34	外国语言文学	506
17	中药学	2 835	35	轻工技术与工程	477
18	计算机科学与技术	1 908	36	系统科学	476

七、知识流入视角下我国体育学科特征分析（2009—2020 年）

2009—2020 年，我国体育学科知识经过数十年的发展，通过对其他学科知识的不断吸收，已经形成了较为完善的知识吸收路径和较高的知识吸收强度，以及较快的知识更新速度。体育学科对其他学科均有一定程度的吸收，其中对教育学、医学、法学、工学、经济学、文学、管理学吸收得较多，吸收路径明显（表 3-13）。如表 3-14 所示，教育学作为体育学的母学科，为体育学提供了教育学、心理学学科知识；医学门类则贡献了临床医学、特种医学、中药学、预防医学与卫生学、中医学等知识；法学门类下属的政治学、法学、社会学对体育学科知识流出量较多；经济学门类的应用经济学与理论经济学、管理学门类的工商管理等，也对体育学科知识流出量较多。

表 3-13　2009—2020 年我国体育学科知识引用学科门类次数

序号	学科门类	引用次数 / 次	序号	学科门类	引用次数 / 次
1	教育学	1 178 755	8	理学	28 545
2	医学	162 029	9	哲学	14 360
3	法学	69 531	10	艺术学	11 228
4	工学	47 348	11	历史学	9 987
5	经济学	42 602	12	农学	4 790
6	文学	36 737	13	军事学	2 856
7	管理学	29 729			

表 3-14　2009—2020 年我国体育学科知识引用学科次数

序号	引用学科	引用次数 / 次	序号	引用学科	引用次数 / 次
1	体育学	1 039 789	21	艺术学	7 670
2	教育学	116 372	22	中国语言文学	7 096
3	临床医学	88 936	23	数学	7 094
4	应用经济学	33 262	24	民族学	6 221
5	特种医学	23 221	25	建筑学	6 016

序号	引用学科	引用次数 / 次	序号	引用学科	引用次数 / 次
6	心理学	22 594	26	中国史	6 016
7	工商管理	22 068	27	外国语言文学	5 046
8	政治学	20 450	28	电气工程	4 876
9	法学	20 021	29	马克思主义理论	4 724
10	社会学	16 816	30	轻工技术与工程	4 087
11	中药学	16 374	31	美术学	3 558
12	生物学	15 273	32	图书馆、情报与档案管理	3 449
13	文学	13 561	33	交通运输工程	3 352
14	计算机科学与技术	12 669	34	环境科学与工程	2 985
15	哲学	12 612	35	药学	2 952
16	新闻传播学	11 034	36	军事	2 596
17	预防医学与卫生学	9 959	37	信息与通信工程	2 376
18	理论经济学	9 340	38	考古学	2 081
19	基础医学	8 910	39	公共管理	2 065
20	中医学	8 513	40	世界史	1 890

单从数据层面分析，该阶段体育学科吸收其他学科知识量和强度是激增的，甚至是以往所有吸收总量之和的两倍多，对各个学科知识的吸收从数值上来看，呈现指数增长，吸收的知识来自 95 个一级学科（表 3-14 中未全部列出），占全部一级学科总数的 86.36%，知识流动广度为 9.4，知识流动强度为 6 369.23。如表 3-14 所示，引用次数超过 10 000 次的一级学科有 16 个，超过 5 000 次的一级学科有 27 个，依次是体育学 1 039 789 次、教育学 116 372 次、临床医学 88 936 次、应用经济学 33 262 次、特种医学 23 221 次、心理学 22 594 次、工商管理学 22 068 次、政治学 20 450 次、法学 20 021 次、社会学 16 816 次、中药学 16 374 次、生物学 15 273 次、文学 13 561 次、计算机科学与技术 12 669 次、哲学 12 612 次、新闻传播学 11 034 次、预防医学与卫生学 9 959 次、理论经济学 9 340 次、基础医学 8 910 次、中医学 8 513 次、艺术学 7 670 次、中

国语言文学 7 096 次、数学 7 094 次、民族学 6 221 次、建筑学 6 016 次、中国史
6 016 次、外国语言文学 5 046 次。从该阶段体育学科研究热点对体育学科知识
的发展要求来看，该阶段体育学科的研究热点较多地分布在国民体质健康、体
育产业、群众体育、运动训练、学校体育、体育哲学、民族传统体育学等领
域。从国民体质监测的研究来看，研究者从不同方面对国民体质健康的展开
状况进行研究[1]。"开展体育工作的根本任务是增强人民体质。广泛开展全民
健身活动，不仅能够提高人民的身体素质和生活质量，而且能够加快体育强国
目标的完成。国民体质健康水平高效快速地改善需要扎实有效的体质健康研究
作为支撑，体质健康研究作为建设体育强国的理论基础，理应在建设实践的过
程中发挥更大的作用。"[2] 国民体质健康水平的改善既是推动国家国民整体素质
上升的关键，也是将我国建设成为体育强国的重要手段。当前我国各年龄段人
群肥胖以及各种慢性病问题频发，需要体育学科知识积极地吸收临床医学、应
用经济学、特种医学、中药学、生物学的知识。在学校体育的研究中，强调体
育教师的作用，体育教师搭建起了体育活动参与和学生之间的桥梁，将体育知
识、技能和体育的价值内涵传递给每一位学生。"体育教学"应在"教""学"
的价值取向上重视人的培养，在教学制度建设上注入生命活力，在师生交往行
为中营造思想自由的环境，才能真正有效地避免学校体育教学的单边化、形式
化、交往载体固化[3]。我国体育教育专业的人才培养模式应构建人才与市场"对
应化"的融合模式，从源头解决体育人才的就业问题；同时也应注意高中专、
高等教育到博士生教育的衔接问题，避免因扩招造成体育人才素质的下降；课
堂教学内容需融入"信息化"教学方式，以现代教育理念为先导，创建"实践
创新型"学习模式[4]。现有的体育学科知识经过长期发展，学科知识已经相当

[1] 国家体育总局政策法规司.中国体育哲学社会科学研究（1978–2010）[M].北京：人民体育出版社，
　　2013：209–210.
[2] 池建.国民体质健康研究的思考 [J].北京体育大学学报，2009（12）：1–4.
[3] 钱钧，史兵.高校体育教学中教学交往的缺失与建构 [J].体育学刊，2010，17（1）：45–49.
[4] 孙义良，王兵，周贤江，等.新形势下体育教育专业人才培养模式的构建与创新 [J].武汉体育学院学报，
　　2011，45（5）：61–65.

饱满，但随着研究的深入，体育学科依旧需要吸收教育学、心理学、管理学、法学等学科的先进知识，以丰富现有体育学科交叉知识储备，使体育学科知识能不断地推陈出新，不断地服务于学校体育建设、体育强国建设、健康中国建设。体育赛事作为体育产业的基本组织形式，能够帮助小微型体育赛事扩大影响力、维持赛事的运行，需要依托新闻传播学和管理学知识进行组织宣传。

体育哲学是体育科学体系中一门重要的人文学科，它是运用哲学方法探究体育的本质及其价值的一门学科[1]。从体育运动发展和体育学科发展的实际出发开拓研究课题，这就要求注重研究体育训练、体育比赛、体育教学活动中的哲学问题，体育科学与体育技术发展中的一些根本性及规律性的问题，着重从指导思想、思维方式、认识方法、价值选择基本观念入手，发挥体育哲学应有的功能[2]，体育哲学的研究要求体育学科知识对哲学知识进行吸收。武术作为我国民族传统体育项目的主要表现形式之一，不仅能积极促进中华优秀传统文化的继承与发展，而且对于提升我国文化软实力，增强文化自信，具有不可比拟的作用。宣传和保护武术文化，发挥传统武术的当代价值，是我们义不容辞的责任，但想要依靠现有的体育学科知识是远远不够的，需要体育学科吸收艺术学、民族学、文学等知识，探索武术项目的起源、发展，扎实根基，从多学科视角、多层次、宽领域地对武术项目进行研究。

总体而言，这一阶段体育学科知识吸收其他学科知识量最大，吸收范围最广，吸收路径最明显，吸收强度最大。

---

[1] 卢元镇. 体育人文社会科学概论高级教程 [M]. 北京：高等教育出版社，2003：7.
[2] 朱淑春. 深化体育哲学研究若干问题的思考 [J]. 天津体育学院学报，1996，4（11）：47–50.

第三节 知识流出视角下我国体育学科特征分析

一、知识流出视角下我国体育学科特征分析（1949—1958年）

新中国成立初期，我国体育学科文献数量较少，基础作用微弱，对其他学科知识的影响微弱。从学科门类的角度看，体育学科知识流出涉及教育学、医学、理学、文学、管理学、史学6个学科门类（表3–15），流出次数低，作用微弱，知识流动广度为1.1，知识流动强度为1.55。

表3–15　1949—1958年我国体育学科知识被引学科门类次数

序号	学科门类	被引次数/次
1	教育学	26
2	医学	7
3	理学	3
4	文学	2
5	管理学	1
6	史学	1

当时，我国体育学科对其他学科的知识流出主要有以下12个一级学科（表3–16），体育学科知识被引学科次数依次是体育学23次，生物学3次，临床医学3次，特种医学2次，教育学2次，神经病学1次，生物医学工程1次，中国史学1次，图书馆、情报与档案管理1次，新闻传播学1次，心理学1次，外国语言文学1次。其中，体育学对该阶段发表的体育文献知识内容引用得相对较多，达到23次，排名第一，虽然此时发表的体育学科知识作用略小，但是不可忽视其在整个体育学科知识构建过程中的基础作用，对原有学科知识的引用、发展以及推陈出新，这是学科发展所要求的过程。被引次数为2次或2次以上的一级学科除体育学外有4个，在一定程度上可以反映该阶段体育学科的知识流出的主要路径。生物学、临床医学、特种医学、教育学在某种程度上对

该阶段对体育学科知识进行了吸收，而神经病学、生物医学工程、中国史学等学科也对体育学科初期知识进行了少量吸收。

表 3-16　1949—1958 年我国体育学科知识被引学科次数

序号	学科名称	被引次数 / 次	序号	学科名称	被引次数 / 次
1	体育学	23	7	生物医学工程	1
2	生物学	3	8	中国史学	1
3	临床医学	3	9	图书馆、情报与档案管理	1
4	特种医学	2	10	新闻传播学	1
5	教育学	2	11	心理学	1
6	神经病学	1	12	外国语言文学	1

从整体上看，新中国成立初期体育学科知识流出量较少，流出广度较窄，流出强度偏低。

二、知识流出视角下我国体育学科特征分析（1959—1968 年）

1959—1968 年，从学科门类的角度来看，该阶段的体育学科知识主要流向教育学、医学、文学、哲学、史学、工学、理学、管理学等学科门类（表 3-17），知识流动广度为 2.3，知识流动强度为 3.87。如表 3-18 所示，该阶段体育学科知识主要流向 24 个一级学科，其中被引次数超过 2 次的有 12 个一级学科，依次为体育学 421 次，临床医学 17 次，教育学 17 次，特种医学 8 次，中国文学 6 次，中医学 6 次，哲学 5 次，生物学 4 次，图书馆、情报与档案管理 3 次，心理学 3 次，文学 3 次，电气工程 3 次。体育教育事业的发展依托学校体育的发展而实现，学校体育的发展重点则在于促进学生身心的全面发展，因此学生是学校体育工作的中心。高等学校是国家培养人才的主要阵地，体育教育和体育教学工作更应注重体质较弱学生的运动技术的学习与身体素质发展的水平，全面支持学校体育教育事业[1]。学校体育研究首先将研究方向聚焦于学生体质的发展和改善，

---

[1]　周心珍 . 关于高等学校体弱学生的体育教学工作 [J]. 上海体育学院学报，1959（3）：77-81.

对未来教育学、医学在此方向的研究有着巨大的推动作用。毛泽东同志的《体育之研究》一文运用扎实的唯物辩证法分析体育理论与参与体育实践的关系，论述体育的产生与发展，以辩证的视角分析德智体的相互关系，高度关注人在参与运动方面的主观能动性，对于今天的体育工作仍然具有较大的学习与指导意义[1]。在发展体育运动方面，应以党的领导作为根本保证，将群众路线视为开展体育运动的根本方向，高举发展体育运动、提高身体素质大旗，使体育服务于国防建设，更好地为劳动生产做贡献，为社会主义建设服务[2]。该阶段体育学科知识的发展研究具有哲学辩证思想，促进了哲学、政治学对该阶段体育学科发展状况的研究。

表 3-17　1959—1968 年我国体育学科知识被引学科门类次数

序号	学科门类	被引次数 / 次
1	教育学	441
2	医学	35
3	文学	12
4	哲学	5
5	史学	5
6	工学	5
7	理学	4
8	管理学	3

表 3-18　1959—1968 年我国体育学科知识被引学科次数

序号	学科名称	被引次数 / 次	序号	学科名称	被引次数 / 次
1	体育学	421	13	考古学	2
2	临床医学	17	14	新闻传播学	2
3	教育学	17	15	预防医学与卫生学	2

[1]　徐振增 . "体育之研究" 的哲学思想 [J]. 成都体育学院学报，1960（2）：31-38.
[2]　荣高棠 . 让体育更好地为社会主义建设服务 [J]. 成都体育学院学报，1960（2）：1-7.

续表

序号	学科名称	被引次数/次	序号	学科名称	被引次数/次
4	特种医学	8	16	中国史	2
5	中国文学	6	17	政治学	2
6	中医学	6	18	军事	2
7	哲学	5	19	轻工技术与工程	2
8	生物学	4	20	基础医学	1
9	图书馆、情报与档案管理	3	21	世界史	1
10	心理学	3	22	外国语言文学	1
11	文学	3	23	法学	1
12	电气工程	3	24	计算机科学与技术	1

总体来看，该阶段的体育学科知识量有少量增长，知识流出广度扩大，流出内容明显增加，有较强的时代政治特征，知识流出强度偏弱，对其他学科产生的影响有限。

三、知识流出视角下我国体育学科特征分析（1969—1978 年）

该阶段，我国体育学科的"元气"有所恢复，开始根据自身需要进行研究和发展。1969—1978 年，该阶段的体育学科知识流出共有 12 个学科门类，依次是教育学、医学、理学、工学、法学、艺术学、管理学、文学、军事学、史学、经济学、哲学（表 3-19），对这一阶段体育学科知识引用得较多，相较上一阶段，这一阶段体育学科知识的流出呈现复苏迹象。

表 3-19　1969—1978 年我国体育学科知识被引学科门类次数

序号	学科门类	被引次数/次	序号	学科门类	被引次数/次
1	教育学	900	7	管理学	6
2	医学	141	8	文学	4
3	理学	26	9	军事学	3

续表

序号	学科门类	被引次数 / 次	序号	学科门类	被引次数 / 次
4	工学	25	10	史学	2
5	法学	9	11	经济学	1
6	艺术学	9	12	哲学	1

　　将被引次数按一级学科划分发现，该阶段体育学科知识流向了 43 个一级学科（表 3-20 中未全部列出），占全部一级学科的 39.09%，其知识流动广度为4.2，知识流动强度为 6.31。如表 3-20 所示，对体育学科引用次数为 4 次或超过4 次的有 12 个学科，依次是体育 862 次，临床医学 69 次，特种医学 51 次，教育学 38 次，中医学 18 次，生物学 16 次，艺术学 9 次，图书馆、情报与档案管理 6 次，公安学 6 次，数学 4 次，考古学 4 次，应用经济学 4 次。值得注意的是，心理学作为教育学门类中的一级学科，在这一阶段没有引用或吸收体育学科知识。20 世纪 70 年代，体育人文社会科学研究大为萎缩，对于运动项目的技术研究与实践研究占绝对比重，体育基础学科研究也相对减弱 [1]。

表 3-20　1969—1978 年我国体育学科知识被引学科次数

序号	学科名称	被引次数 / 次	序号	学科名称	被引次数 / 次
1	体育学	862	7	艺术学	9
2	临床医学	69	8	图书馆、情报与档案管理	6
3	特种医学	51	9	公安学	6
4	教育学	38	10	数学	4
5	中医学	18	11	考古学	4
6	生物学	16	12	应用经济学	4

　　该阶段体育学科知识流出量小，知识流出范围较广，涉及 12 个学科门类，占所有学科门类的 84.61%，但知识流出路径较为模糊，除流向体育学科外，主

---

[1]　鲁长芬 . 体育科学学科体系研究 [M]. 武汉：华中师范大学，2012.

要是对医学门类中的临床医学和特种医学进行知识流出，流出强度弱。

四、知识流出视角下我国体育学科特征分析（1979—1988 年）

20 世纪 70 年代，我国体育事业大部分停滞，之前的学术成果遭到严重破坏，我国体育学科的发展水平与世界先进水平差距较大。从 1979 年开始，我国体育科技事业逐渐恢复，重组科研机构、恢复科研秩序、出台相关政策等为体育学科研究铺平了道路。从体育学科知识流出的广度及学科门类视角来看，体育学科知识在该阶段知识流出一共涉及教育学、医学、管理学、法学、文学、经济学、工学、理学、艺术学、历史学、军事学、哲学 12 个学科门类（表 3-21），占所有学科门类的 92.3%。其中，教育学、医学、管理学、法学、文学学科门类对体育学科知识吸收较多，学科重塑已经提上日程。

表 3-21　1979—1988 年我国体育学科知识被引学科门类次数

序号	学科门类	被引次数 / 次	序号	学科门类	被引次数 / 次
1	教育学	22 172	7	工学	145
2	医学	1 487	8	理学	142
3	管理学	366	9	艺术学	133
4	法学	230	10	历史学	119
5	文学	225	11	军事学	90
6	经济学	154	12	哲学	54

从一级学科视角来看，该阶段体育学科对 75 个一级学科进行了知识的输出（表 3-22 中未全部列出），占全部一级学科的 68.2%，知识流动广度为 7.4，知识流动强度为 64.28。由表 3-22 可知，共有 12 个一级学科对体育学科知识引用次数超过 100 次，依次是体育学 20 560 次，教育学 1 510 次，特种医学 590 次，临床医学 495 次，工商管理 240 次，中医学 138 次，图书馆、情报与档案管理 124 次，预防医学与卫生学 115 次，艺术学 110 次，应用经济学 109 次，中国史 106 次，心理学 102 次。通过对被引次数较高的 28 个一级学科进行分析发现，

医学门类涉及的一级学科数量是最多的；各个医学门类一级学科引用体育学科知识的次数也较多，超过 100 次的有 4 个，分别为特种医学、临床医学、中医学、预防医学与卫生学。这表明体医融合模式的初显，以及现代医学结构和知识的完善为体育学科知识的构建提供了支撑，体育学科中运动医学相关研究的发展为医学的发展做出了贡献。在被引次数超过 100 次的一级学科中，教育学门类有 3 个学科，依次是体育学、教育学、心理学，其中，体育学是被引次数最多的学科，主要是由于体育学科对自身知识的吸收和借鉴，以及该阶段对体育学科知识的梳理和构建；教育学与心理学科同属教育学门类，引用次数多是因为对学生的培养离不开对各个阶段学生身体和心理的教育。管理学作为该阶段对体育学科知识吸收较多的学科门类，主要以一级学科中的工商管理和图书馆、情报与档案管理为主，通过对已有资料的查阅可知，该阶段体育管理学在改革开放中应运而生，研究方向主要包括学校体育管理、体育教学管理、体育产业管理、对体育情报的管理与运用。艺术学、应用经济学、法学等一级学科对体育学科知识吸收较为均匀，体育与艺术相结合，以及体育经济学、体育法学研究领域的开拓，研究内容的不断深入，都会对新的交叉学科的发展产生促进作用。

表 3-22　1979—1988 年我国体育学科知识被引学科次数

序号	学科名称	被引次数 / 次	序号	学科名称	被引次数 / 次
1	体育学	20 560	15	法学	79
2	教育学	1 510	16	基础医学	70
3	特种医学	590	17	中国语言文学	65
4	临床医学	495	18	公安学	59
5	工商管理	240	19	数学	55
6	中医学	138	20	轻工技术与工程	51
7	图书馆、情报与档案管理	124	21	哲学	50
8	预防医学与卫生学	115	22	计算机科学与工程	48
9	艺术学	110	23	电气工程	45
10	应用经济学	109	24	政治学	44

续表

序号	学科名称	被引次数 / 次	序号	学科名称	被引次数 / 次
11	中国史	106	25	考古学	39
12	心理学	102	26	中药学	39
13	文学	95	27	生物学	38
14	军事学	87	28	力学	37

从整体的知识流出来看，该阶段体育知识流出量增多，流出范围涉及的学科门类与上一阶段相比有所扩大，但仍有欠缺，知识流出路径较为模糊，除流向体育学科外，向教育学流出的路径相对明显，流出强度弱。

五、知识流出视角下我国体育学科特征分析（1989—1998 年）

通过分析可知，1989—1998 年，我国体育学科知识流出已经渗透到全部的 13 个学科门类，体育学科知识被引学科门类次数依次是教育学、医学、工学、理学、经济学、法学、文学、管理学、艺术学、农学、历史学、军事学、哲学（表 3-23），其在较大程度上反映了该阶段体育学科知识吸收、融合的特点和知识吸收、分化后的知识流出动向。

表 3-23　1989—1998 年我国体育学科知识被引学科门类次数

序号	学科门类	引用次数 / 次	序号	学科门类	引用次数 / 次
1	教育学	134 702	8	管理学	943
2	医学	9 380	9	艺术学	704
3	工学	2 176	10	农学	503
4	理学	1 896	11	历史学	399
5	经济学	1 548	12	军事学	346
6	法学	1 502	13	哲学	128
7	文学	1 090			

从一级学科视角来看，该阶段的体育学科知识流出的一级学科有 86 个（表

3–24 中未全部列出），占全部 110 个一级学科的 78.18%，而知识流动广度为 8.5，知识流动强度为 376.48。被引学科次数如表 3–24 所示，依次为体育学 123 693 次，教育学 10 344 次，临床医学 3 757 次，特种医学 3 375 次，应用经济学 1 391 次，生物学 1 127 次，心理学 665 次，中医学 619 次，预防医学与卫生学 599 次，艺术学 583 次，文学 558 次，法学 522 次，工商管理 497 次，基础医学 414 次，政治学 370 次，图书馆、情报与档案管理 363 次，中药学 339 次，计算机科学与技术 332 次，军事学 322 次，公安学 261 次等。通过对数据的整理发现，学校体育领域的研究一直都是各阶段较为关注的研究热点，20 世纪 90 年代对于学校体育关注度最高的则是体育课程改革、全民健身的发展以及体育改革任务的"六化"（课程内容的科学化、教学方法的多样化、教学评价的多元化、体育实施的现代化、师资队伍的专业化、学校体育管理的规范化）落实。临床医学、特种医学、中医学、预防医学与卫生学等医学门类对体育学科知识的吸收，加深了运动人体科学研究的发展，符合该阶段健康中国发展战略的时代背景，同时也是为了满足提升体育竞赛水平和增强运动训练能力的要求。

应用经济学围绕改革开放 20 多年的发展，已经初步形成了社会主义市场经济理论和实践基础，可以较快地与体育学科进行交叉融合，促进体育经济和体育产业的相关研究，催生了新的研究视角及研究方向，为我国经济的第一产业、第二产业向第三产业过渡奠定了相关的理论基础。值得一提的是，该阶段的生物学对体育学科知识的吸收与其他阶段相比排名较高，说明生物学与体育学科的融合成果较多，运动生物力学、运动生物化学研究不断深入，对生物学原有的知识进行了有效的补充。军事学与公安学由于其自身学科性质以及人才培养策略，对于体育学科知识吸收得较多，吸收的内容主要集中在运动训练相关研究领域，如体能训练、技能训练等。

表 3–24　1989—1998 年我国体育学科知识被引学科次数

序号	学科名称	被引次数 / 次	序号	学科名称	被引次数 / 次
1	体育学	123 693	17	中药学	339
2	教育学	10 344	18	计算机科学与技术	332

续表

序号	学科名称	被引次数/次	序号	学科名称	被引次数/次
3	临床医学	3 757	19	军事学	322
4	特种医学	3 375	20	公安学	261
5	应用经济学	1 391	21	轻工技术与工程	258
6	生物学	1 127	22	中国史	256
7	心理学	665	23	建筑学	235
8	中医学	619	24	新闻传播学	217
9	预防医学与卫生学	599	25	社会学	185
10	艺术学	583	26	数学	175
11	文学	558	27	电气工程	173
12	法学	522	28	外国语言文学	162
13	工商管理	497	29	理论经济学	157
14	基础医学	414	30	中国语言文学	153
15	政治学	370	31	考古学	126
16	图书馆、情报与档案管理	363	32	美术学	121

从被引次数来看，该阶段除体育学对自身学科知识的引用外，仅有教育学科对体育学科知识的引用次数超过了 1 万次，引用体育学科知识次数超过 1 000次的学科仅有 6 个，说明这一阶段尽管体育学科知识流出量大幅增加，知识流出广度扩大，知识流出内容相对明显，知识流出强度增强，但主要流向体育学、教育学、临床医学、特种医学、应用经济学、生物学等学科，对其他学科影响不明显。

六、知识流出视角下我国体育学科特征分析（1999—2008 年）

1999—2008 年作为我国体育学科发展的新纪元，体育学科知识不断完善，研究视角逐步拓宽，体育学科内部知识不断充盈，并逐渐对其他学科的知识产生影响。以学科门类为视角对体育学科知识流出方向进行划分，如表 3-25 所示，知识流出广度较大，但流出的强度较低，虽然涉及全部的 13 个学科门类，教育学、医学、法学、经济学等学科门类涉及次数较多，但被引次数与体育学相比差距较大，主要是由于体育学作为一级学科从属于教育学门类，对自身学科知识的吸收较多，致使对本学科的被引次数最多，而教育学与心理学同属教育学门类，与体育学各方面研究联系密切；医学、法学、经济学等学科门类是体育学科交叉的重要部分，因此知识流出量大，被引次数较多；管理学、艺术学与体育学科的深入交融，已经形成了有效的学科交叉，并为管理学、艺术学学科门类知识提供反馈。

表 3-25　1999—2008 年我国体育学科知识被引学科门类次数

序号	学科门类	被引次数/次	序号	学科门类	被引次数/次
1	教育学	854 427	8	文学	6 868
2	医学	54 880	9	工学	6 655
3	法学	13 276	10	农学	2 683
4	经济学	11 876	11	军事学	1 928
5	管理学	11 098	12	历史学	1 588
6	艺术学	8 299	13	哲学	529
7	理学	7 855			

将知识流出数据以一级学科视角来划分，共有 92 个一级学科对体育学科知识进行吸收（表 3-26 中未全部列出），占全部一级学科的 83.63%，知识流动广度为 9.1，知识流动强度为 2 311.65。如表 3-26 所示，各一级学科的被引次数超过 1 000 次的依次是体育学 771 602 次，教育学 78 906 次，临床医学 25 453 次，特种医学 16 156 次，应用经济学 10 471 次，工商管理 7 539 次，艺术学 7 201 次，法学 5 428 次，生物学 4 711 次，心理学 3 919 次，预防医学与卫生学 3 626 次，政治学 3 496 次，计算机科学与技术 3 269 次，中医学 3 242 次，轻工技术与工程 3 156 次，新闻传播学 3 114 次，图书馆、情报与档案管理 2 707 次，中药学 2 312 次，基础医学 2 239 次，文学 1 975 次，军事学 1 856 次，公安学 1 795 次，社会学 1 588 次，建筑学 1 535 次，理论经济学 1 405 次，电气工程 1 389 次，

外国语言文学 1 165 次，环境科学与工程 1 130 次，兽医学 1 104 次，美术学 1 098 次。通过对以上数据的梳理可以发现，教育学是该阶段吸收体育学科知识最多的一级学科。医学门类中的临床医学、特种医学、预防医学与卫生学、中医学、中药学、基础医学等相关一级学科被引次数较多，排名相对靠前。从各个医学门类一级学科被引次数来看，仅有临床医学和特种医学两个一级学科被引次数超过 1 万次，其他医学相关学科被引次数较低，说明体育学科知识对整个医学门类影响较广，影响程度深浅不一。改革开放以来，我国经济迅速发展，从经济学的角度来看，我国拥有十分庞大的消费人群，人口数量大，蕴藏着巨大的消费潜力与消费市场。体育产业在促进国民经济增长、带动相关产业发展和促进就业等方面具有重要作用，具有成为国民经济新的经济增长点的潜力 [1]。体育产业概念认识的深化是体育产业研究广泛开展的理论基础，体育产业研究聚焦于体育场馆建设的合理性以及改革开放带来的影响，足球职业化改革困境的突破，体育健身产业经营困难与解决方式，商业性国际体育赛事开展的注意事项，体育赛事服务的困境，体育产品制造业的消费力度，体育彩票的构成 [2]。体育产业从内部构建到外部宣传、参与形式的研究推动了该阶段体育学科知识向应用经济学、工商管理、轻工业技术与工程、建筑学等一级学科流动；艺术学、法学、生物学、心理学与体育学科知识相互融合形成了新的学科，如体育法学、体育美学、运动生物力学、运动心理学等体育下属二级乃至三级学科，并不断发展进步，使体育学科知识向其他学科流出，进而推动了一级学科的发展。

表 3-26　1999—2008 年我国体育学科知识被引学科次数

序号	学科名称	被引次数 / 次	序号	学科名称	被引次数 / 次
1	体育学	771 602	18	中药学	2 312
2	教育学	78 906	19	基础医学	2 239

[1] 林显鹏，虞重干，杨越. 我国体育产业发展现状及对策研究 [J]. 体育科学，2006（2）：3-9.
[2] 张林，黄海燕，王岩. 改革开放 30 年我国体育产业发展回顾 [J]. 上海体育学院学报，2008，32（4）：1-5.

续表

序号	学科名称	被引次数/次	序号	学科名称	被引次数/次
3	临床医学	25 453	20	文学	1 975
4	特种医学	16 156	21	军事学	1 856
5	应用经济学	10 471	22	公安学	1 795
6	工商管理	7 539	23	社会学	1 588
7	艺术学	7 201	24	建筑学	1 535
8	法学	5 428	25	理论经济学	1 405
9	生物学	4 711	26	电气工程	1 389
10	心理学	3 919	27	外国语言文学	1 165
11	预防医学与卫生学	3 626	28	环境科学与工程	1 130
12	政治学	3 496	29	兽医学	1 104
13	计算机科学与技术	3 269	30	美术学	1 098
14	中医学	3 242	31	中国史	863
15	轻工技术与工程	3 156	32	公共管理	811
16	新闻传播学	3 114	33	数学	777
17	图书馆、情报与档案管理	2 707	34	考古学	660

该阶段是新中国成立以来体育学科知识产出量最高、知识流动量最大、知识流出范围最广的阶段，涉及全部的 13 个学科门类、92 个一级学科，知识流出路径较为明显，知识流出强度相对较强，对其他学科影响增大，但总体影响有限。

七、知识流出视角下我国体育学科特征分析（2009—2020 年）

北京奥运会的成功举办，使得我国人民的体育参与热情高涨，从宏观层面上看，国家体育战略逐步转变，制定了体育强国战略，这都要求我国体育学术研究事业从普及化向专业化方向发展，学术研究的内容要向着高端化、深入化方向发展。国家在要求期刊高质量发展的进程中，体育类学术期刊积极响应国家号召，向着审稿过程细致化、审稿顺序科学化、稿件内容严肃化、学术质量高端化的方向发展，版面精简的同时相应地减少每期发表文章的数量，优中选优，以期提高发表文章的质量，有效减少了"学术泡沫"的产生。因此，该阶段体育学科发文数量、引用次数、被引次数与上一阶段相比都略有下降，但并不影响体育学科在该阶段的知识流出范围的扩大和流出强度的增加。

从学科门类上看，体育学科知识被引学科门类覆盖所有的 13 个学科门类，与上一阶段相比区别较小（表 3-27）。

表 3-27　2009—2020 年我国体育学科知识被引学科门类次数

序号	学科门类	被引次数 / 次	序号	学科门类	被引次数 / 次
1	教育学	679 991	8	经济学	10 908
2	医学	44 736	9	理学	5 517
3	工学	20 182	10	军事学	1 960
4	管理学	17 760	11	农学	1 439
5	法学	15 446	12	历史学	1 100
6	艺术学	12 208	13	哲学	488
7	文学	11 986			

从一级学科的视角看，共有 82 个一级学科对该阶段的体育学科知识进行了吸收（表 3-28 中未全部列出），占全部一级学科的 74.54%，知识流动广度为 8.1，知识流动强度为 2 866.42，与上一阶段相比，流出广度略有下降，但流出强度则有巨大的提升。在表 3-28 中，被引次数超过 1 000 次的一级学科有 30 个，依次是体育学 591 541 次，教育学 86 314 次，临床医学 22 589 次，艺术学 11 129 次，工商管理 10 416 次，特种医学 9 606 次，应用经济学 9 434 次，计算机科学与技术 9 421 次，法学 6 770 次，图书馆、情报与档案管理 6 634 次，新闻传播学 6 442 次，政治学 4 770 次，中医学 3 866 次，预防医学与卫生学 3 723 次，生物学 3 695 次，轻工技术与工程 3 236 次，文学 3 218 次，心理学 2 136 次，建筑学 2 042 次，军事 1 906 次，社会学 1 635 次，基础医学 1 631 次，理论经济学 1 560 次，电气工程 1 383 次，中药学 1 362 次，公安学 1 228 次，外国语言文学 1 167 次，中国语言文学 1 159 次，环境科学与工程 1 138 次，美

术学 1 079 次。通过对该阶段我国体育学科知识被引频次数据的对比分析发现，该阶段艺术学吸收体育学科知识与其他各阶段相比有较大不同，引用次数大幅增加，排名仅次于体育学、教育学与临床医学。出现这种情况的原因可能是由于体育学与艺术学融合领域学科体系划分的边界模糊，体现在体育学下属的三级学科虽然是以体育舞蹈、艺术体操冠名的学科，但其本科教育所授予的学位却是艺术学学士学位，其学科属性具有一定的不确定性，这激发了研究者的研究热情，使得体育艺术学研究的被关注度增加；工商管理、应用经济学吸收体育学科知识集中表现在体育产业升级和管理方面。在新时代，我国经济寻求高质量发展，侧重以服务业的革新作为该阶段经济向高质量转变的引擎，体育相关产业特有的服务属性被充分运用。教育学和临床医学依旧对体育学科知识吸收得较为充分，原因在于，在建设"双一流"高校的时代背景下，教育学对体育学教学方法、教学目标、课程标准研究的持续影响，以及体育学教育理念、课程实施等对教育学的促进，推动了整个教育学门类平稳前进；反观临床医学被引次数较多是因为随着人类社会环境的巨大改变，各种细菌、病毒的变异和发展危害了人们的身心健康。随着我国老龄化社会程度的加深，医疗卫生事业面临巨大压力，为了减轻疾病对人类造成的危害和我国人口老龄化带来的弊端，2016 年，中共中央、国务院印发了《"健康中国 2030"规划纲要》，提出要加强体医融合，继续制定实施全民健身计划，通过参与各项体育运动以提高全民身体素质。互联网时代催生了教育教学信息化的发展，计算机科学与技术的发展势必会吸收和接纳各个学科的知识，因此对体育学科知识进行吸收，可以完善计算机科学与技术和其他学科的交汇融合。图书馆、情报与档案管理吸收的体育学科知识主要是来自体育情报学、体育图书文献管理学、体育信息化、体育大数据收集与分析等研究热点。

表 3-28　2009—2020 年我国体育学科知识被引学科次数

序号	学科名称	被引次数 / 次	序号	学科名称	被引次数 / 次
1	体育学	591 541	18	心理学	2 136
2	教育学	86 314	19	建筑学	2 042

续表

序号	学科名称	被引次数/次	序号	学科名称	被引次数/次
3	临床医学	22 589	20	军事	1 906
4	艺术学	11 129	21	社会学	1 635
5	工商管理	10 416	22	基础医学	1 631
6	特种医学	9 606	23	理论经济学	1 560
7	应用经济学	9 434	24	电气工程	1 383
8	计算机科学与技术	9 421	25	中药学	1 362
9	法学	6 770	26	公安学	1 228
10	图书馆、情报与档案管理	6 634	27	外国语言文学	1 167
11	新闻传播学	6 442	28	中国语言文学	1 159
12	政治学	4 770	29	环境科学与工程	1 138
13	中医学	3 866	30	美术学	1 079
14	预防医学与卫生学	3 723	31	公共管理	687
15	生物学	3 695	32	兽医学	669
16	轻工技术与工程	3 236	33	马克思主义理论	626
17	文学	3 218	34	数学	625

总之，该阶段体育学科知识产出量大，知识流出量较大，知识流出广度宽，涉及13个学科门类和82个一级学科，同时知识流出内容较为明显，除较多地流向艺术学外，与其他阶段知识流向区别较小，知识流动强度高，较多地流向体育学科内部，对除教育学、临床医学、艺术学、工商管理学以外的学科影响有限。

第四节　我国体育学科知识流动特征动因分析

一、我国体育学科知识流动特征内在动因分析

（一）我国体育学科与其他学科的知识势差

知识流动产生于接收方与发出方知识的不对等，因此知识势差是知识流动发生的内在动因。正是有了知识势差的存在，弱势学科才会对强势学科的知识进行主动吸收，知识流入和知识流出才得以发生[1]。我国体育学科自初创以来，受学科内外部建制不完整、知识更迭速度较慢、知识体量小、学科性质界定较为模糊等的局限，以及学科独立性不足等因素的影响，使体育学科长期处于知识接受者的弱势学科地位，学科的发展和提升需要内化强势学科知识，夯实学科基础，扎实学科理念，促进学科知识体量的快速增长。

（二）我国体育学科内部发展的不平衡性和竞争性

体育学是一门定性研究和定量研究相结合的综合学科，既具有人文社会学科探究学科发展起源规律的定性研究属性，又具有自然科学假设实验论证的定量研究属性。通过不断对其他相关学科知识进行相互吸收和借鉴并与之交叉融合，不断寻找和移植其他学科的理论和研究方法，导致学科内部发展的不平衡性和竞争性。体育学是一门包容性极强的综合性学科，除了对自身学科的思考和研究，还需要通过不断地对其他学科知识进行兼容和吸收，不断吸收其他学科的理论和研究方法，产生和形成体育学的相对独立的研究领域和学科分支，如体育史学、体育艺术学、运动生理学、运动医学、体育社会学、体育心理学、体育管理学、体育经济学、体育哲学等，促进了体育学科的发展。随着时代的发展和我国政策的不断调整，使得我国体育学下属分支学科之间发展出现

---

[1]　王亮，张庆普.基于引文网络的知识流动过程与机制研究[J].哈尔滨工业大学学报（社会科学版），2014，16（1）：110–116.

不平衡，加剧了学科分支之间的竞争，扩大吸收其他学科知识，从而发现新的研究热点，促进体育学的发展。

（三）我国体育学科创新能力发展的要求

党的十八大以来，我国经济社会发展实现历史性变革，走上高质量发展之路。创新被摆在国家发展全局的核心位置，我国高度重视科技创新。国务院发布《国家中长期科学和技术发展规划纲要（2006—2020）》，把学科发展列为基础研究的首要问题。创新能力是任何学科存在和不断发展的重要因素，是学科生命力和活力的集中体现。学科内部的分化与各个学科外部之间的融合交叉是学科创新能力的重要体现。学科内部的分化主要是通过对学科内部知识构建以及组成部分的梳理，将学科门类依次归纳为下属的一级学科、二级学科；不同学科之间的交叉融合则是通过两个途径来完成的：一是其他学科知识从更高维度流向本学科并影响本学科；二是本学科知识向其他学科的渗透并对其产生影响，但是由于体育学科在知识势差中处于较低的接受者的地位，其他学科对体育学科知识的流出促使体育学科不断向更深层次发展，拓展其研究层次，扩大其学科影响力，而体育学科知识向其他学科的流出则促使体育学科向包容学科的综合方向发展，形成新的下属交叉学科，拓展了学科宽度。通过对学科内部的知识分化和梳理，以及对学科外部的融合交叉，我国体育学科在知识的内化吸收和向外辐射两个方面不断出现新的增长点，满足了体育学科创新发展的要求。

（四）我国体育学科研究不断深化、主体认知能力和学科认同度得到提升

从新中国成立至今，我国体育学科知识的深度和产量爆发式增长，体育学科研究领域不断扩大，研究内容不断深化，研究视角不断拓宽，研究方法不断革新，研究者数量不断提升。体育学科知识不断地吸收其他学科的知识，促进自身学科研究的深入发展，从而获得质的飞跃和改进。这都为体育学科知识的流动提供了动力，积极促进体育学科知识与其他学科相互交融、相互影响。

主体认知能力的提升，不仅可以增强学科研究者的自信心，增加学科认同

度，而且能够激发研究者的兴趣，使其积极投身于更高层次的研究领域，拓展学科研究范围，丰富学科研究手段，推动学科理论的诞生，增加学科知识维度和厚度，革新知识体系，扩大学科的影响力，进而提升学科地位，为体育学成长为学科门类打下基础。另外，随着学科的蜕变革新，各种激励机制的应运而生，进一步激发了研究者对体育学科的研究热情，将体育学科发展早期受到的质疑等各种负面情绪逐渐消除并转化为对学科较高的认同度，它如同一种正向能量积极地调动体育学科全体成员投身于学科建设，从而形成一种有利于学科发展的良好氛围。学科主体认知能力和学科认同度的不断提升是体育学科知识流动的重要内在动力。

二、我国体育学科知识流动特征外部动因分析

（一）体育参与热情和减轻医疗卫生压力的社会需要

新中国成立以来，国民经济不断发展，尤其是改革开放以来，我国经济迎来了快速发展。随着 2001 年申奥成功和 2008 年北京奥运会的成功举办，群众参与体育的热情空前高涨，体育消费扩大化、体育产业蓬勃发展的同时出现许多急需解决的问题，现有的体育学科知识很大程度上无法满足和应对当前体育各项事业的快速发展，因此体育学科需要对其他学科知识进行吸收，完善体育学科基础知识理论，更好地为体育事业建设服务。21 世纪，我国人口老龄化问题日益加深，我国逐步进入老龄化社会，人民群众日益增长的物质生活保障和身体健康的要求，对我国当前医疗卫生系统造成较大的压力，健康中国战略、体医融合的出台势必会对体育学科知识的快速增长提出更高的要求，以此完成国家赋予体育的社会使命。体育学科知识的流动需要对不同阶段的社会需求负责，完成时代使命，社会需求为体育学科知识流动提供发展的外部动力，体育学科知识流动为社会需求解决现实问题。

（二）政策导向的支持

党的十八大以来，以习近平同志为核心的党中央把人民对美好生活的向往

作为奋斗目标，深入贯彻以人民为中心的发展思想。党的十九大报告进一步强调实现全体人民的共同富裕，必须坚持以人民为中心的发展思想，不断促进人的全面发展，全面提升国民素质[1]。2019年9月，国务院办公厅正式印发《体育强国建设纲要》，部署推动体育强国建设，充分发挥体育在全面建设社会主义现代化国家新征程中的重要作用。2020年10月，党的十九届五中全会进一步明确体育强国、健康中国的建设目标，表明了党中央坚定不移地提高国民身体素质的决心和加速社会文明化进程的毅力。各项体育政策的出台、实施，充分表明了国家对体育学科发展进程的空前重视以及新时代对体育学科所赋予的社会责任，这势必会促进其他学科研究者对体育学科的关注，加大对体育学科研究的投入，深入研究体育学科基础理论和实践发展，借鉴吸纳和参考利用体育学科的知识成果，发现原有研究的不足，为体育学科知识流动提供动力。

（三）学科内在逻辑的确立和外部建制发展的需要

通俗来说，学科属性的不同对学科的内在逻辑和发展脉络会产生很大的影响，逻辑起点的不同是学科内在属性差距的具体体现，通过对不同学科逻辑起点的梳理和比较，很大程度上可以帮助体育学科厘清其逻辑起点。一方面，必须重视逻辑起点在学科认识发展规律中的衔接作用；另一方面，逻辑学理论的严格性要求体育学科逻辑起点的探寻过程必须符合体育学历史规律性[2]。当前，我国的体育学科建设即外部建制既存在现有体育院校规模小、教学模式单一、院校和大学所属院系同质化严重的现象[3]，还存在人才培养结构缺失等问题，这要求体育学科借鉴其他成熟学科的办学方向和人才培养机制，进而促进体育学科向着正确的、良性的方向继续发展。

---

[1] 习近平.决胜全面建成小康社会夺取新时代中国特色社会主义伟大胜利——在中国共产党第十九次全国代表大会上的报告[N].人民日报，2017-10-28（1）.

[2] 方千华，王润斌，徐建华，等.体育学基本理论与学科体系建构：逻辑进路、研究进展与视域前瞻[J].体育科学，2017，37（6）：3-23.

[3] 易剑东.对中国体育学科发展中两个问题的审视[J].体育学刊，2013，20（4）：5-7.

第四章

我国体育学科发展论文计量可视化分析

本章主要通过检索体育学科期刊，并对相关论文关键词、主题、时间演化趋势进行可视化分析。通过归纳与分析，探析我国 1949—2020 年期间体育学历史发展的脉络。检索中国知网 1949—2020 年包括《体育科学》《中国运动医学》《北京体育大学学报》《上海体育学院学报》《武汉体育学院学报》《成都体育学院学报》《天津体育学院学报》《体育文化导刊》等 CSSCI 来源期刊及《山东体育学院学报》《广州体育学院学报》等北大核心期刊在内的共 17 种期刊。

第一节　1997 年及之前我国体育学科发展论文计量可视化分析

一、1997 年及之前我国体育学科整体情况论文计量可视化分析（1949—1997 年）

（一）1997 年及之前我国体育学科论文高频关键词分析（1949—1997 年）

本文对 1949—1997 年新中国体育学二级学科成立前期刊论文高频关键词进行整理，再利用 VOSviewer 软件对体育学科的高频关键词进行统计分析。通过研究高频关键词，可以高度概括该领域的研究主题，快速掌握文章的精髓，是文献计量法中比较常见的研究方法，方便研究者快速掌握该领域目前的研究核心。本研究采用 1973 年由 Donohue 根据齐普夫第二定律提出的高频词低频词界分公式，具体界分公式 [1]：

$$T = \frac{1}{2}\left(-1+\sqrt{1+8 \times I_1}\right)$$

通过该公式计算得出相关研究领域高频词低频词的阈值，"I_1"代表出现且仅出现一次的关键词的总数。例如 $T=50$，出现次数大于等于 50 的为高频词，出现次数小于 50 的为低频词。

选定中国知网期刊数据库，时间范围是 1949—1997 年，对体育学科出现的关键词进行分类汇总，将部分同义词与无效词进行合并处理，根据 Donohue 高频词低频词界分公式，$I_1=1828$，最终 $T \approx 60$，将出现次数大于 60 次的关键词定为高频关键词。本研究结合实际词频分布情况，选取词频前 20 位的关键词作为高频关键词展示，以期可以较为全面地反映体育学科领域的关注热点。具体内容见表 4-1 和图 4-1。

表 4-1　1949—1997 年我国体育学科论文高频关键词

序号	关键词	词频 / 次	序号	关键词	词频 / 次
1	竞技体育	2 404	11	现状	1 136
2	中国	2 394	12	体育管理	1 133
3	体育教学	1 910	13	体育教育	1 074
4	学校体育	1 827	14	武术	1 003
5	体育	1 780	15	对策	998
6	体育产业	1 423	16	奥运会	998
7	体育运动	1 276	17	发展	970
8	大学生	1 271	18	高校	906
9	群众体育	1 190	19	足球	828
10	运动员	1 185	20	优秀运动员	682

[1] 徐坤，毕强 . 次高频关键词的选择及在共词分析中的应用 [J]. 情报理论与实践，2019，42（5）：148-152.

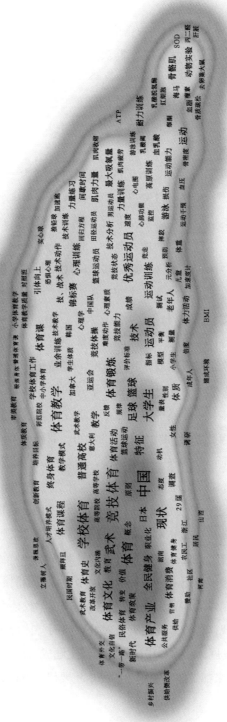

图 4-1　1949—1997 年我国体育学科论文高频关键词热点图

排在前 20 位的高频关键词分别为竞技体育、中国、体育教学、学校体育、体育、体育产业、体育运动、大学生、群众体育、运动员、现状、体育管理、体育教育、武术、对策、奥运会、发展、高校、足球、优秀运动员。这些关键词反映出体育学科在 1949—1997 年最关注的研究主题。

根据体育学科论文高频关键词统计结果（表 4-1 和图 4-1）可知，1949—1997 年体育学科的热点研究如下。

（1）竞技体育的研究已经引起人们的重视，并已成为一个热门话题。通过对高频关键词进行统计，我们可以发现，"竞技体育"是排名第一的高频关键词，各项体育活动和奥运会的主题研究也属于高频关键词。这足以看出竞技体育运动占据着当时我国体育研究的重要地位。我国逐渐意识到竞技体育的发展质量直接关系我国竞技体育的持续发展。新中国成立初期，我国体育事业主要向苏联学习，中国人民解放军成立了体育工作大队（也称"八一"体工队）、体训班，以此向国家输送高水平的竞技体育人才。20 世纪 50 年代中后期，为了不断培养高水平后备体育竞技人才，国家相继颁布了《青年业余体育学校章程（草案）》《少年业余体育学校章程（草案）》等，为培养青少年竞技体育作出了规划，并逐渐形成后备体育竞技人才培养的重要模式。改革开放后，国内竞技体育研究成为体育事业发展的主流，这也在一定程度上推动了我国体育事业发展。随着 1995 年《奥运争光计划》的颁布，我国开始对竞技体育的发展目标、规模、重点、质量及措施实施全方位、多层次、全过程的系统管理与控制，也意识到竞技体育在国家外交、展示国家综合实力等方面的重要作用。

（2）从国家角度进行的体育研究成为热点，"中国"是排名第二的高频关键词，有一部分关键词也与之相关，如"体育""现状""原则""态度"和"动机"等，尤其是"体育"，它是排在第五位的高频关键词。新中国成立初期，我国在经济、教育等领域远不及欧美等西方国家，针对当时我国体育发展滞后的现状，采取举国体制发展体育事业，在竞技体育、学校体育和群众体育领域取得了诸多成绩，但我国体育事业仍有较大发展空间。体育领域相关研究者不断深入研究国家体育发展，使得"中国"等相关主题成为高频词。

（3）学校体育历来都是体育领域中的一个重要研究方向，在体育学科相关研究高频关键词的统计中，"学校体育"位居第 4 位，与"体育课程""高校"和"终身体育"相关研究越来越紧密，在我国体育学科论文关键词热点图中占据着主导性地位，是体育学科研究的热点主题。我国在教育发展中逐渐意识到学校体育相较于竞技体育失衡这一突出问题，为了协调竞技体育和学校体育的均衡发展，我国在 1954 年由中央人民政府体育运动委员会颁布了《准备劳动与卫国体育制度暂行条例和项目标准》，通过运动项目的等级测试，促进青少年积极参加各项体育运动。1956 年，教育部编订并颁发了我国第一部全国通用的《中小学体育教学大纲》，以及《九年制体育与健康课程标准》，这一系列文件的颁布和标准的制定、推行进一步推动了我国学校体育事业的发展。

（二）1997 年及之前我国体育学科论文关键词聚类分析（1949—1997 年）

本文对 1949—1997 年我国体育学二级学科成立前期刊论文关键词聚类进行整理，再利用 VOSviewer 软件对体育学科论文关键词进行可视化分析。每个节点代表一个关键词，节点的大小代表关键词出现频率的高低。

通过软件分析可以发现，我国体育学二级学科成立前，期刊论文关键词聚类有明显的主题分类层次，如图 4-2 所示，对于体育学的相关研究主要集中在：聚类 1 是学校体育和竞技体育相关研究，聚类 2 是体育产业和体育经济相关研究，聚类 3 是体育竞赛相关研究，聚类 4 是体育教育、运动训练和运动心理学相关研究，聚类 5 是运动人体科学相关研究。

聚类 1：学校体育和竞技体育相关研究。

聚类 1 主要关注学校体育和竞技体育的相关研究。自新中国成立以来，国家高度关注竞技体育的发展，深刻认识到竞技体育能够提升国家在国际上的影响力，一定程度上能够体现国家的综合国力。首先，在竞技体育方面，研究者先后讨论了举国体制和竞技体育工作队伍的建设，国家颁布了《青年业余体育学校章程（草案）》《少年业余体育学校章程（草案）》等，进一步明确了高水平运动员后备人才的培养措施。基于此，研究者加强了对竞技体育后备人才的研究，关键词"人才培养模式"等可以体现。在学校体育方面，1956 年，教育部编订并颁发了我国第一部全国通用的《中小学体育教学大纲》，以及《九年制体

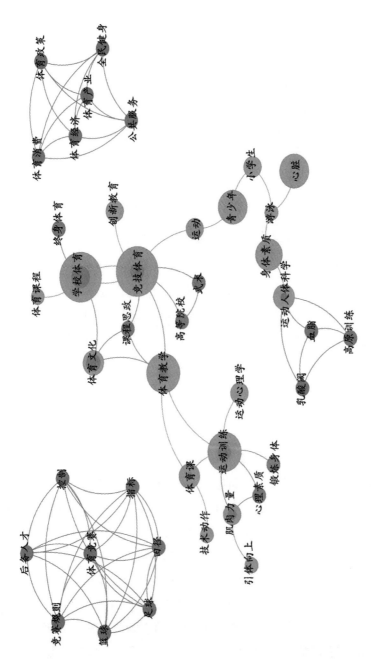

图 4-2 1949—1997 年我国体育学科论文关键词共现聚类图

育与健康课程标准》，学校体育开始进入广大研究者的视野，研究者最初关注如何开展学校体育课程和课外体育活动等研究，关键词"学校体育""体育课程"等可以体现。随着课程标准的推行，研究者也加强了对学校体育的进一步研究。1979 年 10 月，教育部和国家体委联合印发了《中小学体育工作暂行规定》和《高等学校体育工作暂行规定》，明确了学校体育坚持"以增强学生体质为核心"的指导思想。在中小学学校体育工作中，研究者通过明确培养目标，创新体育教学和教育模式等推动中小学学校体育工作的落地。在高等学校体育工作中，研究者开始研究学校体育如何开展体育教学，以及落实到各级学校后学校体育该如何开展等课题，关键词"体育教学""创新教育""高等院校""高等学校""普通高校"等可以体现，进一步表明了高等学校体育工作及中小学体育教学的重要性。关键词"终身体育"进一步说明了研究者适时地提出了终身体育的概念，旨在通过体育锻炼提高学生参与体育活动的自觉性，培养学生终身体育的习惯。同时，随着对我国学校体育的深入研究，体育文化和体育课程思政被越来越多的研究者提及，研究者通过研究武术和民族传统体育来吸收中华优秀传统体育文化的内涵，促进体育文化的发展，推动学校体育的进一步完善，关键词"体育文化""武术""民俗体育""课程思政"等可以体现。

聚类 2：体育产业和体育经济相关研究。

聚类 2 主要关注体育产业及体育经济的相关研究。体育产业和体育经济是我国体育学科研究的重要领域。1949—1997 年，我国的体育产业和体育经济的发展属于初步发展阶段，体育产业和体育经济的概念源于 20 世纪 80 年代的经济体制改革。1986 年，国家体委颁布了《关于体育体制改革的决定》，开始提及体育产业和体育经济，并进行一定的引导，指出"实行多种经营，由行政管理型向经营管理型过渡"。改革开放后，国务院进一步明确了我国体育事业的社会化和产业化的发展方向，也初步确立了体育产业和体育经济地位。基于此，体育产业的相关研究开始逐渐走入研究者的视野，研究者王历生首次发表了《论中国体育经济的发展战略纲要》一文 [1]，对我国体育产业和体育经济的发展进行了细致的讨论，随后，越来越多的研究者开始关注和研究体育产业和

[1]　王历生 . 论中国体育经济的发展战略纲要 [J]. 山东师范大学学报（自然科学版），1984（2）：62–66.

体育经济，关键词"体育产业""现状"等可以体现。中国体育产业和体育经济也正式进入了初步发展阶段。在此阶段，研究者更多地关注体育产业的现状、概念和内涵等。同时，随着体育产业和体育经济的发展，研究者开始关注其外延，如"体育消费""体育政策""公共服务""全民健身"等关键词，以及其价值所带来的影响，开始探讨体育产业和体育经济对于公共服务、体育消费、乡村振兴等的价值，并探讨国家宏观调控对体育产业和体育经济发展的影响，进一步扩大了体育产业和体育经济的研究范围，推动了其发展。1995年，国务院正式颁布《全民健身计划纲要》，全民健身的发展推动了体育器材、设备等产业的发展，促进了研究者深入了解全民健身对体育产业和体育经济的影响，并进一步推动了全民健身的发展。随着时间的推移，研究者也开始吸收、借鉴其他国家体育产业发展的成功经验，通过对比分析，研究如何因地制宜地发展中国特色体育产业和体育经济。进入 21 世纪，研究者开始探讨未来我国体育产业和体育经济的发展。

聚类 3：体育竞赛相关研究。

聚类 3 主要关注体育竞赛和职业体育的相关研究。1960 年 4 月，《体育运动委员会、教育部、中国共产主义青年团中央委员会关于在青少年中广泛开展田径运动竞赛的通知》被发布，自此，体育竞赛正式进入研究者的视野，田径等相关赛事也被正式提上日程，关键词"田径"等可以体现。随着时间的推移，关于各种体育竞赛的分析开始被研究者关注，关键词"竞赛规则""防守""控制""时间""指标"等可以体现，进一步分析了如何在体育竞赛中提高运动水平或竞赛名次的竞技技巧。同时，研究者不仅关注田径等单一赛事，足球、篮球等作为倍受国际欢迎的体育项目，也吸引了我国很多研究者的关注，关键词"足球""篮球"等可以体现。研究者深入分析了其技战术、规则和特征，借鉴其他国家足球、篮球俱乐部的成功经验和青少年人才的培养模式等，为我国足球、篮球的普及和中国足球协会超级联赛、中国男子篮球职业联赛等联赛的建立、发展提供了良好的借鉴。随着 1995 年《奥运争光计划》的颁布，与奥运会有关的竞技体操、田径等项目受到了更多的关注，对于相关技能和竞技水平的提升，研究者也提出了自己的见解。

聚类4：体育教育、运动训练和运动心理学相关研究。

聚类4主要关注体育教育、运动训练和运动心理学相关研究。在体育教育方面，相较于聚类1中的学校体育，这一聚类主要关注中小学体育教育、体育课程等。自1956年《中小学体育教学大纲》《九年制体育与健康课程标准》实施后，研究者对于中小学的体育教育和体育课程的实施展开了深入的探讨，研究者将"体育课""体育教学""体质教育""学校体育工作""引体向上""锻炼身体"等关键词联系在一起，希望通过研究能够促进学生体质的提升。在运动训练方面，研究者关注了运动员各个方面的训练，探究了运动训练如何提高运动技术水平，关键词"力量训练""肌肉力量""肌肉练习""技术训练""技术动作""业余训练"等可以体现。在运动心理学方面，研究者尝试利用心理学知识来对运动员进行心理训练，提高运动员的心理素质，从而达到提升运动成绩的目的，关键词"心理学""心理训练""心理素质"等可以体现。总体来看，研究者通过研究心理训练、运动训练以及心理训练对运动训练的促进等，来提高运动员的运动技术水平，提高运动员在"锦标赛""亚运会"等比赛中的成绩。

聚类5：运动人体科学相关研究。

聚类5主要关注运动人体科学的相关研究。运动人体科学是体育学科和自然科学交叉融合形成的学科，旨在研究体育运动和人体相互间的规律的学科。虽然运动人体科学在20世纪50年代就已经被研究者提及，但在20世纪80年代左右才真正地被研究者所关注。研究者探究了在"运动训练""游泳训练""高原训练""耐力训练"后，人体的"血乳酸""乳酸阈""睾酮""血脂"等的水平，并探究了训练后机体的各项反应，并针对存在的反应进行针对性的训练，以提高训练的质量和水平。研究者不仅对人体的内部激素、代谢等微观分子方面进行了研究，还关注"心脏""肝脏"等人体器官在体育运动后的反应，通过微观分子和人体器官的不同表现，对人体的运动反应进行全面的分析和研究。同时，研究者还对不同的运动项目进行了研究，如"游泳""摔跤"等，并关注了运动后的"损伤"问题。另外，研究者还关注多元主体，如"儿童""老年人""小学生""成年人""女性"等，根据其不同表现，有针对性地提出体育运动的建议。总体而言，研究者通过研究体育运动后人体内的微观分子、器官的反应和运动后损伤等问题，对人体进行了全面的分析，同时对多元主体进行研究，能够更加有针对性地进行总结分析，从而达到为运动训练和体育运动服务的目的。

（三）1997年及之前我国体育学科论文关键词时间演化趋势分析（1949—1997年）

本研究将获取的相关论文关键词按照年代和词频进行整理和分析，生成我国体育学二级学科成立前论文关键词时间演化趋势图（图4-3），以求了解我国体育学二级学科成立前体育学科研究主题的具体演化趋势和发展动向。需要注意的是，在1966年前后，我国体育学科的关键词演进存在断层现象，这与历史背景有着一定的联系，但不影响具体的分析。

由图4-3可知，在我国体育学二级学科成立前，我国体育学科研究的主题主要有两条明晰的脉络：一是对我国学校体育发展以及体育课程建设方面的研究；二是对我国竞技体育能力提升等方面的研究与探索。随着我国体育学科相关研究的不断发展与积累，慢慢形成了其他分支与衍生主题，丰富了我国体育学科的研究内容，进而为我国体育学二级学科建立奠定了重要的基础。

1. 我国学校体育发展和体育课程建设方面的研究

如图4-3所示，"中专生""教学改革""教材内容""体育教学""高中体育"等关键词出现于时间轴的初始阶段，这表明，学校体育研究从新中国成立以来就是我国体育学科研究的核心内容。1961年，教育部颁布了我国第二部体育教学大纲，强调体育的目的是"增强学生体质，向学生进行共产主义教育，使他们更好地学习、参加生产劳动和准备保卫祖国"。这充分说明在新中国成立初期，我国十分重视学校体育工作，这也为体育学科的研究指明了方向。因此，在这一阶段，我国的研究者开始对学生如何锻炼身体、如何在体育教学中让学生有所收获等相关问题进行探讨。当然，学校体育的相关研究也始终贯穿于这一阶段。1972—1997年，"体育教师""体育课程""教学内容""身体素质发展""教学内容"等关键词出现，说明我国的研究者一直关注学校体育的发展。当然，这

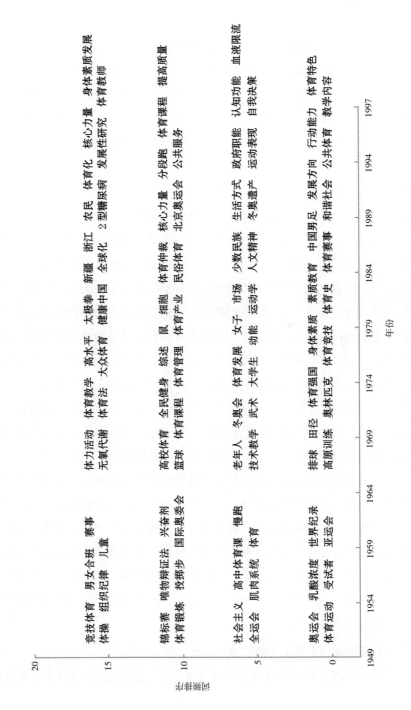

图 4-3　我国体育学二级学科成立前论文关键词时间演化趋势图

与我国学校体育相关政策的出台有着密不可分的关系。在这一阶段，我国接连出台了各项学校体育相关政策，不论是 1979 年教育部、国家体委、卫生部及共青团中央在扬州联合召开的"全国学校体育、卫生工作经验交流会议"，还是 1990 年颁布的《学校体育工作条例》，都充分体现了我国对增进学生身心健康、增强学生体质、认真开展学校体育工作的决心与坚定意志。该阶段我国学校体育政策、体系更加完善，管理方式更加规范，我国体育研究者始终紧跟国家发展步伐，深耕于学校体育研究这一领域。

2. 我国竞技体育能力提升等方面的研究与探索

竞技体育的发展亦是我国体育学二级学科成立前的一个重要的研究主题。新中国成立初期，党中央对体育工作的重视有力地推动了竞技体育工作的开展，使竞技体育运动呈现轰轰烈烈的发展局面，这也为我国竞技体育的相关研究提供了良好的条件。新中国成立初期，为提升我国竞技体育水平，我国研究者在多方面进行了探索，但研究内容集中在提升运动员的身体素质和竞技水平等方面，从"技术动作""爆发力""肌肉力量""机能水平""基本练习"等关键词可以看出。1964 年 12 月 4 日—15 日，国家体委在上海召开全国训练工作会议，会议要求进一步实现训练工作的革命化。在竞技体育管理体制上逐步形成了"举国体制"的雏形。在随后的研究中，我国研究者不断深入研究，研究对象不仅局限于运动员。"人才培养""训练模式""职业俱乐部""教练员"等关键词的出现，说明我国竞技体育的研究对象进一步得到了拓展，逐步涉及训练队、教练员这些主体。在研究内容上，我国研究者也开始意识到技战术的重要性。"篮球技术""技术训练""技战术""战术训练"等关键词的出现，也表明在这一阶段，我国体育学科的研究内容不断被拓展与丰富。除此之外，在研究的视角上也逐渐转向微观。"肌纤维""血脂""红细胞"等关键词的出现，不仅表明了研究视角的变化，而且体现了我国体育学科在竞技体育研究领域的深入探索。

3. 研究内容与主题的不断扩展与丰富

学科的发展必然伴随着研究主题与内容的丰富。如图 4-3 所示，随着时间轴的推移，我国体育学科论文关键词不断丰富，呈现出了分化的趋势，也能从中看到如今体育学二级学科的影子。"CBA""心理健康""自我决定理论""体育产业"等关键词的出现，可以看出体育人文社会学研究的雏形；"太极拳""武术""文化"等关键词则代表着民族传统体育学研究的兴起与发展。这些关键词的出现，说明了我国体育学科的研究正在不断地发展与分化，其研究内容与研究主题不断被拓展和丰富。

在我国体育学二级学科成立之前，我国体育学科的研究主题主要以学校体育和竞技体育研究为主，但随着我国社会的飞速发展，体育学科的研究对象逐渐多元化，体育学科的研究内容也不断地深入与丰富，形成了不同的分支，为后续我国体育学二级学科的成立奠定了坚实的基础。

二、我国体育学科初始阶段论文计量可视化分析（1949—1965 年）

（一）我国体育学科初始阶段论文高频关键词分析（1949—1965 年）

选定中国知网期刊数据库，时间范围是 1949—1965 年，对体育学科论文出现的关键词进行分类汇总，部分同义词与无效词进行合并处理，根据 Donohue 高频词低频词界分公式，$I_1=424$，最终 $T \approx 28$，将出现次数大于 28 次的关键词定为高频关键词。但经过统计发现，该阶段体育学科研究领域没有超 28 次以上的关键词，究其原因在于体育学科相关研究主要集中在"运动训练"和"国家体育建设"的相关研究主题，其他研究内容相对分散，论文量还不足以反映本领域的研究热点。因此，本研究结合实际关键词的分布情况，选取排名前 18 位的关键词作为高频关键词进行展示，以期全面地反映体育人文社会学领域的关注热点。具体内容见表 4-2。

表 4-2　1949—1965 年我国体育学科论文高频关键词

序号	关键词	词频 / 次	序号	关键词	词频 / 次
1	体育运动	15	10	动力定型	6
2	手倒立	11	11	实心球	6

序号	关键词	词频/次	序号	关键词	词频/次
3	肌肉力量	9	12	防守者	5
4	助跳板	9	13	技术战术	5
5	弹跳力	8	14	游泳运动员	5
6	变速跑	6	15	支撑点	5
7	支撑跳跃	6	16	耐久力	5
8	田径运动	6	17	准备活动	5
9	反作用力	6	18	短跑运动	5

排在前 18 位的高频关键词分别为体育运动、手倒立、肌肉力量、助跳板、弹跳力、变速跑、支撑跳跃、田径运动、反作用力、动力定型、实心球、防守者、技术战术、游泳运动员、支撑点、耐久力、准备活动、短跑运动。这些关键词反映出我国体育学科在 1949—1965 年最关注的研究主题。从新中国成立到1965 年，我国体育学科研究领域主要集中在以下几个方面。

1. 体育制度和政策

新中国成立后，经过多年的探索，我国建立了相应的体育制度、制定了体育相关政策。在此基础上，我国体育学科研究着重探讨体育制度和政策对我国体育事业发展的作用和影响，旨在使我国体育事业得到迅速发展。1954 年成立的国家体委，对国家体育体制进行了改革。在新中国成立初期，我国政府部门就开始制定有关体育方面的政策、法规，如《田径赛规则》等，这些体育相关政策、法规在我国体育事业的研究、发展与推进中发挥了重要作用。

2. 运动生理和训练科学

1949—1965 年，体育科学的研究是我国体育学科研究领域的重要部分，其中又以运动生理和训练科学为主要研究方向。我国体育学界特别注重对运动生理和训练科学的研究，如探讨运动生理的规律性和个体差异性，运动训练方法的创新和改进，以及探讨训练方案的制定、训练结果的检测和评估方法。在此阶段，研究者针对单个运动项目和训练方法展开了广泛的研究，在表 4-2 中与体育训练相关的高频关键词占绝大多数。在新中国成立初期，我国比较重视对体育锻炼和训练科学的研究，一是需要通过体育锻炼来培养和提高人民群众的身体素质和健康水平，以便更好地完成各项事业的建设和重大发展任务。二是希望提高我国的国际竞争力。竞技体育是国家之间交流的重要形式，具有很强的国际性。通过运动员在竞技体育中的表现来体现我国的综合实力和向世界展示中国崛起的形象，是新中国的一项重要任务。因此，新中国成立初期，我国比较重视体育锻炼和训练科学的研究，这是基于政治、经济等多方面原因的综合考虑，是为了更好地推动我国各项事业的发展。

（二）我国体育学科初始阶段论文关键词聚类分析（1949—1965 年）

由于体育学科初级阶段相关数据缺失，无法进行聚类的可视化分析，通过高频关键词的数据统计，以及对整体情况进行分析，体育学科的初级阶段大致分为两个聚类：聚类1是竞技体育相关研究，聚类2是学校体育相关研究。

聚类1：竞技体育相关研究。

聚类 1 主要关注竞技体育的相关研究。竞技体育水平的提高体现了我国综合实力的提升。通过高频关键词的数据统计和对整体情况的分析可以发现，体育学科在发展的初级阶段关注最多的就是竞技体育的发展，尤其是各个项目的技战术、力量训练等。自 1952 年我国体育代表团第一次以新中国的身份参加奥运会，我国的竞技体育开始被研究者提及。从此时起，研究者对竞技体育的关注逐渐增多，尤其是田径、游泳等赛事，关键词"田径运动""游泳运动员"等可以体现；同时针对各个项目的相关力量、耐力训练的研究也逐渐展开，关键词"肌肉力量""弹跳力""耐力训练"等可以体现。在我国体育学科初级阶段，研究者对竞技体育的研究大多较为浅显，属于尝试阶段，也正是从这时起，竞技体育的研究才逐步完善。

聚类 2：学校体育相关研究。

聚类 2 中学校体育的相关研究在新中国成立初期被关注得较少，从 1956 年教育部编订并颁发《中小学体育教学大纲》以及《九年制体育与健康课程标准》后，学校体育开始进入广大研究者的视野，研究者最初关注如何开展学校体育课程和课外体育活动等，关键词"体育教材""中学体育""中学体育课"等可以体现。可以说，新中国成立初期的学校体育的相关研究主要是较为基础的研究，关注点主要在课程、教材等的构建方面，为后期进行学校体育的深入研究打下了基础。

三、我国体育学科停滞阶段论文计量可视化分析（1966—1977 年）

（一）我国体育学科停滞阶段论文高频关键词分析（1966—1977 年）

选定中国知网期刊数据库，时间范围是 1966—1977 年，对体育学科出现的关键词进行分类汇总，部分同义词与无效词进行合并处理，根据 Donohue 高频词低频词界分公式，I_1=448，最终 $T \approx 29$，将出现次数大于 29 次的关键词定为高频关键词。但经过统计发现，1966—1977 年，我国体育学科论文没有超过 29 次的关键词，究其原因在于体育学科相关研究主要集中在"竞技体育"和"国家政治"等研究主题方面，其他研究内容相对分散，所以论文量还不足以反映本领域的研究热点。因此，本研究结合实际关键词分布情况，选取词频排名前 20 位的关键词作为高频关键词展示，以期全面地反映体育学科领域的关注热点。具体内容见表 4-3。

表 4-3 1966—1977 年我国体育学科论文高频关键词

序号	关键词	词频 / 次	序号	关键词	词频 / 次
1	毛主席	15	11	青少年运动员	5
2	篮板球	7	12	技术训练	5
3	锦标赛	6	13	世界足球锦标赛	4
4	业余训练	5	14	防守队员	4
5	青年队	5	15	技战术	4
6	开门办学	5	16	耐力训练	4
7	无产阶级专政理论	5	17	技术练习	4
8	羽毛球	5	18	羽毛球运动	4
9	阵地进攻	5	19	柔韧性	4

续表

序号	关键词	词频／次	序号	关键词	词频／次
10	"四人帮"	5	20	中路进攻	4

排在前 20 位的高频关键词分别为毛主席、篮板球、锦标赛、业余训练、青年队、开门办学、无产阶级专政理论、羽毛球、阵地进攻、"四人帮"、青少年运动员、技术训练、世界足球锦标赛、防守队员、技战术、耐力训练、技术练习、羽毛球运动、柔韧性、中路进攻。

1. 竞技体育相关研究

"文化大革命"时期，我国体育事业的发展受到了严重的影响，但我国政府依然重视体育事业的发展，颁布并实施了许多有意义的政策，对体育事业的经费投入大幅度增加，确保了运动员训练条件的改善和场馆设备的升级；加强对竞技体育的科研力量建设，推动了体育科学研究的发展和技术创新；支持和鼓励社会优秀的体育人才加入国家队，提高了国家队的整体实力。这些举措都有力地推动了中国竞技体育的发展，使其在国际上具有更高的竞争力和影响力。

2. 国家政治相关研究

1966—1977 年，受"文化大革命"的影响，除了竞技体育的相关研究持续展开外，与国家政治相关的研究在体育学科领域也占有很大的比例，如第 1、第 7、第 10 位高频关键词。这个阶段，我国政府将体育事业纳入政治运动的行列，同时也将大量资源投入体育事业的发展中，如修建体育场馆等，体育运动被宣传为一项革命性的事业。

（二）我国体育学科停滞阶段论文关键词聚类分析（1966—1977 年）

由于体育学科停滞阶段相关数据缺失，无法进行聚类的可视化分析，通过高频关键词的数据统计，以及对整体情况的分析，体育学科在此阶段大致的聚类为竞技体育相关研究。

在该阶段，随着竞技体育的发展，研究者不仅关注田径和游泳等运动项目，而且开始逐渐认识到其他运动项目的重要性，如足球、羽毛球等在国际受关注较高的运动项目，同时对于运动员身体素质、运动能力的提升，研究者从技术、战术、业余训练等多角度、深层次地进行研究，关键词"技术训练""业余训练""技战术""技术动作"等可以体现。相较于体育学科的初级阶段，虽然在停滞阶段体育学科很多方面都受到限制，但是其研究的广度和深度进一步得到了加强。同时，随着举国体制的推进，研究者对于国家队的关注度也在增强，尤其是重视青年运动员的选拔和培养工作。可以说，停滞阶段的研究为后期体育后备人才的选拔提供了参考与借鉴，关键词"青年队""青少年运动员""国家队"等可以体现。

（三）我国体育学科停滞阶段论文关键词时间演化趋势分析（1966—1977年）

根据1966—1997年我国体育学科的相关研究，绘制了我国体育学科论文关键词时间演化趋势图（图4-4）。1967—1972年，我国体育学科关键词演进出现空白的情况主要是由于当时的社会情况导致的。但在充分考虑和分析其他关键词的演化过程可以发现，在我国体育学科停滞阶段，其研究主题仍然包含学校体育和竞技体育研究两个部分，但更加倾向对竞技体育的研究，同时研究主题也含有一些政治元素。

由图4-4可知，在这一阶段出现的关键词中，与学校体育研究相关的仅有"体育教学""学习运动"两个关键词，且出现于1966年。学校体育研究与体育教学实践密不可分，在这一阶段，我国教育事业的发展处于停滞状态，因此，学校体育的相关研究也受到影响，相较于其他阶段而言，该阶段研究得较为单薄。

在体育学科停滞阶段，我国的竞技体育研究相较于其他研究内容而言较为丰富。从主体上看，"国家队""青年队""青少年运动员""标枪运动员""防守队员""长跑运动员"等关键词均有出现，这说明在该阶段，我国体育学科的研究者所研究的运动员类型相对较多，但是研究主体仍然停留在运动员这一层面，未能对教练员、后勤保障工作者等相关主体进行深入的研究。从具体训练内容上看，"耐力训练""强度训练""技术训练""青少年训练""篮球训练"

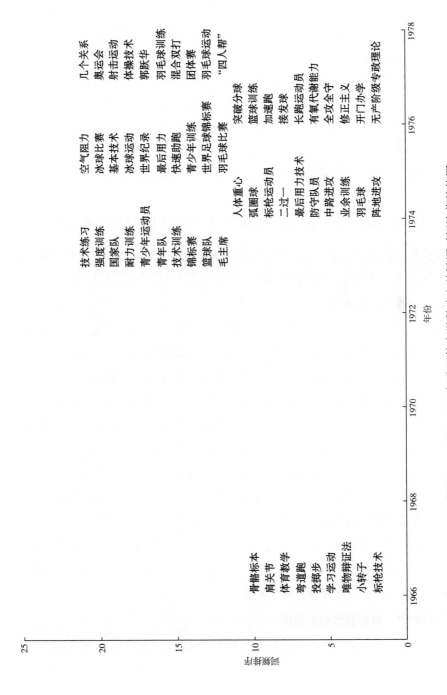

图 4-4 1966—1997 年我国体育学科论文关键词时间演化趋势图

等关键词也有所涉及，这表明对于训练方式的研究，研究者进行了一定的探索，但是相关研究均从较为宏观的层面对训练内容进行了探讨，并没有细致地从训练方法的研究上做出进一步的提升，当然，对于这一阶段的发展而言，相关研究能够达到这一程度说明已经取得了长足的进步。在这一阶段，也出现了与体育赛事相关的关键词，如"锦标赛""冰球比赛""羽毛球比赛""奥运会"等关键词，这表明我国的研究者开始意识到体育赛事对于竞技体育的发展有着重要的作用。

四、我国体育学科恢复阶段论文计量可视化分析（1978—1997 年）

（一）我国体育学科恢复阶段论文高频关键词分析（1978—1997 年）

根据我国体育学科发展阶段论文关键词统计结果可知，1978—1997年有以下几个方面的热点研究，如图4-5所示。

1. 体育运动相关研究

"体育运动"相关研究是 1978—1997 年的一项重要的研究主题，与"竞技体育""现代体育"和"比较研究"等相关主题研究联系紧密。这说明在这一热点领域中，人们对竞技体育与国家体育事业发展的重视程度很高。改革开放以后，我国体育事业的发展也随之迎来了转机，人们的体育观得到前所未有的改变，了解了体育的重要作用，人民群众参与体育运动的热情受到鼓舞。1984年，中共中央发出《关于进一步发展体育运动的通知》，针对我国体育运动水平与世界先进水平的总体差距调整了我国体育发展的方向，再次提出了发展体育运动的重要性。针对全国人民进行体育锻炼的现状，1982 年，国务院批准、国家体委发布《国家体育锻炼标准》，为全国人民进行体育锻炼提供了科学的锻炼标准；针对人民群众尤其是青少年进行体育锻炼的现状，1990 年，由国家体委和国家教育委员会（以下简称"国家教委"）联合发布了《国家体育锻炼标准施行办法》，施行国家体育锻炼标准。

2. 体育课、体育教学相关研究

"体育课"和"体育教学"是体育学科的重要研究主题。1978 年，国务院

图 4-5　1978—1997 年我国体育学科发展阶段论文关键词热点图

提出"重点抓好关系两亿青少年健康成长的学校体育工作"。同年，教育部、国家体委和卫生部联合印发了《关于加强学校体育、卫生工作的通知》，要求各地、各校全面落实党的教育方针。《全日制十年制学校中学体育教学大纲（试行草案）》《中、小学体育工作暂行规定（试行草案）》的相继颁布为学校体育工作回到正轨并朝着正确的方向发展提供了重要指引。之后，研究者不断将素质教育、终身体育的观念在体育教育领域进行深入探讨和研究。这一阶段，学校体育相关政策大幅增加，针对"体育课"和"体育教学"都有明确的指示，青少年体质和健康也逐渐得到重视。

3. 运动训练相关研究

运动训练相关研究也是研究热点之一。研究主题与后来的人体科学和运动训练学科具有很大的关联性，研究多为体育运动项目的训练与教学提供科学、高效的指导，重点体现在"无氧""爆发力""运动员""肌肉力量"等热点主题上，同时也关注运动员的心理状态，包括"心理训练"等。这一阶段，我国体育运动训练逐渐步入恢复和发展阶段，我国的体育工作局面开始逐步恢复。20 世纪 80 年代初，我国面临着体育走向世界舞台的新局面，这既是我国体育事业发展的需要，也关系到国家的荣誉和民族的尊严。为了在国际比赛中取得优异的运动成绩，我国运动员要迅速提高运动技术水平。1981 年，国家体委提出："要大力加强业余体育训练，整顿现有业余体校，办好体育中小学和体育运动学校。兴建专项运动学校，提高业余训练质量。"为了满足此方面的需求，大量研究者将精力投入到科学的运动训练和人体机能的研究中，为我国体育事业走向世界舞台提供助力。

这一阶段彻底告别了"劳动体育思想"，进入了"体质健康教育思想"的时代，极大地丰富了研究者对学校体育的认识并完善其发展体系，无论是在人文方面、运动领域还是在人体科学领域，都为我国体育事业的发展做出了巨大的贡献，助力未来的体育学 4 个二级学科的成立。

（二）我国体育学科恢复阶段论文关键词聚类分析（1978—1997 年）

将体育学科 1978—1997 年收集到的关键词建立数据库，利用可视化分析软件 VOSviewer 进行可视化分析，图 4-6 展示了主要关键词共现聚类。

通过软件分析我们可以发现，体育学科的相关研究中有明显的主题分类层次，对于体育教育训练学的相关研究主要集中在 4 个聚类中：聚类 1 是体育运动相关研究，聚类 2 是运动训练相关研究，聚类 3 是学校体育相关研究，聚类 4 是运动人体科学相关研究。

聚类 1：体育运动相关研究。

聚类 1 主要关注体育运动的相关研究。该聚类的研究涉及的学科较多，首先，对体育运动的研究，通过聚类图可以发现，"体育运动""比较研究""现代体育"等关键词联系密切，这表明人们对于体育运动的研究开始主要集中于对其他国家或地区的体育进行比较分析，吸收和借鉴先进的经验为后期的体育运动发展提供相关建议。其次，研究还关注"竞技体育""体育强国"等方面。随着改革开放的不断推进，我国体育事业开始与国际接轨，竞技体育的高质量发展推动了体育强国建设，同时能够向世界展现我国的综合国力和大国担当。再次，奥林匹克也是体育运动的重要研究方向，关键词"现代奥运会""国际奥委会""顾拜旦""奥林匹克""奥林匹克运动会""兴奋剂"等可以体现。在此阶段，对于奥运会的关注主要集中在奥林匹克史、奥运会规则、各届奥运会的分析等，研究者从 1980 年开始加大了对奥林匹克的研究：一是总结了奥林匹克史，分析了国际奥委会的成立、顾拜旦对奥林匹克的影响等；二是对奥运会的规则进行了详细的研究，尤其是在兴奋剂问题上展开了深刻的讨论；三是对各届奥运会的分析，如 1980 年的莫斯科奥运会和 1984 年的洛杉矶奥运会等；四是 1995 年《奥运争光计划》的实施，进一步推动了研究者关于奥运会的研究。最后，体育人才是影响体育运动的重要因素之一，关键词"体育人才""体育院校""后备力量""业余体校"等可以体现。研究者加强了对体育后备人才的研究，为我国体育运动水平的提高建言献策。

聚类 2：运动训练相关研究。

聚类 2 主要关注运动训练的相关研究。该聚类的研究较为广泛，首先，研究者关注了运动员在各个方面的训练，如"技术训练""力量训练""爆发力""肌肉力量"等关键词，探究了运动训练如何提高运动技术水平。其次，

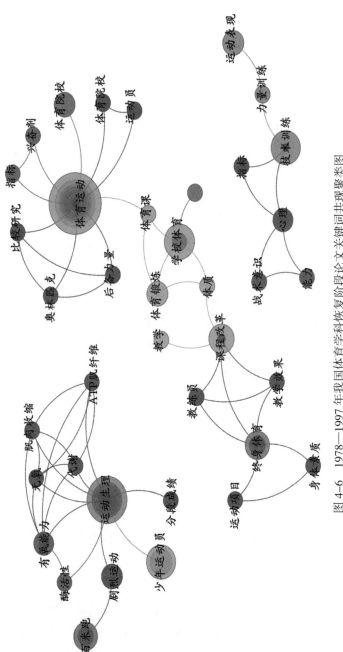

图 4-6 1978—1997 年我国体育学科恢复阶段论文关键词共现聚类图

"心理训练""战术意识"等关键词，研究了心理训练对运动训练的影响，结合心理学知识，提升了运动员和其他个体在运动中的临场表现水平。再次，研究者还关注了运动项目的技战术问题，"技战术""技术动作"等关键词可以体现；并对不同的项目进行了更加细致的分析，如"田径运动""排球运动""羽毛球运动""冰雪运动"等关键词。研究者不仅研究赛前的技战术储备，还关注赛中的技战术运用及调整，旨在更灵活地应对各种问题，提升运动员的技战术水平。最后，"锦标赛""奥运会""亚运会""冰雪比赛""冬季奥运会"等关键词，表明了研究者对于很多重大的体育赛事的相关训练展现了浓厚兴趣，同时对其进行了有针对性的分析，并提出相应的备战训练建议。

聚类 3：学校体育相关研究。

聚类 3 主要关注学校体育的相关研究。学校体育的研究正式进入发展阶段，研究规模逐渐扩大，同时，体质健康和终身体育等观念开始进入学生的视野。1978 年，教育部、国家体委和卫生部联合印发了《关于加强学校体育、卫生工作的通知》，推动了学校体育的研究。随后，《全日制十年制学校中学体育教学大纲（试行草案）》《中、小学体育工作暂行规定（试行草案）》的相继颁布，为学校体育工作提供了重要的指引。研究者的注意力也集中到"体育教学""体育课""体育锻炼"上，而对体育教学等方面的探索，则为后期的终身体育、课程思政、"健康第一"等理念的提出奠定了基础。1975 年，国务院颁布实施了《国家体育锻炼标准》，这是我国第一部关于体质健康的标准，研究者开始关注标准中的各项测试，"立定跳远""引体向上""俯卧撑"等关键词可以体现。研究者对不同项目进行了不同标准的研究，根据不同项目研究中得到的反馈信息进行汇总，提出有针对性的建议。

聚类 4：运动人体科学相关研究。

聚类 4 主要关注运动人体科学的相关研究。20 世纪 80 年代，运动人体科学才真正被研究者所关注，但在该阶段大多没有形成统一的运动人体科学的观念，大多从运动解剖学、人体科学、运动生理学等方面展开研究。该阶段研究者进一步研究了有氧运动、无氧运动等的不同表现，同时对体育运动进行了详细的划分，不同运动下的不同表现被记录和分析，"有氧能力""无氧代谢""最大吸氧量""最大摄氧量"等关键词可以体现。研究者还研究了在不同运动形式下机体的腺苷三磷酸（简称 ATP）、酶等的反应，如"ATP""酶活性"等关键词；并对机体的肌肉运动进行了详细的分析，"肌纤维""肌肉运动""肌肉收缩"等关键词可以体现。本阶段的运动人体科学的研究更加具体，更关注有氧运动、无氧运动产生的影响以及对肌肉运动的研究。

（三）我国体育学科恢复阶段论文关键词时间演化趋势分析（1978—1997 年）

1978—1997 年，我国体育学科论文关键词时间演化趋势图如图 4-7 所示。由此可知，相较于上一阶段，本阶段在主题内容上更为丰富与深入，同时开始呈现学科细分的趋势，除此之外，也具有一定的时代特征。

该阶段相关研究进一步深化，主要体现在研究视角逐渐微观、研究问题逐渐细化上。但随着时间的推移，研究者的视角开始向微观层面转变，即从关注个人训练情况与方式转变为关注人体微观层面相应指标的变化，出现了"最大摄氧量""无氧阈""血乳酸"等关键词，亦证明了这一点。一方面，这表明我国的体育学科相关研究在该阶段得到了深化与发展；另一方面，这表明我国的科学技术不断发展，让研究者能够有机会运用科学的手段，从微观视角对体育学相关内容进行观察与研究。

本阶段的研究时代特征明显，主要表现在与国际体育赛事发展和我国学校体育工作的开展保持相对一致。一方面，该阶段我国研究者在开展相关体育学科研究的过程中，不免受到世界体育赛事宏观背景的影响。"奥运会""亚运会""全运会"等关键词的出现时间，恰好与我国在这些赛事上崭露头角的年份相对应，这说明在该阶段具有影响力的大型体育赛事的开展为我国体育学科的研究提供了宏观的背景，同时这也说明我国正在积极地参与到各项体育赛事之中，亦为我国体育学科的研究提供了土壤。另一方面，该阶段体育学科的相关研究与学校体育发展步调一致。"学校体育改革""体育体制改革"等关键词的出现，表明本阶段学校体育改革和体育体制改革均是研究者关注的重点。自进入体育学科发展阶段以来，学校体育在"教育要面向现代化、面向世界、

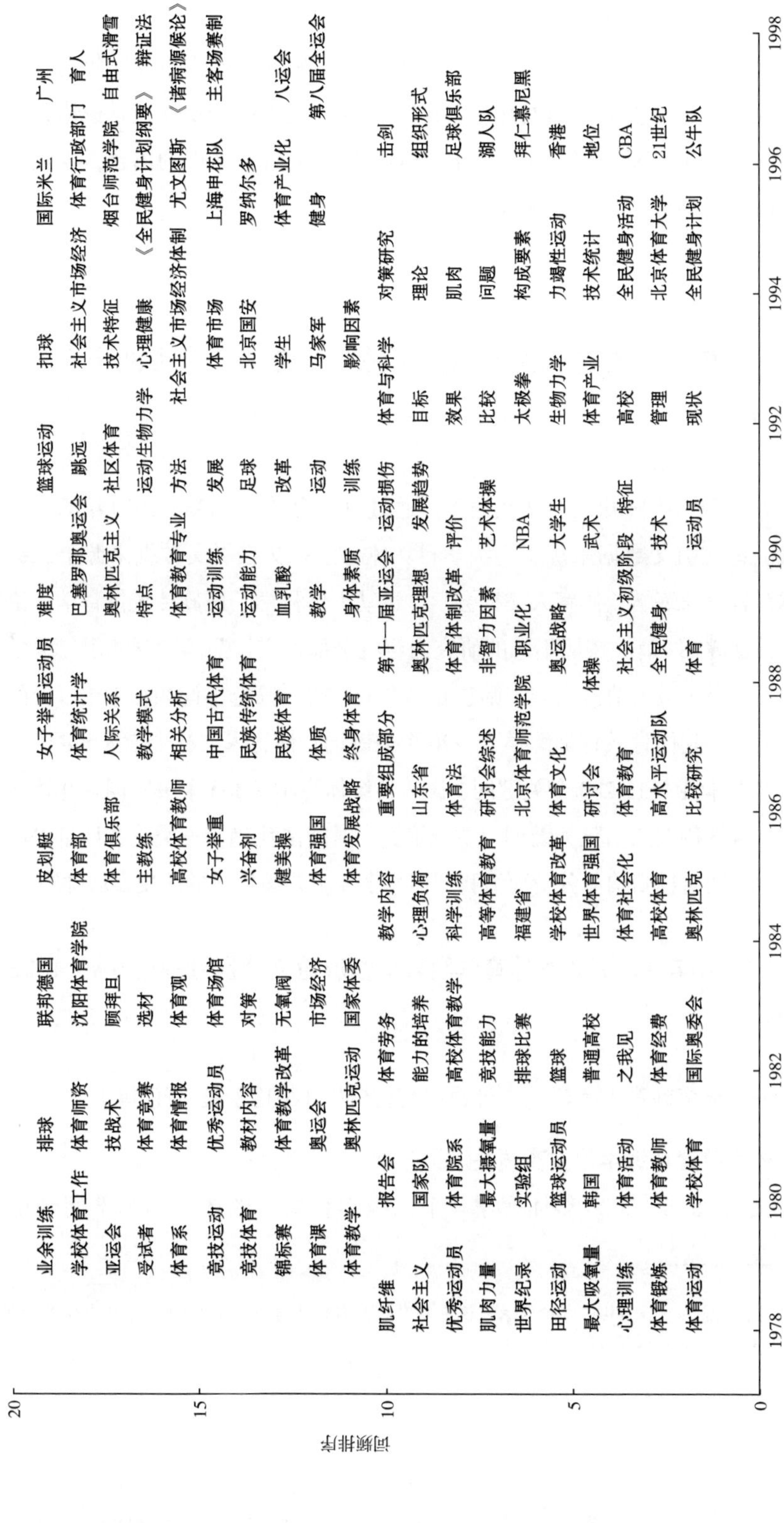

图 4-7 1978—1997 年我国体育学科论文关键词时间演化趋势图

面向未来"的方针指引下进行整顿与改革并取得显著成就 [1]。1978 年的《关于加强学校体育、卫生工作的通知》、1983 年的《关于进一步加强学校体育工作的意见》、1990 年的《学校体育工作条例》等相关政策文件的出台，为我国体育学科研究提供了一定的政策指引方向。

第二节　1998 年及之后我国体育学科发展论文计量可视化分析

本章节利用中国知网引文数据库，通过对体育学科 1998—2020 年的论文进行下载。论文引文数据来源于一级学科：体育学；文献引文数据来源于二级学科：体育教育训练学、体育人文社会学、运动人体科学、民族传统体育学，论文引文共计 236 787 篇。按照不同的研究内容将全部论文按照体育学 4 个二级学科进行分类，通过数据清洗与人工筛选相结合的方式，筛选出词频在 1 次以上的关键词，最终得到体育教育训练学 15 220 个关键词、体育人文社会学 8 598 个关键词、运动人体科学 11 283 个关键词、民族传统体育学 7 305 个关键词。并将体育学 4 个二级学科按照高频关键词、主题聚类、时间演化趋势三类论文计量手段展开分析，以期通过归纳与分析厘清我国体育学 4 个二级学科的历史发展脉络。

一、1998 年及之后我国体育学科整体情况论文计量可视化分析（1998—2020 年）

（一）体育教育训练学论文计量可视化分析（1998—2020 年）

1. 体育教育训练学论文高频关键词分析

本文对 1998—2020 年体育学 4 个二级学科之一的体育训练学期刊论文

---

[1] 丁省伟，储志东 . 中国共产党领导学校体育发展的百年演进与历史经验 [J]. 沈阳体育学院学报，2021，40（6）：18–24.

高频关键词进行整理，再利用 VOSviewer 软件进行统计分析。采用 1973 年由 Donohue 根据齐普夫第二定律提出的高频词低频词界分公式进行分析。部分同义词与无效词进行合并处理，最终得到 15 220 个词，总出现的次数为 39 269 次，根据 Donohue 高频词低频词界分公式，$I_1 = 11\ 299$，最终 $T \approx 149.82$，将出现次数大于 150 次的关键词定为高频关键词。经过统计发现，体育教育训练学词频大于 150 次的关键词有 16 个，具体见表 4-4。

表 4-4　1998—2020 年体育教育训练学论文高频关键词

序号	关键词	词频／次	序号	关键词	词频／次
1	学校体育	752	9	足球	223
2	体育教学	553	10	大学生	186
3	体育教育	353	11	高校体育	184
4	体育课程	289	12	体育教师	179
5	高校	242	13	篮球	177
6	竞技体育	241	14	普通高校	168
7	运动训练	239	15	乒乓球	166
8	运动员	231	16	艺术体操	152

体育教育训练学领域排在前 16 位的高频关键词分别为学校体育、体育教学、体育教育、体育课程、高校、竞技体育、运动训练、运动员、足球、大学生、高校体育、体育教师、篮球、普通高校、乒乓球、艺术体操。这些高频关键词可以直观地反映体育教育训练学领域的研究者在 20 多年来最关注的研究主题。

根据表 4-4 和热点图 4-8 可以分析得出，体育教育训练学领域在 1998—2020 年有几个方面的热点研究，下面详细论述两个方面。

（1）学校体育相关研究一直是社会发展中一个重要的主题。从高频关键词表中可以看到，"学校体育"是排名第一的高频关键词，出现次数高达 752 次，远远大于体育教育训练学高频关键词阈值 150 次，与"体育课程""教学改革""体育教育专业""高校"等相关主题研究联系紧密，在论文关键词热点图中占据主导地位，在体育教育训练学领域最受重视。中共中央办公厅、国

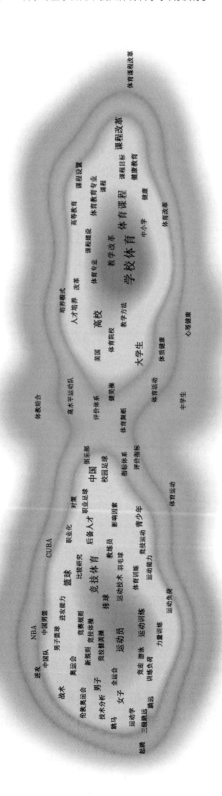

图4-8 1998—2020年体育教育训练学论文关键词热点图

务院办公厅印发了《关于全面加强和改进新时代学校体育工作的意见》，指出"学校体育是实现立德树人根本任务、提升学生综合素质的基础性工程"。体育总局、教育部印发了《关于深化体教融合　促进青少年健康发展的意见》，提出要树立"健康第一"的教育理念，帮助学生在体育锻炼中享受乐趣、增强体质、健全人格、锤炼意志，以及培养德智体美劳全面发展的社会主义建设者和接班人，同时也对学校体育各项工作作出明确指示。体育课程研究、学生参与竞技赛事和了解竞技体育内涵的研究、体育文化精神研究、终身体育研究、促进学生健康发展研究，都是"学校体育"相关的重要研究内容。

（2）围绕"运动员"问题的研究同样是体育教育训练学领域的重要研究内容。在体育教育训练学论文高频关键词表中第9位到第16位高频词都与"运动员"研究有着紧密的联系，体育运动项目同样是体育教育训练学领域的重要研究对象和非常具有影响力的主题，也是20多年来我国体育教育训练学领域的研究热点。随着数字化时代的来临，大数据分析、动作捕捉与识别等技术的革新，对提高运动员的技战术水平、解决运动员技战术发展中所遇到的问题起到了关键作用，有利于体育后备人才的培养，使"运动员""大学生"等关键词成为研究热点。

体育教育训练学是一门为许多体育运动项目的训练与教学提供科学、高效的指导的学科。在体育教育训练学论文中有很多关键词，但是仅出现一次的关键词数量太多，占到了关键词总数的74%，这表明体育教育训练学的研究内容较为分散。另外，26%的关键词涉及运动项目和运动员等的研究，使我国对运动项目和运动员的研究更加深入和充实。在体育学科建设方面，研究的方向从大学体育教学向体育竞赛发展，在中小学体育教学、高等教育、体育专业、运动员培训、体育健身、城镇体育等方面也取得了很多研究成果。

2. 体育教育训练学论文关键词聚类分析

将1998—2020年体育教育训练学在相关研究的15 220个关键词建立数据库，选取词频30次以上的关键词，利用VOSviewer软件进行可视化分析，图4-9展示了主要关键词共现聚类。

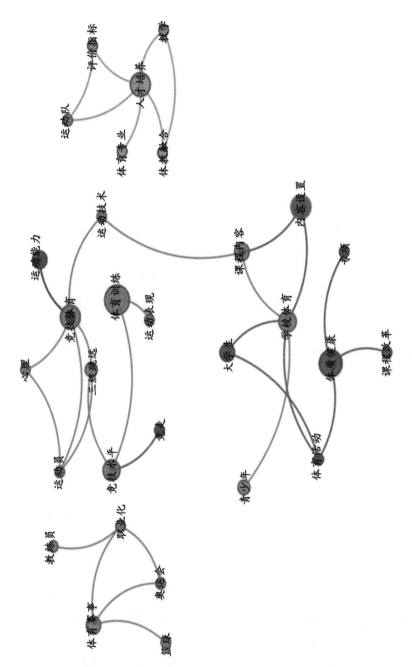

图 4-9 1998—2020 年体育教学训练学关键词共现聚类图

　　通过共现聚类图可以发现，体育教育训练学的相关研究中有明显的主题分类层次，主要集中在以下 4 个方面：聚类 1 是竞技体育能力提升相关研究，聚类 2 是我国体育赛事相关研究，聚类 3 是学校体育和学生体质健康相关研究，聚类 4 是高校人才培养及评价体系相关研究。

　　聚类 1：竞技体育能力提升相关研究。

　　聚类 1 主要关注竞技体育中运动员运动水平提升方面的相关研究。在举国体制的优势下，我国竞技体育不断攀登世界竞技体育的高峰。自体育教育训练学成立以来，竞技体育能力提升便一直受到研究者的关注。运动训练理论和技战术分析属于体育运动训练学研究的一个重要领域，它可以促进运动员的运动训练理论和技战术水平的提升。"运动技术""运动学表现""体育训练""运动能力"等关键词，说明了有目的性地实施科学的运动技术和体育训练手段，可以让运动员的运动能力和运动学表现得到提升。而适合人的身体规律的运动训练理论的应用，可以让运动员的运动水平得到进一步的提升。因此，针对不同运动项目的技战术进行分析，有针对性地提高不同项目运动员的技战术水平，并提出更加科学的运动训练理论成为许多研究者的研究方向，"竞走""竞技健美操""三级跳远"等关键词可以体现。

　　聚类 2：我国体育赛事相关研究。

　　聚类 2 主要关注我国体育赛事的相关研究，包括体育赛事的备战、技战术的分析等。参加体育比赛，并提高运动成绩，这是运动员进行体育训练的一个主要目标。自国家体育总局发布关于《2001—2010 年奥运争光计划纲要》及2001 年我国申奥成功开始，研究者对奥运会的关注日益高涨。同时，国家体育总局发布《体育事业"十一五"规划》，明确了体育事业的发展方向。研究者也针对我国的不同体育赛事进行了详细的研究，对不同体育赛事进行有针对性的备战，其中奥运会、冬奥会、篮球、马拉松等大型体育赛事受到的关注更多，相关运动技术及水平提高的分析也更加深刻。"篮球""奥运会""职业化""CUBA""教练员"等关键词，表明研究者针对不同的体育赛事规则进行了有针对性的研究，并对技战术进行动态分析，这就给教练员带来了新的挑战。特别是对于"奥运会"的动态分析，一般 4 年一次的奥运周期，使得奥运会的备战训练呈现一定的周期性。

聚类 3：学校体育和学生体质健康相关研究。

聚类 3 重点放在了学校体育和学生体质健康有关的研究上。在学校体育方面，研究者主要关注学校体育的课程内容、课程改革等问题。《关于全面加强和改进新时代学校体育工作的意见》的印发和"健康第一"的教育理念的确立，使得"立德树人""健康第一"受到了越来越多的研究者的重视。随着体教融合在全国各级学校的落地和推行，各地在保障开齐开足体育课的同时，保障了体育教育的健康发展，研究者也在研究立德树人的教育思想中不断深化落实，"学校体育""课程内容"和"课程改革"等关键词均显示出教学内容与教学改革的重要意义。同时研究者也希望通过与运动水平较高、运动理念相对发达的国家进行比较，借鉴其他国家的先进经验来为我国学校体育课程内容及改革提供更多的经验。在学生体质健康方面，最近几年，社会和学界给予了其高度重视，《国家学生体质健康标准》和《"健康中国 2030"规划纲要》等政策的相继印发，为学生体质健康提供了更加科学规范的参考。体育运动训练学的研究者希望通过体育活动、全民健身项目等的推广来提高学生的身体素质，同时《关于开展全国亿万学生阳光体育运动的通知》的发布，促进了学生参与体育运动的热情，也让研究者对于体育运动的研究内容更加广泛。"体育活动""体育运动""体质健康"等关键词，表明了研究者通过对体育活动及其他运动项目的推广来提高学生的体质健康的努力。同时，关键词"心理健康"也表明研究者不仅希望通过体育活动来提升学生的体质，而且也在考虑如何利用体育精神来培养学生积极、乐观的态度和吃苦耐劳的精神，从而达到提高他们的心理健康水平的目的。"大学生""中学生"等关键词，则显示出了研究者对学生体质的重视，期望能全面提高学生的身体素质。

聚类 4：高校人才培养及评价体系相关研究。

聚类 4 主要关注高校人才培养及评价体系的相关研究。高校的人才培养主要集中在两个方面，第一方面是高校高水平运动队的人才培养，关键词"高水平运动队""健美操"等可以体现；第二方面是关注体育专业的人才培养，关键词"体育专业""体育教育专业"等可以体现。高水平运动队的人才培养一直是研究者研究的重点，自 1986 年我国正式开始试行高水平运动队建设以来，高校的高水平运动队建设便受到了研究者的高度关注。2017 年，教育部印发了《关于进一步加强普通高校高水平运动队建设的实施意见》，指出"普通高校建设高水平运动队的主要目的是引领学校体育课余训练和竞赛发展，为国家培养全面发展的高水平体育人才，完成世界大学生运动会及国际、国内重大体育比赛任务，充分展示我国大学生的精神面貌"。这使得研究者对于高水平运动的学术研究热情进一步提高。体育教育专业的研究也备受研究者的关注，2003年，教育部印发了《全国普通高等学校体育教育本科专业课程方案》，自实施以来，研究者开始关注体育教育专业的相关人才的培养，对于体育教育专业人才培养的研究开始快速增长。高水平运动队的建设能够推动我国体育事业的发展，并且也代表了一个学校的体育水平及校园文化建设水平，同时当前体育领域的专业人才还较为紧缺，需要大力推动专业人才队伍的建设。除了关注体育后备人才的培养外，还注意通过体教融合、课程设置、评价体系建设等来更加科学地培养体育后备人才，"教学""体教融合""课程设置""评价体系"等关键词可以体现。另外，一些研究者更多地关注"高校""高等体育院校"等高等学府，希望通过高等院校带动全国各级学校及体校推动体教融合发展。

3. 体育教育训练学论文关键词时间演化趋势分析

主题的演化可以体现学科领域的研究脉络以及其发展的趋势[1]，关键词则是体现主题演化过程的重要载体。因此，为了厘清我国体育学下属的各个二级学科的研究脉络及发展演变的过程，在收集了体育教育训练学、体育人文社会学、运动人体科学和民族传统体育学这 4 个二级学科的关键词之后，本研究将从时间序列的角度出发，绘制论文关键词时间演化趋势图，探究其发展过程中所蕴含的演化逻辑。

1998—2020 年，体育教育训练学论文关键词时间演化趋势如图 4-10 所示，根据关键词的变化情况及主题的演化情况，全面梳理我国体育教育训练学研究

---

[1]　季煦，李雪蓉，林晨，等 . 数字经济时代反垄断研究知识图谱与演化——基于文献计量方法 [J]. 管理评论，2021，33（10）：12-21.

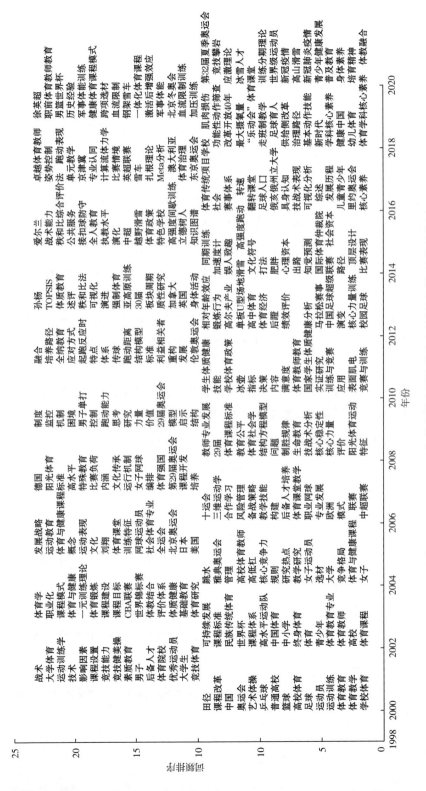

图 4-10　1998—2020 年体育教育训练学论文关键词时间演化趋势图

的发展脉络，发现其经历了从起步探索到内容丰富多元再到体现时代特征的发展演化趋势。该学科研究的主题演化过程具体分为以下三个阶段。

第一阶段：1998—2004 年，这一阶段我国体育教育训练学属于起步探索时期。在这一阶段，体育教育训练学研究主题相对较为集中，主要聚焦在学校体育课程及竞技体育能力提升两个方面。在关键词中可以发现，"课程设置""课程改革""课程模式""体育教学""体育与健康课程"等关键词出现的频率相对较高，这表明，在学校体育课程研究领域，如何进行体育课程的升级，如何革新体育课程的授课模式，如何科学地发展体育课程内涵等，是这一阶段探讨的重要内容。在学校体育方面，1998 年，中共第十五次全国代表大会提出《面向 21 世纪教育振兴行动计划》，要努力建立起相对科学合理的大、中、小学相互衔接的、较为合理的体育、艺术教育体系。学校体育所追求的"健康"是学生的身心、社会适应、道德情操的全面健康。体育课程应是大学生进行体育锻炼的主要途径，体育课程应是高校体育工作的重要环节。按照学生的年龄特征划分水平阶段的目标，使学生的体育学习目标更加具有针对性，分为运动能力、健康行为、体育品德三个方面。在教学方法和教材的选择方面，强调教学内容和教学方法的选择应以教学目标的实现为主导。提高体育教学内容和教学方法的灵活性和可选择性。以人为本的"健康第一"指导思想标志着学校体育思想中"人文体育观"的确立。因此，"课程改革"和"课程模式"都在这一阶段成为研究的热点问题。在竞技体育方面，"技术""竞技能力""高水平运动队""核心竞争力""竞争格局"等关键词在这一阶段占有较大的比重，说明对于竞技体育方面的探究主要集中在通过有目的性地实施各个运动项目的科学技术训练手段，来提高我国不同体育项目的运动成绩和我国体育的核心竞争力。国家体育总局在这一阶段印发了《2001—2010 年奥运争光计划纲要》，总结了我国竞技体育胜利完成《奥运争光计划纲要（1994—2000）》，以及在 2000 年雅典奥运会中我国奥运健儿取得的优异成绩，并开始布局 2004 年及 2008 年两届奥运会的任务安排。《2001—2010 年奥运争光计划纲要》强调要强化奥运战略，加强及加大对竞技体育的研究力度，更精准地进行不同运动项目的合理布局和结构调整，优化全国整体的体育资源配置。充分利用全国的体育资源，发挥我国举国体制方面的优势，充分地调动和发挥社会各界对体育事业热切关注的积极性，使我国的优势项目勇攀世界竞技体育的高峰。在这一历史阶段，我国体育界无不贯彻"科教兴体"的精神，不断加速我国运动训练科学化进程。全国各地体育部门不断深化体育科技体制改革的力度，积极推动运动训练与体育科技的紧密结合，不断提高运动训练中的科技含量。因此，该阶段体育教育训练学的研究主要围绕如何实现"技术""战术""竞技能力"各个方面多点开花展开的。

第二阶段：2005—2012 年，这一阶段我国体育教育训练学的相关研究开始变得丰富和多元化。在学校体育研究领域，除了关注课堂教学以及课程设置外，"阳光体育""生命教育""学生体质健康""校园足球"等关键词开始出现，表明该阶段我国体育教育训练学在学校体育方面的研究开始回归学校体育的本质，即关注学生体质健康、身体活动及体育对青少年全方位的教育作用。教育部、国家体育总局、共青团中央联合发布《关于开展全国亿万学生阳光体育运动的通知》，要求认真落实健康第一的指导思想，力争用 3 年的时间，使我国 85% 以上的学校能全面实施《学生体质健康标准》，使 85% 以上的学生能做到每天锻炼一小时，达到《学生体质健康标准》及格等级以上，并掌握至少两项日常锻炼的体育技能。2006 年，召开了新中国成立以来第一次全国学校体育工作会议，会议的主要任务是"认真贯彻党的教育方针，总结交流学校体育工作经验，大力加强学校体育工作，提高青少年健康素质，推进实施素质教育"。2010 年 5 月，国务院常务会议审议并通过了《国家中长期教育改革和发展规划纲要（2010—2020 年）》，提出"加强体育，牢固树立健康第一的思想，确保学生体育课程和课余活动时间，提高体育教学质量，加强心理健康教育，促进学生身心健康、体魄强健、意志坚强"。因此，在这些文件和会议精神的影响下，这一阶段的研究中出现了大量围绕体质提升的内容，这对当时学校体育的研究工作起到了一定的推动作用。在竞技体育方面，主要的研究主题和内容由两个方面构成：一方面是对体能以及技战术等训练方法的探索。"备战策略""制胜规律""技战术分析""跑动能力""技能""亚高原训练"等关键词开始出现，这表明在训练方法的研究上，主要针对不同项群之间的技战术和体能锻炼开展情况进行了探索与研究。另一方面是体育赛事的相关研究。2006年，国家体育总局联合多部门印发《奥运科技（2008）行动计划》等文件，提出了对2008年北京奥运会顺利举办的多项有力保障；同年，国家体育总局印发了《体育事业"十一五"规划》，明确提出了"十一五"期间我国体育事业发展的总体方向，以筹办2008年北京奥运会为重要的历史契机，把满足群众日益增长的体育文化需求作为体育事业发展的重要落脚点，把提高国民健康素质作为根本的战略目标。因此，"联赛""中超联赛""北京奥运会""十运会""伦敦奥运会""马拉松赛事""高尔夫产业"等关键词呈井喷式出现，这表明体育教育训练学不再局限于竞技活动本身，开始由核心研究内容向上下游进行拓展和延伸。

第三阶段：2013—2020年，这一阶段我国体育教育训练学研究主题延续了前一阶段的内容，并且具有一定的时代特征。首先，在对学校体育的研究中，"全人教育""特色学校""立德树人""核心素养""体教融合"等关键词首次出现。2012年，教育部、发展改革委、财政部、体育总局联合发布《关于进一步加强学校体育工作若干意见的通知》，2012年10月22日，国务院办公厅转发了该通知，这充分说明了国家始终重视学校体育工作。因此，这一阶段研究的主要方向紧贴"青少年健康发展""核心素养"等方面进行。随着"体教融合"在学校体育工作中的推行，各地学校探索体育课程的开课模式，在保障开齐开足体育课的前提下，充分进行校内的各项体育社团建设及开展体育活动。随着"双减"政策的落地，体育成为充分利用好"多出来的时间"的学校课程的发展趋势，保障学生进行充足的体育锻炼，从而促进学生身心的健康成长，成为社会各界的共识。在竞技体育方面，"姿势控制""越野滑雪""钢架雪车""高山滑雪"等关键词的出现，表明在体育教育训练学领域，对冰雪运动的研究和探讨开始盛行。我国自成功申办2022年北京冬季奥运会后，国家体育总局颁布了《"带动三亿人参与冰雪运动"实施纲要（2018—2022年）》，旨在调动一切力量推广和普及群众性冰雪运动，使更多的群众喜爱并参与冰雪运动，进一步促进"健康中国"的建设，奋力实现"带动三亿人参与冰雪运动"的目标。之后，中共中央办公厅、国务院办公厅印发了《关于以2022年北京冬奥会为契机大力发展冰雪运动的意见》，使我国冰雪运动不断地均衡发展，增加参与相关运动的群体数量，使冰雪运动具有更广泛的影响力。因此，体育教育训练学在这一阶段出现冰雪运动相关的研究内容，体现了政策导向的时代特征。

（二）体育人文社会学论文计量可视化分析（1998—2020 年）

1. 体育人文社会学论文高频关键词分析

选定中国知网 CSSCI 期刊数据库，时间范围是 1998—2020 年，对体育学 4 个二级学科之一的体育人文社会学出现的关键词进行分类汇总，部分同义词与无效词进行合并处理，最终得到 8 598 个词，出现的总次数为 16 136 次。根据 Donohue 高频词低频词界分公式，$I_1=6\ 741$，最终 $T \approx 115.61$，将出现次数高于 116 次的关键词定为高频关键词。经过统计发现，体育人文社会学词频大于 116 次的关键词仅有 2 个，分别是"体育产业"和"竞技体育"，两个高频词显然是不能反映相关研究的主题内容的。究其原因，体育人文社会学相关研究主要集中在"体育产业"和"竞技体育"两个研究主题，其他研究内容相对分散，文献量不足以反映本领域的研究热点。因此，本研究结合实际词频分布情况，选取词频前 20 位的关键词作为高频关键词展示，以期全面地反映体育人文社会学领域的关注热点。见表 4-5。

表 4-5　1998—2020 年体育人文社会学论文高频关键词

序号	关键词	词频 / 次	序号	关键词	词频 / 次
1	体育产业	207	11	体育管理	67
2	竞技体育	156	12	体育经济	64
3	体育史	112	13	民族传统体育	59
4	体育文化	93	14	体育锻炼	58
5	体育	92	15	群众体育	52
6	学校体育	85	16	公共体育服务	50
7	体育教学	79	17	体育思想	47
8	全民健身	72	18	体育运动	46

序号	关键词	词频／次	序号	关键词	词频／次
9	体育消费	71	19	奥运会	44
10	体育教育	68	20	体育发展	42

除了关键词"体育产业"和"竞技体育"外，排在前 20 位的高频关键词分别为体育史、体育文化、体育、学校体育、体育教学、全民健身、体育消费、体育教育、体育管理、体育经济、民族传统体育、体育锻炼、群众体育、公共体育服务、体育思想、体育运动、奥运会和体育发展。这些关键词反映出体育人文社会学领域在 1998—2020 年最关注的研究主题。

如表 4–5 和图 4–11 所示，1998—2020 年体育人文社会学有以下几个方面的热点研究。

（1）体育产业研究成为热点，"体育产业"一词出现 207 次，是排名第一的高频关键词，有一部分关键词是围绕"体育产业"的，如排在第 9 位的"体育消费"、第 11 位的"体育管理"和第 12 位的"体育经济"，显示出研究者对我国体育产业关注度极高。《关于促进全民健身和体育消费推动体育产业高质量发展的意见》是在 2019 年由国务院办公厅发布的，在全国范围内明确了今后一段时间内我国体育产业高质量发展的趋势。体育产业作为国民经济的重要支柱之一，以及建设社会主义现代化体育强国的重要组成部分，其高质量发展成为体育人文社会学的研究重点。

（2）有关体育人文社会学的研究已经引起人们的高度重视，并已经成为一个热门话题。通过对论文高频关键词的统计，我们可以发现，"体育史"出现次数为 112 次，是排名第 3 位的高频关键词，相关性较高的"体育文化"出现92 次，也属于出现较高次数的关键词。由此可见，关于体育史的研究和体育文化的研究在体育人文社会学中占据着重要地位，是体育人文社会学的又一热点主题。体育史是我国体育科学体系中最早的独立学科之一，体育学术的自省、体育学科的反思，不仅是对过去体育史发展的反思，也是基于我国体育自身状况对未来发展路径进行的思索。体育史研究者对学科演变的历史脉络的梳理，

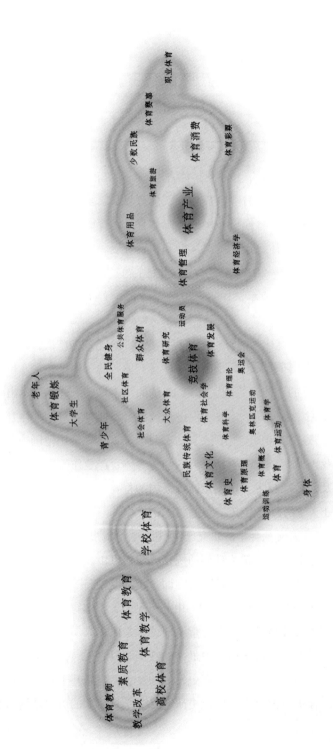

图 4-11 1998—2020 年体育人文社会学论文关键词热点图

以及对体育思想、源流的相关研究，促进了当下体育学理论的发展。充分发挥史学的作用和价值，对我国的体育历史发展进行归纳和总结，具有十分重大的意义。

（3）关于"竞技体育"的问题，历来是社会科学中的一个重大课题，在论文高频关键词的统计中，"竞技体育"位居第2位，与"体育研究""体育社会学"和"体育发展"的相关研究越来越紧密，在论文关键词热点图中占据着主导性的地位，是体育人文社会学研究、关注的热点主题。实现国家振兴，既是我国人民的最高利益，也是我国人民的追求，更是一个长远的目标，需要多个国家级战略协同推进，以竞技体育为引领的体育强国战略就是其中的重要战略之一。此外，竞技体育在国家外交、展示国家综合实力、取得国际体育话语权和振奋民族精神等方面发挥了重要作用，所以才会出现156次，成为高频关键词。

1995 年，《全民健身计划纲要》的颁布和执行使大众健身和群众体育的基础理论研究步入了一个新的阶段，从论文高频关键词的分析中可以看出，很多主题（如"学校体育""群众体育"等）正努力向做好基础研究与现实问题研究紧密结合的方向发展。体育人文社会学学科学术水平的高低将直接影响体育学科的发展，影响体育学的学科建设。对体育人文社会学论文高频关键词的分析，可以帮助人们更好地了解该学科的发展动向，从而推动该学科的研究与建设。

2. 体育人文社会学论文关键词聚类分析

将体育人文社会学 1998—2020 年收集到的 8 598 个关键词建立数据库，选取词频 20 次以上的关键词，利用 VOSviewer 软件进行可视化分析，图 4-12 展示了主要关键词共现聚类。

通过图 4-12 可以发现，体育人文社会学的相关研究存在着明确的主题分类。体育人文社会学相关的研究主要集中于以下几个方面：聚类 1 是学校体育改革相关研究，聚类 2 是全民健身相关研究，聚类 3 是奥林匹克运动等相关研究，聚类 4 是体育产业相关研究，聚类 5 是体育史及体育文化相关研究。

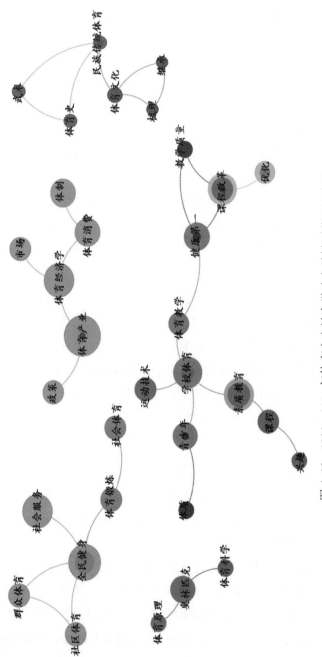

图 4-12　1998—2020 年体育人文社会学论文关键词共现聚类图

聚类 1：学校体育改革相关研究。

聚类 1 主要关注学校体育、体育教学、素质教育等方面。学校体育的相关研究不仅是体育教育训练学所重视的研究领域，而且得到了体育人文社会学相关研究者的关注。1999 年，中共中央、国务院印发了《关于深化教育改革全面推进素质教育的决定》，指出"学校体育应该树立健康第一的指导思想"。学校体育在提高素质教育方面具有关键性作用。2012 年，国务院办公厅转发了《关于进一步加强学校体育工作若干意见》，表明了国家对于学校体育工作的重视，也推动了研究者对于学校体育发展的关注。研究者主要分析了体育教学、素质教育等在学校体育改革中的变化，希望通过学校体育的教学改革带动中小学及高校学生素质教育的发展，进而提高学生的身体素质，"学校体育""体育教学""教学改革""素质教育"等关键词，均表明研究者在学校体育教学改革领域的探究与深耕，以求通过对学校体育的研究及教学改革的实施，提高素质教育的水平。

聚类 2：全民健身相关研究。

聚类 2 主要关注体育锻炼、群众体育等全民健身的相关研究。自 2009 年国务院颁布《全民健身条例》，掀起了全民健身的热潮，激励人民群众参与到体育锻炼中。2011 年，国务院印发《全民健身计划（2011—2015 年）》，全民健身工作再次掀起热潮，而群众体育、体育锻炼的盛行表明全民健身计划的推行获得了良好的效果，这也对人民群众身体素质的提高以及身体健康的提升有着促进作用。全民健身与群众体育是健康中国战略的重要一环，研究者研究并分析了群众体育、全民健身等的现状，并提出针对性的建议，为健康中国战略贡献自己的智慧，"体育锻炼""大众体育""全民健身""社会体育""社区体育"等关键词，表明全民健身和大众体育的发展受到了很多关注，其中社区体育配套设施建设也受到了研究者的关注，包括健身器材的供给、安装、维护以及由此带动的产业等方面。正是在体育锻炼的热潮下，研究者积极探究了群众体育的开展情况，希望能够为群众体育、全民健身的相关政策制定与实施提供理论依据。"群众体育""竞技体育"等关键词，表明研究者认识到群众体育是促进竞技体育提升的重要因素。同时，研究者不仅关注体育锻炼的总体情况，还关注不同群体锻炼水平的差异，"老年人""大学生""青少年""运动员"等关键词，表明体育锻炼的研究对象不局限于单一群体，而是关注到了大多数群体。

聚类 3：奥林匹克运动等相关研究。

聚类 3 主要关注奥运会的相关研究。奥运会在人类体育史上发挥了重要的作用。我国 2008 年夏奥会、2022 年冬奥会申办成功，使奥运会在我国受到了更多的关注，我国也适时地颁布了《奥运科技（2008）行动计划》《2001—2010 年奥运争光计划纲要》《"带动三亿人参与冰雪运动"实施纲要（2018—2022 年）》等政策文件，推动奥林匹克文化在我国的传播。研究者研究了奥林匹克运动的历史和文化对我国体育学原理和体育科学发展的促进作用，"奥林匹克运动""体育原理""体育科学""体育训练"等关键词，表明奥林匹克运动的精神和文化是人类宝贵的精神财富。奥林匹克运动有着悠久的历史，对奥林匹克运动的研究有利于我国体育理论和体育学科的发展；奥林匹克运动对"更快、更高、更强——更团结"的追求也推动了我国体育训练的科学发展。体育人文社会学研究者也在奥运会可持续发展的相关领域进行了深入研究，"奥林匹克运动""奥林匹克运动会"和"北京奥运会"等关键词，表明奥运会受到了研究者的关注。北京奥运会对我国体育产业产生了深远的影响，同时也向世界展示了我国的发展成就，让世界更加深刻地认识中国。研究者也越来越关注奥运会的可持续发展，对奥运历史文化的研究也越来越多。

聚类 4：体育产业相关研究。

聚类 4 主要将研究视角定位在体育产业方向，体育产业的相关研究是体育人文社会学中重要的分支之一，体育产业发展的研究不仅为经济发展提供动力，也能在缩小同发达国家体育的差异方面发挥作用。为促进体育产业的发展，国家相继颁布了《国务院办公厅关于加快发展体育产业的指导意见》《关于加快发展体育产业促进体育消费的若干意见》《体育产业发展"十三五"规划》等，体育产业的相关研究也受到研究者的关注。聚类 4 的相关研究主要集中于体育产业整体发展的内涵、高质量发展的措施等方面，"体育产业""体育经济学""体育消费"等关键词的出现，反映了对体育产业整体发展的深入研究，这些研究进一步推动了体育产业的高质量发展，并为将体育产业打造成为国民经济支柱型产业及建设社会主义现代化体育强国建言献策。另外，实现高质量发展离不开体育产业各个领域的同心协力，研究者还关注了"体育彩票""体育旅游""体育赛事"等体育产业细分领域的发展，更好地促进了体育经济与产业的蓬勃发展。体育彩票在体育产业中占有较大的权重，研究者通过对其研究，使体育彩票能够更好地为福利事业贡献力量，增加国家税收；对体育用品市场分析和制造业升级等方面的研究，能推动体育产业的高质量发展，促进体育产业的转型升级。

聚类 5：体育史及体育文化相关研究。

聚类 5 主要关注体育史及体育文化的相关研究。在我国，体育史是体育科学体系中相对独立较早的学科。在早期发展阶段，我国体育研究者关注体育的发展与历史变迁，探讨体育对传统文化、体育文化以及传统体育的继承，"体育史""体育文化""民族传统体育"等关键词，体现了对我国体育史及体育文化的深入研究与思考。通过对体育史的梳理，能够更好地认识我国体育的发展，更好地扎根于我国优秀传统文化的沃土。同时，通过对体育史的研究，我们能逐渐明晰我国体育的不同发展阶段，以及相关体育发展的重心等，为我国建设体育强国提供更多的史实依据。对体育文化的研究，能够丰富体育的内涵，增强文化自信。对我国民族传统体育文化的研究，能够加强对我国民族传统体育文化的保护，并为促进地区文化的发展提供思路。

3. 体育人文社会学论文关键词时间演化趋势分析

1998—2020 年，我国体育人文社会学论文关键词时间演化趋势如图 4–13 所示，结合关键词的变化，梳理了我国体育人文社会学研究发展脉络，确定了我国体育人文社会学研究主题的演化趋势，具体可以分成以下三个阶段。

第一阶段：1998—2007 年是我国体育人文社会学初始发展阶段，从关键词的分布来看，在这一阶段，我国体育人文社会学的研究更加偏向以社会学、历史学的相关问题作为主要探讨的主题与内容。"体育史""体育史学"等关键词，表明在这一阶段的研究中，研究者更加关注体育的发展与历史变革、体育对传

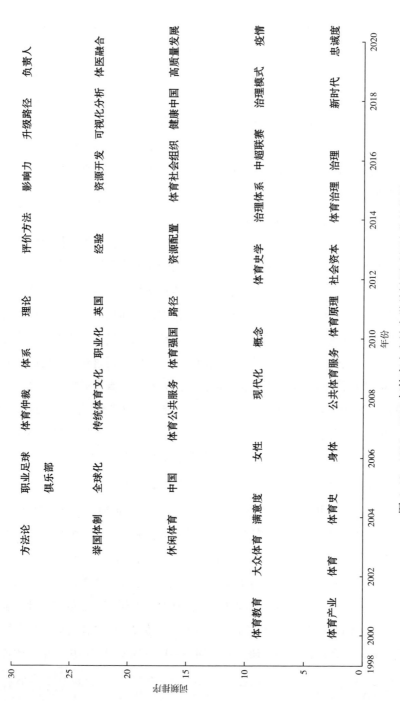

图 4-13 1998—2020 年体育人文社会学关键词时间演化趋势图

统文化的传承与内在价值的体现，以及体育与其他的哲学类有关的问题。在这一阶段，体育经济学相关问题的探讨开始出现，"体育服务业""奥运经济""产业集群""制度变迁"等体育经济与体育产业方面的关键词也开始出现，这主要是由于我国在承办奥运会这一大型体育赛事后，对体育及其背后的经济价值产生了思考，并进行了进一步的研究与探索。2004年，《国家体育总局关于进一步繁荣发展体育社会科学的意见》（以下简称《意见》）提出，要努力建设面向现代化、面向未来、面向世界的，有中国特色的体育社会科学体系。要努力造就一支学科结构、年龄结构、梯队结构合理的研究队伍，产生一批能够对体育决策提供重大参考价值的研究成果，使体育社会科学研究水平在总体上有明显提高，要建立运作经常化、渠道多样化的体育社会科学宣传网络。《意见》的提出，为今后我国体育科学社会工作的开展提供了有力的保障。2009年，国务院颁布《全民健身条例》，引发了全民健身的热潮，提高了我国人民群众参与体育锻炼、丰富业余生活、强身健体的积极性，有利于提高人民群众身体的素质，在大力发展竞技体育的同时促进了群众体育的发展，使人民群众积极响应为建设祖国而积极锻炼身体的时代号召。

第二阶段：2008—2015年，我国体育人文社会学研究下属的体育经济学以及体育管理学研究逐渐盛行，"体育用品制造业""大型体育赛事""全要素生产率""上市公司""协同发展""供给模式"等与经济发展有关联的关键词出现，表明体育人文社会学研究在挖掘我国体育资源、释放我国体育产业内在价值、不断创造经济增长点等方面始终在努力深耕，这与该阶段我国宏观政策有着一定的联系，因此，我国体育经济学研究迅速发展。"公共体育服务""社会支持""公共空间""社会治理""服务质量"等相关方面的关键词，表明我国体育人文社会学研究进入了探讨组织行为学、市场营销学等与管理相关的新领域。2010年，国务院发布了《国务院办公厅关于加快发展体育产业的指导意见》，支持有条件的体育企业进入资本市场，进而拓宽体育产业的融资渠道。积极鼓励民间和境外资本投资体育产业，兴建体育设施，拉动国内剩余劳动力，提供更多的就业机会及就业岗位。同时鼓励金融机构拉动体育产业发展需要，开发新的金融产品，从而开拓新业务，更好地服务体育产业的发展，以此促进我国体育产业向多元化的方向进军。国务院于 2011 年印发了《全民健身计划（2011—2015 年）》，全民健身活动广泛开展，拉动了国内体育服装业、体育器材器械、体育健身业、体育旅游等相关行业的进一步发展。更加完善的财政、税收、金融和土地等优惠政策，在良性循环下的发展机制，更加鼓励了社会多种渠道的投资，使更多的群体愿意兴办与体育有关的企业。

第三阶段：2016—2020 年，我国体育人文社会学研究主题呈现多点开花、多元发展的趋势。在这一阶段，体育人文社会学研究包含了"文化中国""当代价值"等与文化自信有关的关键词，呈现了国内宏观政策为导向的态势。除此之外，"文化自信""健康中国"等关键词也是在习近平总书记发表国家发展、民族振兴和文化等多个方面的系列重要讲话之后开始成为研究热点的。由此可见，我国体育人文社会学的发展是贴近我国现实发展的需要、积极地随着宏观政策的发展而展现的。2014 年，国务院印发了《关于加快发展体育产业促进体育消费的若干意见》，提出把体育产业作为推动经济社会持续发展的重要力量，体育产业开始被赋予了具有拉动内需和促进经济转型升级的"特殊"作用，要利用体育经济来扩大内需、促进消费。2016 年，国家体育总局发布《体育产业发展"十三五"规划》，提出要建立体育市场发展的评价与监测机制，需要定期发布我国体育产业及体育消费的公开数据；要大力推进体育产业工作标准化进程，提高我国体育产业标准化的整体水平；加强体育产业人才培养，不断培养体育经营策划、运营管理、技能操作等专业应用型人才；在整体和全局上加强体育行业在社会信用体系中的建设，优化体育产业的成长环境。随着我国经济水平的不断提高，体育产业等方面的研究更加贴近现实问题。

（三）运动人体科学论文计量可视化分析（1998—2020 年）

1. 运动人体科学论文高频关键词分析

选定中国知网 CSSCI 期刊数据库，时间范围是 1998—2020 年，对体育学 4 个二级学科之一的运动人体科学论文关键词进行分类汇总，将部分同义词与无效词进行合并处理，最终得到 11 283 个词，出现的总次数为 28 282 次，根据 Donohue 高频词低频词界分公式，I_1=7 818，最终 $T \approx 124.54$，将出现次数大于

125 次的关键词定为高频关键词。经过统计发现，运动人体科学词频大于 125 次以上的关键词有 13 个，由此本研究共获得 13 个高频关键词，如表 4-6 所示。

表 4-6　1998—2020 年运动人体科学论文高频关键词

序号	关键词	词频／次	序号	关键词	词频／次
1	运动	341	8	运动心理学	177
2	大学生	296	9	运动训练	153
3	运动员	287	10	体育锻炼	146
4	动物实验	234	11	小鼠	132
5	有氧运动	226	12	心理健康	130
6	运动生理学	211	13	运动医学	127
7	骨骼肌	181			

该领域中位列前 13 名的高频关键词分别有运动、大学生、运动员、动物实验、有氧运动、运动生理学、骨骼肌、运动心理学、运动训练、体育锻炼、小鼠、心理健康、运动医学。这些关键词反映了运动人体科学领域在 1998—2020 年最受关注的研究主题。

根据运动人体科学论文高频关键词统计结果可知，如表 4-6 和图 4-14 所示，运动人体科学领域 20 多年来有以下几个方面的热点研究。

（1）大学生的相关研究是运动人体科学领域的一个重要的主题。从表 4-6 中可以看到，"大学生"是排名第 2 位的高频关键词，与"体质""体育活动""身体形态""身体机能""运动心理学"等相关主题研究联系紧密，说明在这一领域，人们对大学生的体质健康、身体活动、心理活动，以及体育在大学生中的教育作用的重视程度都很高。高校毕业生是国家未来建设的主力军，提高他们的身体素质对于民族振兴具有重要意义。随着社会的飞速发展，国家对新型人才的需求也在持续变化。《国家学生体质健康标准》对提高我国高校学生的身体素质提出了指导意见。随着《"健康中国 2030"规划纲要》等多个文件的颁布实施，"大学生"等关键词已经成为当前体育研究的重点与社会关注的焦点。

（2）"运动"是运动人体科学排名第 1 的高频关键词，出现次数为 341 次，

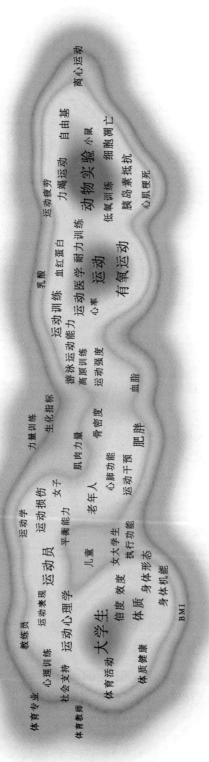

图 4-14 1998—2020 年运动人体科学论文关键词热点图

从图4-14中可知，其与排在第4位的"动物实验"联系紧密，分别从人的角度、动物实验对人的运动参考和启示的角度为运动人体科学提供理论参考和实践数据。"低氧训练""力竭运动""耐力训练""有氧运动""骨骼肌"等关键词，表明运动人体科学领域研究多为实际应用研究类项目。在生命科学领域中，几乎一切的研究都需要使用实验动物进行动物实验，并利用其对人类的多种疾病进行研究。而在进行药物的安全评估和疗效测试时，也要进行动物实验。

（3）健康研究是热点之一。身体健康、心理健康的相关问题是具有一定影响力的高频关键词，"心理健康""肥胖""老年人""血脂""运动干预""女子"等均属于研究主题，其中，"心理健康"出现130次。由此可见，在运动人体科学中，体育锻炼对于不同年龄段的人群都是非常有价值的。同样，心理健康水平也是一个热门话题。世界卫生组织对健康的定义是"健康不仅仅是没有疾病和虚弱，而是身体、心理、社会适应能力的完美状态"。从健康意愿、健康动机、健康参与、健康认知等方面，对大众健康认知水平的提升进行了探讨。而在社会生活中，人们对身体和心理的认识是一种很好的体现，这种认识对个人进行体育锻炼、参加体育比赛都有积极的推动作用，目的是通过体育锻炼和体育比赛传授健康知识，使人们养成健康的行为方式，提高体质和心理健康水平。

在科学技术的推动下，运动人体科学迅速发展并且与其他学科（如医学类、生物力学等）交叉越来越广泛。运动人体科学聚焦的重点是"运动""大学生""动物实验"三个方面。运动人体科学的研究对象多为运动员，研究者致力于研究运动员的运动表现和心理状态。实验的操作对象主要由动物替代，"小鼠"是出现132次的高频关键词，通过动物实验对运动员或运动者的身体机能和心理健康状况得到可参考性的实验结论，为体育学科研究做出了巨大贡献。

2. 运动人体科学论文关键词聚类分析

将运动人体科学1998—2020年收集到的11 283个论文关键词建立数据库，选取词频35次以上的关键词，利用VOSviewer软件进行可视化分析，图4-15展示了主要关键词共现聚类。

通过图 4-15 可以发现，运动人体科学方向的相关研究中有明显的主题分类层次，运动人体科学的相关研究主要集中在以下几个方面：聚类 1 是不同群体的体质健康相关研究，聚类 2 是运动心理学及运动表现相关研究，聚类 3 是具体运动指标的采集与监测的相关研究，聚类 4 是动物实验对人体健康、提升运动成绩等方面的相关研究。

聚类1：不同群体的体质健康相关研究。

聚类 1 主要关注各个群体的体质健康状况。自《教育部　国家体育总局　共青团中央关于开展全国亿万学生阳光体育运动的通知》《国家学生体质健康标准》《"健康中国 2030"规划纲要》等文件的相继发布，除了体育教育训练学的研究内容涉及体质健康之外，越来越多的运动人体科学的研究者开始聚焦体质健康相关的研究。体育教育训练学的研究偏向于关注体育活动、体育运动等对学生体质健康的促进，而运动人体科学的研究者则从学生体质特征、体质检测等环节对学生等群体的身体及体质健康进行检测。"身体形态""体质""体质健康""BMI"等关键词，表明运动人体科学有关的研究倾向于关注学生群体的体质特征及各项身体指标的检测等方面，探究学生不同的体质特征，其研究较为多元化。有一部分关键词与群体研究内容有关，如"儿童""大学生""女大学生""体育教师"等，这表明体质健康的研究主体具有多元化的特征，从这方面看，相关研究是要力求得到更加全面且精准的群体数据而展开精细化的研究。

聚类2：运动心理学及运动表现相关研究。

聚类 2 主要关注运动心理学、运动员运动表现力等方面的研究。运动员的心理素质直接关系其在比赛中竞技水平的稳定发挥、在运动过程中出现意外损伤风险的概率等现实问题，"心理训练""运动学""运动心理""运动表现""运动损伤"等关键词，都表明了运动员的心理变量因素与其自身运动表现及损伤的相关性，而运动心理的干预能够提高运动员在训练及比赛中稳定的情绪控制力与良好的心理状态，进而提高其运动水平的发挥，保障运动成绩的提升，以及降低在训练及比赛过程中运动员的伤病发生率。同时，研究还包括社会支持对运动员心理方面的影响，如在不同的支持力度下，不同项目的运动员取得优

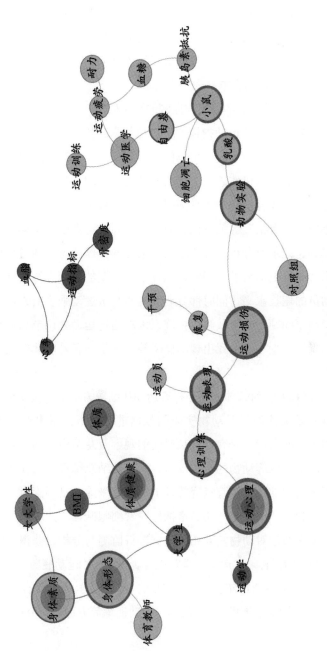

图 4-15　1998—2020 年运动人体科学论文关键词共现聚类图

异成绩的概率不同，"社会支持""运动表现"等关键词皆是在这一层面的直观反映。同时与心理相关的研究不仅关注运动员群体的表现，还关注其他社会群体，如"老年人""女子""教练员"等关键词，表明心理因素在不同群体的运动中存在不同程度的影响。

聚类3：具体运动指标的采集与监测的相关研究。

聚类 3 主要关注具体运动指标的采集与监测的相关研究。不同运动群体在不同运动强度和运动负荷下会产生不同的生理反应，研究者通过测量不同运动强度下相关研究对象的机体表现，并研究其运动表现，研究成果可以为提升不同运动人群在参与体育活动的表现力提供更多的数据支持。"肌肉力量""骨密度""心率""血脂"等关键词，通过对不同运动强度下运动员机体运动指数的数据监测、记录及分析，寻找运动员最佳的身体状态，通过分析不同机体的反应结果，制订更加科学合理的训练计划和长期的周期训练计划，从而进一步提高运动员的竞技水平。同时部分研究者研究了运动强度对人体血脂、心肌梗死等生理健康问题的改善及解决措施，以求通过运动来调节高血脂对人体健康的影响，以及减少心肌梗死出现的概率等，这是会影响人体健康的现实且急迫的难题。

聚类4：动物实验对人体健康、提升运动成绩等方面的相关研究。

聚类 4 主要关注通过对动物实验的数据进行分析，得出对人体运动表现及健康干预提升的启示。研究者在长时间的观察及总结中，通过对小鼠等动物进行实验，观察小鼠等动物的身体反应，进而归纳总结经验，在后期将动物实验结论应用于运动训练及体育竞赛等环节，能够剔除不良因素对人体带来的影响。"动物实验""小鼠""胰岛素抵抗""细胞凋亡""乳酸""自由基"等关键词，都是通过对动物实验相关数据进行监测与分析，获得不同实验环境下动物的多种反馈指标。"运动医学""运动训练""运动疲劳""力竭运动"等关键词，可以表明动物实验对运动训练、运动医学的发展有重要的推进作用，相关的实验成果会应用于运动医学、运动训练等方面的研究中。

3. 运动人体科学论文关键词时间演化趋势分析

以时间序列为视角，对我国运动人体科学研究的关键词演化趋势进行分析后发现，我国运动人体科学研究经历了研究对象由宏观到微观、由运动训练服务到逐渐贴近日常健康行为的变化趋势，其具体的论文关键词时间演化趋势如图 4-16 所示。

第一阶段：1998—2008 年，我国运动人体科学研究处于宏观视角阶段。我国运动人体科学研究的关键词包括"身体素质""身体形式""运动能力""身体锻炼"等，表明在这一阶段的研究中，我国运动人体科学的研究者主要从宏观的视角切入，进而探究人体各种机能与体育锻炼之间的关系。此外，这一阶段运动人体科学与竞技体育相关研究也较多，如"优秀运动员""耐力训练""运动损伤""运动训练""游泳运动""高住高练低训""高强度间歇训练"等与体育教育训练学较为接近的关键词，体现了这一阶段的研究对象多为运动员，运动人体科学的相关研究及其结论大多为运动训练提供借鉴与启示。这一阶段，运动人体科学的研究成果对我国竞技体育的发展提供了一定的助力，"运动能力""身体损伤"等方面的数据采集与比对，为运动员的成绩提升起到了良好的监测与评估作用。在对学校体育开展的研究中，也发现了运动人体科学涉及的一些内容，如"大学生""肥胖""体质""学习记忆"等关键词，说明在改善学生体质及降低肥胖率等方面，有些研究者从不同的出发点进行了实验干预。

第二阶段：2009—2015 年，我国运动人体科学研究的视角开始向微观转移。与上一阶段关注身体机能和身体素质的研究相比，在这一阶段，我国运动人体科学的研究内容与研究对象更加微观。"炎症因子""神经元点活动""比目鱼肌""mTOR 通路""巨噬细胞""线粒体自噬""心肌纤维化"等相关的关键词，表明该阶段运动人体科学研究视角已经从机体活动与运动的关系转移到运动对分子细胞层面相关活动机理及物质的影响，这也说明我国运动人体科学的研究内容变得更为深入，研究对象的范围也有一定的拓展。另外，运动人体科学与社会科学研究进行了一定的交叉，出现了"自我决定理论""扎根理论"等相关理论研究，说明这一阶段的体育研究中自然科学与社会科学进行

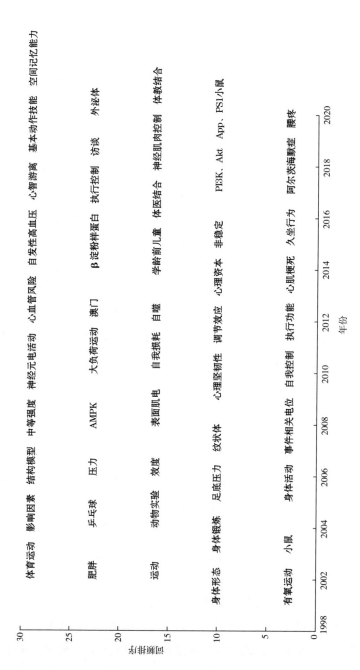

图 4-16 1998—2020 年运动人体科学论文关键词时间演化趋势图

了一定的融合，自然科学借助一定的社会科学理论来支撑研究，同时，这些社会科学理论还能为自然科学研究的开展提供一个不同的视角。

第三阶段：2015—2020 年，我国运动人体科学研究在微观视角上进一步拓展，同时，开始在宏观视角上关注身体体态健康的相关问题，这与全民健身的全面普及有着一定的联系。"β淀粉样蛋白""亮氨酸""FATmax""突触可塑性""NLRP3 炎症小体""肠道菌群"等关键词的出现，表明在这一阶段我国运动人体科学的研究视角聚焦细胞内外产生的相关物质及其生化性质等方面，这也表明我国运动人体科学研究得更加细微与深入。除此之外，我们可以发现，该阶段的关键词还包括"慢性炎症""久坐行为""负面情绪""姿势稳定""肿瘤"等与身体、体态健康相关的主题，表明该阶段运动人体科学研究在宏观视角上也有一定的拓展，不拘泥于在提升运动训练成绩方面的探索，也开始探究运动对人体健康、体态稳定等方面的影响，符合人们对于运动健身、身体健康等方面的需求。此外，运动人体科学也在不断研究社会体育发展中的一些问题，"久坐""久坐行为""静坐行为"等关键词的多次出现，表明现代社会发展中，体力活动的缺失，以及久坐行为对人体健康带来的负面影响。研究者从微观视角切入，进行一定程度的干预。从"姿势稳定"的微观视角对运动员运动表现的改善，到"越野滑雪""冬奥会"等宏观项目及赛事中对项目动力动作的技术层面给予支撑等，都可以看出运动人体科学的相关研究为我国竞技体育运动项目发展而提供的源源不绝的助力。

（四）民族传统体育学论文计量可视化分析（1998—2020 年）

1. 民族传统体育学论文高频关键词分析

选定中国知网 CSSCI 期刊数据库，时间范围是 1998—2020 年，对体育学 4 个二级学科之一的民族传统体育学论文关键词进行分类汇总，部分同义词与无效词进行合并处理，最终得到 7 305 个词，出现的总次数为 66 779 次，根据 Donohue 高频词低频词界分公式，I_1=364，最终 $T \approx 26.49$，将出现次数高于 26 次的关键词定为高频关键词。经过统计发现，民族传统体育学词频大于 26 次的关键词有 317 个，究其原因，民族传统体育无论在任何阶段都是我国教育领域的重点，始终须坚持传承和弘扬中华优秀传统体育文化，激发民族传统体育创新创造的活力。民族传统体育学相关研究围绕"武术"展开，形成了庞大的研究体系，关键词众多。本研究结合实际词频分布情况，选取词频前20位的关键词作为高频关键词进行展示，反映了民族传统体育学领域的关注热点。本研究的20个高频关键词见表4-7。

表4-7　1998—2020年民族传统体育学论文高频关键词

序号	关键词	词频/次	序号	关键词	词频/次
1	武术	1 875	11	杨建营	295
2	民族传统体育	1334	12	郭玉成	241
3	武术文化	647	13	文化	224
4	中国武术	634	14	武术教育	221
5	传统武术	619	15	竞技武术	215
6	太极拳	521	16	跆拳道	203
7	体育文化	396	17	邱丕相	193
8	武术套路	348	18	非物质文化遗产	191
9	王岗	332	19	传统体育	173
10	散打	319	20	戴国斌	164

排在前20位的高频关键词有武术、民族传统体育、武术文化、中国武术、传统武术、太极拳、体育文化、武术套路、王岗、散打、杨建营、郭玉成、文化、武术教育、竞技武术、跆拳道、邱丕相、非物质文化遗产、传统体育、戴国斌。这些关键词反映了民族传统体育学在1998—2020年最受关注的研究主题。

由表4-7和图4-17可知，该领域20多年来有以下几个方面的热点研究。

（1）"武术"一词共出现1 875次，是排名第一的高频关键词，远远超过民族传统体育26次的高频关键词阈值。由图4-17可知，"武术"是民族传统体育学研究的重中之重，具有绝对的影响力。与"中国武术""发展""武技""竞技武术"等关键词联系紧密，以具体的武术套路、武技功法研究为主。

武术是我国优秀的传统文化遗产，具有很高的社会价值。

（2）民族精神和武术传承相关问题的研究一直是民族传统体育学领域的重要研究内容。与"民族传统体育"联系密切的关键词有"传承""民族精神""非物质文化遗产""龙舟"等，且"民族传统体育"出现了1 334次，是排名第2位的高频关键词，相关性较强的"体育文化""非物质文化遗产"分别出现396次和191次，也属于高频关键词。在过去的20多年里，人们都在致力于对"民族精神"与"民族传统体育"的传承，"太极拳"与"散打"也都是民族传统体育学中的热门词汇。对武术技术与比赛规则的分析与学习，将有助于我们更好地开展与推广民族传统体育项目，也为传播中华武术文化、增添丰厚的中华文化底蕴做出杰出的贡献。

"武术""民族传统体育"以极高的出现次数成为非常具有影响力的主题。民族精神、武术传承、民族传统体育传播等相关问题的研究也是民族传统体育学领域研究的关键所在，促进对民族传统文化的传承和发展，对武术体系和各种武技的研究，以及对武术项目的国际化发展，都是其重要的研究内容。2019年，国务院办公厅印发了《体育强国建设纲要》，这一举措进一步彰显了我国发展武术的重大意义。除了武术之外，我国至今保留着众多的民族传统体育文化内容，随着时代的发展，许多民族传统体育文化内容无法适应社会变革，面临着诸多难题与困境。因此，民族传统体育要肩负起弘扬中国文化、助力健康、展现国家形象等历史使命和时代发展任务，体育人更要自觉地肩负起民族传统体育文脉传承的责任。

2. 民族传统体育学论文关键词聚类分析

将民族传统体育学1998—2020年收集到的7 305个关键词建立数据库，选取词频70次以上的关键词，利用VOSviewer软件进行可视化分析，图4-18展示了主要关键词共现聚类。

通过图4-18可以发现，民族传统体育学的相关研究主要集中在以下几个方面：聚类1是中华武术传承相关研究，聚类2是武术文化传播相关研究，聚类3是民族传统体育相关研究，聚类4是武术规则相关研究，聚类5是奥运会

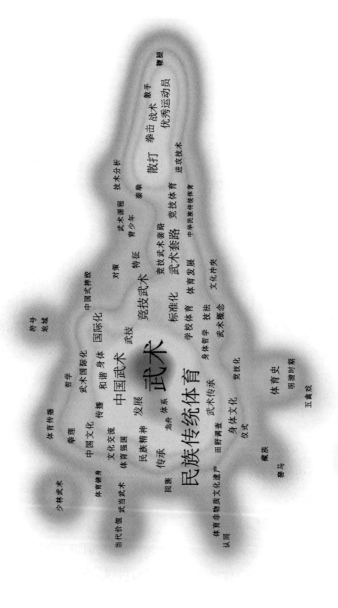

图4-17 1998—2020年民族传统体育学论文关键词热点图

项目相关研究。

聚类1：中华武术传承相关研究。

聚类 1 主要关注中华武术传承及传统文化的研究。自古以来，武术的发展见证了中国历史与文明的兴衰交替，武术经过了千年的洗礼，成为中华优秀传统文化的重要组成部分之一，向全世界展示了中华文明和中国形象。我国一直非常注重民族传统体育工作，1992 年印发的《国家教委办公厅关于印发学校民族传统体育工作研讨会会议纪要的通知》，旨在继承和发扬民族传统体育。武术作为民族传统体育的代表项目，蕴含着中华优秀传统文化和内在体育精神，对武术的研究、挖掘与整理能够更好地传承中华优秀传统文化，聚拢民族精神，增强文化自信。"武术传承""传统文化"等关键词，都表明中国不同地域下的武术项目都与我国的传统文化息息相关，武术项目的传承需要在武术运动中汲取更多的文化底蕴，取其精华，推动我国民族传统体育文化发扬光大。

聚类2：武术文化传播相关研究。

聚类 2 主要关注武术文化的传播及中华武术对世界的影响。武术是中国土生土长的传统体育项目，蕴含着"仁爱""尊师重道""天人合一""热爱和平"等深厚的文化内涵。现如今，越来越多的外国友人提起中国，第一时间就会想到中国功夫。武术的国际化和文化交流可以更好地展示中国的体育形象，更快速地帮助全世界人民了解中国，让世界认识这个"仁爱""热爱和平"的中国。"武术文化""传播""国际化""全球化"等关键词，表明了研究者对我国武术文化传播的研究和尝试，以及我国武术文化对国家形象的重要性。

聚类3：民族传统体育相关研究。

聚类 3 关注民族传统体育的现状及历史。民族传统体育不仅要做好向外输出，还要做好向内的吸收，传统体育来自民间，传统体育的发展也需要立足于民间。2018 年，国家体育总局、国家民委印发了《关于进一步加强少数民族传统体育工作的指导意见》，明确指出少数民族传统体育是我国体育事业的重要组成部分，是我国宝贵的文化遗产，并要求推进少数民族传统体育文化传承发展，加强少数民族传统体育理论建设，加强对少数民族传统体育的基础性和应用性研究。民族传统体育有"民族传统体育""民族体育""民间体育""传

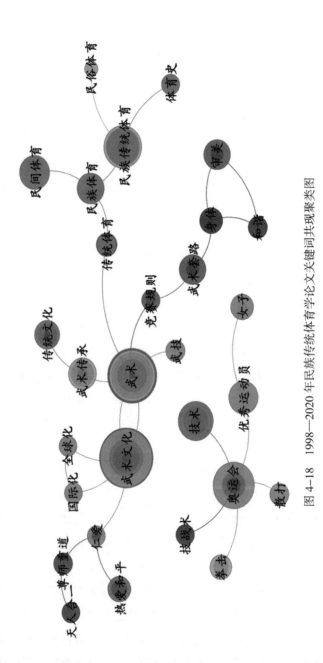

图 4-18 1998—2020 年民族传统体育学论文关键词共现聚类图

统体育"等多种来源，可见民族传统体育植根于传统体育、民间体育和民族体育，可以证明民族传统体育来自广袤的祖国大地，来自不同的民族传承。同时表明民族传统体育注重对体育史的挖掘与研究，如"体育史"这一关键词，民族传统体育存在于悠久的历史长河中，不同的民间体育、民族体育和传统体育都有不同的历史故事和存在场景，这些项目衍生于田地的种植中，起源于射箭、打猎的过程中，因此，体育史的研究可以更好地为民族传统体育的发展回顾历史。

聚类4：武术规则相关研究。

聚类 4 主要关注武术套路竞赛规则。在社会体育中，武术成为各个群体修身养性和保健健身的体育生活方式；在竞技体育中，武术套路更是逐步发展成全国性的竞赛项目。为了更好地体现武术的文化魅力，研究者对武术套路进行了细致的标准化评分，对不同的武术套路竞赛提出了很多建议，"武术套路""竞赛规则""标准化"等关键词，表明了这一领域的研究者希望通过规范武术套路竞赛，更好地促进武术竞赛的发展。同时，武术竞赛不仅要遵守竞赛规则，还需要在竞赛中具备美感，体现传统文化的魅力。"审美""身体""和谐""武技"等关键词都是研究者对武术竞赛中审美的研究，即武术追求身体美感及和谐感。

聚类5：奥运会项目相关研究。

聚类 5 主要关注奥运会中的武术项目。奥运会是民族传统体育绕不开的主题，奥运会中的散打、拳击等竞技体育项目是民族传统体育学的研究对象。在比赛中，有关运动员技战术的发挥及竞赛规则也受到研究者的关注，关键词"奥运会""拳击""散打""技术"等可以体现。很多研究者对我国武术能够成为奥运会正式比赛项目而不断努力着。同时研究者也关注与奥运会竞技体育项目相关的多元化主体，"女子""优秀运动员"等关键词可以体现。

3. 民族传统体育学论文关键词时间演化趋势分析

通过分析民族传统体育学论文关键词时间演化趋势，发现民族传统体育学关键词呈现从注重武术的动作技能训练到注重民族传统武术的内在价值，再到成为宣传我国文化内涵的载体的演化趋势，其时间演化趋势如图 4-19 所示。

第一阶段：2000—2004 年，民族传统体育学主要围绕不同运动形式进行相关研究。武术是一项注重内外兼修的中国传统体育项目，以其套路、技巧和格斗为基本的锻炼形式。现阶段其研究的关键词相对集中，研究内容多为"武术套路""散打""传统武术""太极拳""健身气功"等。同时，"武术教育""武术教学""学校武术"出现的频率较高，这一阶段的研究主要是与学校体育相关的研究内容，武术项目是以学校体育工作中体育课程实践为形式开展的。

第二阶段：2005—2011 年，对民族传统体育的研究已经从关注技术本身转向关注传统文化和民族精神。其研究内容除延续前一阶段的内容外，探究了"非物质文化遗产传承""民族精神""文化自信""文化传播""武术传承"及"文化软实力"等方面，这表明民族传统体育学的研究不是仅仅停留在技术层面的，而是更多的研究者专注于传统武术文化的深入研究。对于"体育发展""体育研究""文化变迁"及"发展路径"也有了进一步的思考和研究，目的是探索和拓展民族传统体育的传承、传播和发展等途径。2008 年北京奥运会举办之后，我国民族传统体育项目在全世界的影响力增大，让世界看到了我国的体育文化和体育符号，因此，更多的民族传统体育研究与文化和民族层面的内容相结合。

第三阶段：2012—2020 年，我国的民族传统体育学研究出现了一些特定的、鲜明的时代特点，"伦敦奥运会""里约奥运会""东京奥运会""'一带一路'"等关键词的出现，表明该阶段研究者对我国传统武术进入奥运会这一议题进行了更为深入和全面的探索，同时也关注武术发展路径的选择以及武术的传承模式。在这一阶段，也能看到像"中华民族共同体""人类命运共同体""非遗传承"等词频相对较高的关键词；"哲学思想""关键技术""民族认同"也是探讨的重要内容。2018 年，国家体育总局、国家民委印发了《关于进一步加强少数民族传统体育工作的指导意见》，指出坚持"推动民族团结进步、促进群众身心健康"的宗旨，"推进少数民族传统体育文化的传承发展，加强少数民族传统体育理论建设，改革完善少数民族传统体育运动会组织管理，建设少数民族传统体育基地，丰富少数民族传统体育活动，促进全民健身和全民健康深度融合，不断满足人民日益增长的美好生活需要，为促进各民族交往交流交融，加快推进社会主义

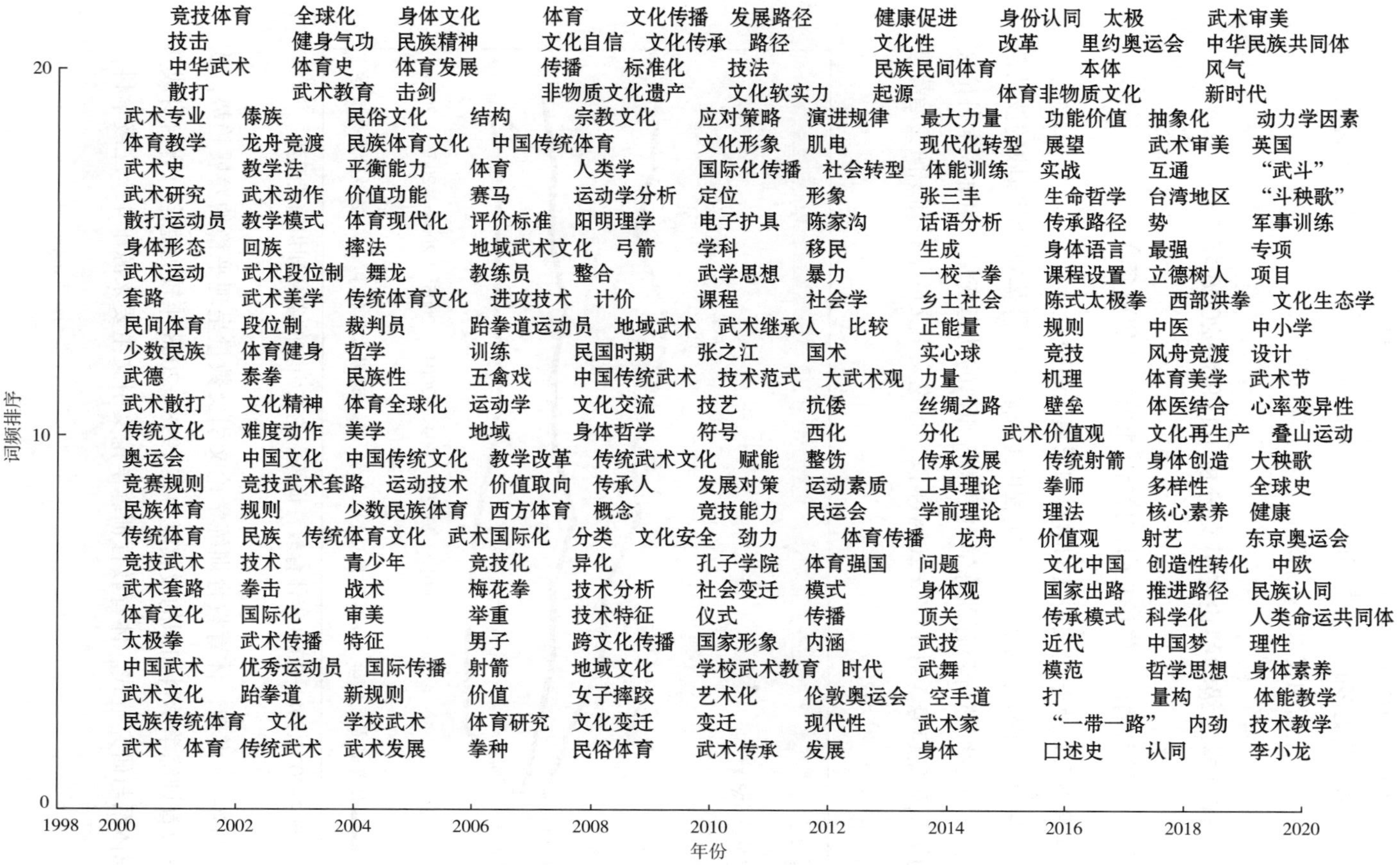

图 4-19　1998—2020 年民族传统体育学论文关键词时间演化趋势图

文化强国、体育强国建设发挥重要作用"。该意见的提出扩大了"民俗体育""武术"的影响力，使更多的人感受到民族传统体育的魅力与价值，使民族传统体育学的研究结合了全新的技术，在新时代焕发了新的活力。

二、体育学二级学科论文引文分析（1998—2008 年）

（一）体育教育训练学论文引文分析（1998—2008 年）

1. 体育教育训练学论文引文的学科知识演变趋势

论文年度引用数量的变化在一定程度上反映了学科基础知识吸收的波动情况。为进一步探究体育教育训练学引用学科知识的动态变化，明确该学科论文引文的知识演变趋势，对 1998—2008 年该学科论文引文的学科知识演变趋势进行统计，如图 4-20 所示。

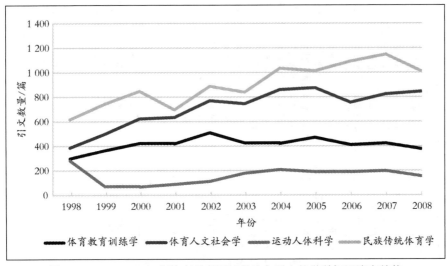

图 4-20　1998—2008 年体育教育训练学论文引文的学科知识演变趋势

由图 4-20 可知，体育教育训练学论文引文数量呈现平稳的发展趋势，表明体育教育训练学学科知识的吸收能力在 1998—2008 年较为稳定，有自身成熟的知识体系与研究范式。体育教育训练学论文引文主要来源于 4 个二级学科，具体包括：体育教育训练学、体育人文社会学、运动人体科学、民族传统体育学。通过对论文引文所涉及的 4 个学科分别进行讨论可以看出，第一，与体育教育训练学相关的论文引文数量在 1998—2008 年整体上保持相对平稳的发展趋势。具体来讲，1998 年，论文引文数量最少，为 297 篇；1998—2008 年，论文引文数量的上升趋势较为平缓；2002 年，论文引文数量增长至最高，为 509 篇；2003—2008 年，论文引文数量演变趋势又回归平稳。值得注意的是，在 2005 年时出现了第二个小高峰，论文引文数量为 470 篇。第二，与体育人文社会学相关的论文引文数量在 1998—2008 年呈现明显上升的趋势。具体来讲，1998 年，论文引文数量最少，为 387 篇；1998—2002 年，论文引文数量上升明显；2002 年，论文引文数量达到了第一个高峰，为 770 篇；2003 年，论文引文数量下滑至 745 篇；2003—2005 年，论文引文数量大幅上升，并在 2005 年时达到最高峰，为 874 篇；2006 年，论文引文数量下降至 755 篇；2007 年，论文引文数量又上升至 823 篇。第三，1998—2008 年，与运动人体科学相关的论文引文数量总体呈现明显的上升趋势。具体来讲，1998 年，论文引文数量为 617 篇；2000 年，迎来第一个论文引文数量小高峰，为 847 篇；论文引文数量在 2001 年呈现下降趋势，但在 2002 年时又出现第二个小高峰，为 887 篇；2002—2003 年，论文引文数量呈现稳定的发展趋势；到 2004 年，论文引文数量大幅增长至 1 034 篇；2005—2008 年，论文引文数量呈现稳定上升趋势。第四，1998—2008 年，与民族传统体育学相关的论文引文数量在整体上呈现明显的减少趋势。具体来说，1998 年，论文引文数量为 281 篇；1998—2001 年，论文引文数量明显下滑至两位数，分别是 1999 年的 71 篇、2000 年的 67 篇、2001 年的 88 篇；2002—2008 年，论文引文数量呈现相对平稳的趋势。

　　通过上述对体育教育训练学相关论文引文数量演变趋势的分析，可以从宏观与微观两个方面解读体育教育训练学知识的流动情况。

　　在宏观方面，通过观察图 4-20 中体育教育训练学、体育人文社会学、运动人体科学及民族传统体育学 4 个学科领域在折线图上的位置关系，可以看出，在论文引用的整体数量上，与运动人体科学相关的论文引文数量在 1998—2008 年间均处于领先状态，其他学科按照论文引文数量由高到低的顺序排列分别是体育人文社会学、体育教育训练学、民族传统体育学，因此在学科关系上，与体育教育训练学关系最为密切的学科领域为运动人体科学，其次是体育人文社会学，最后是民族传统体育学。由此可见，1998—2008 年，体育教育训练学的研究者主要是围绕运动人体科学的相关内容展开的研究，无论是体育教育还是体育训练，都是以学生或运动员的各项身体素质的发展为第一目标，想要让学生或运动员在身体素质上得到明显的提升和改善，就需要深入了解与人体相关的科学知识。因此，运动人体科学学科领域的新成果、新突破是体育教育训练学能够取得新突破的重要前提。换句话讲，只有对人体有了更加全面、科学的认识，才能够在这一基础之上改善教育训练方法，切实提高教育训练水平。由此可见，1998—2008 年，体育教育训练学一直走在不断巩固自身科学化的道路上。不可忽视的是，在这一阶段，体育教育训练学与体育人文社会学在知识流动的关系方面也十分密切。从学科本质上分析，体育教育训练学学科领域因为包含教育的重要研究内容，这就决定了这一学科既要解决学生或运动员身体素质提升的重要任务，又要解决学生、运动员等不同群体通过体育在德智体美等方面综合素质协调发展的问题，而要解决这些问题就必须要吸取与体育相关的人文社科类知识，这也就说明了为什么这一阶段体育教育训练学论文在引文中纳入了如此多的体育人文社会学的相关知识。可以说，体育人文社会学与运动人体科学一样，都是体育教育训练学学科的支撑学科，两者都能够有效地推进体育教育训练学学科领域的赓续发展。在民族传统体育学方面，1998—2008年，体育教育训练学从中吸取的知识相较于上述两个学科来讲要少很多，且知识流动的趋势呈现下降状态，因此可以认为，民族传统体育学的相关内容在这一阶段并不是体育教育训练学所关注的主要内容。

在微观方面，主要探讨运动人体科学和体育人文社会学两大学科与体育教育训练学学科的知识流动关系。通过观察图 4-20 可以发现，有几个年份是知识流动的关键转折点。具体原因如下，2000 年，无论是体育人文社会学还是运动人体科学在论文引文数量上都出现了明显的变化，运动人体科学的论文引文数量更是出现了一个小高峰。一方面，迈入了 21 世纪，各个学科都提出了新的期望与新的计划。另一方面，2000 年举办了悉尼奥运会，围绕着奥运会的准备及总结在运动人体科学和体育人文社会学方面均展开了探讨，尤其是在体育人文社会学方面。在这一年，北京2008年奥林匹克运动会申办委员会在瑞士洛桑向国际奥委会提交申办报告，陈述了北京奥运会的计划与构想，因此在论文引文数量上也出现了较为明显的增长。2002年同样也是一个关键的年份，在这一年，中国代表团在冬奥会上实现金牌零的突破，中国代表团在韩国釜山亚运会上再获金牌和奖牌榜第一名，这些重要的成绩足以说明2002年是体育界非常重要且有意义的一年。各种体育赛事的举办无疑为体育教育训练学提供了良好的研究环境。在这一年，《中共中央、国务院关于进一步加强和改进新时期体育工作的意见》的出台，促进了体育人文社会学的成果产出。这些都导致了2002年各个学科之间知识的流动活跃。2004年，中国代表团在雅典奥运会上获得了32枚金牌，位列金牌榜第二名，这无疑促进了体育教育训练学在运动人体科学和体育人文社会学学科的知识流动。由此可见，1998—2008年，体育教育训练学的知识流动的波动变化是与国际赛事的举办紧密结合起来的。

2. 体育教育训练学论文引文的学科知识内部流动

体育学下属的4个二级学科之间均关系密切，体育教育训练学的发展更是离不开其他3个学科相关知识的支撑。基于二级学科视角，能从中观层面准确揭示体育教育训练学学科交叉融合、创新发展的特征。

如表4-8所示，通过1998—2008年体育教育训练学论文引文学科知识内部流动发现，体育教育训练学论文引用运动人体科学论文的引文数量遥遥领先，体育人文社会学论文引文数量位居第二位，体育教育训练学自引数量稳居第三位，自引表现平稳，民族传统体育学论文引文数量最少。体育教育训练学、体育人文社会学和民族传统体育学这3个体育学二级学科都对体育现象和问题进行研究，相关概念、研究方法和理论基础等可以相互交流借鉴。因此，无论是在理论研究还是在实践应用中，它们都有着密切的关系。体育教育训练学对运动人体科学和体育人文社会学的知识吸收、采纳得较多，与民族传统体育学的知识交流相对较少。虽然其对民族传统体育学论文引用得相对较少，但它们在价值取向和学术规范性方面有较多的知识交流。

体育教育训练学自引率达到19.25%，说明该学科论文引文知识来源的学科维度具有相对的开放性和稳定性,独立性还有待提高。具体分析如下:1998—2008 年,体育教育训练学论文引文自引总数为 4 162 篇,在 4 个二级学科知识流动中位居第三位,说明体育教育训练学论文引文开放性较好,综合性特征较为明显。体育教育训练学自引年均引文数为 416.2 篇。结合图 4-20 可知,除1998 年、1999 年和 2006 年以外,年自引量均超过自引年平均数。由此可见,体育教学训练学在 1998—2008 年稳定发展。从自引数据来看,学科发展独立性有待提高,体育教育训练学论文引文自引数量共计 4 162 篇,年均引文数为416.2 篇,相对独立性为 19.25%。体育人文社会学、运动人体科学、民族传统体育学累计占比为 81.75%。反过来也可以说明,除体育教育训练学自身外,体育教育训练学与这 3 个二级学科的联系程度较为密切,但相对独立性不足,还需要进一步提升其自身研究质量和影响力。数据显示,体育人文社会学、运动人体科学和民族传统体育学 3 个学科知识流动占比分别为 32.23%、41.23%、7.29%,虽然与其他二级学科交叉渗透频繁且深入,但民族传统体育学知识流动占比仅为 7.29%,知识流动学科全面性有待完善。

表 4-8　1998—2008 年体育教育训练学论文引文的学科知识内部流动

学科名称	引文总数 / 篇	年均数 / 篇	占比 / %
体育教育训练学	4 162	416.2	19.25
体育人文社会学	6 968	696.8	32.23
运动人体科学	8 914	891.4	41.23
民族传统体育学	1 578	157.8	7.29

运动人体科学论文引用体育教育训练学论文的学科知识内部流动占比为41.23%,位居 4 个二级学科的第一位,其中引文总数为 8 914 篇,年均引文数为 891.4 篇。体育教育训练学与运动人体科学的知识交流最为密切。结合图4-20 可知,从发展初期开始,运动人体科学对体育教育训练学的学科知识内部流动影响就显示出了明显的优势,即体育教育训练学论文自引数量不到 400篇,引用运动人体科学论文就有 617 篇。这体现出体育教育训练学对运动人体科学的研究在科学性、前沿性方面具有依赖性。1998—2008 年,体育教育训练

学论文对运动人体科学论文引用的知识流动呈现不断增加的趋势，更是在 2004 年突增，引文数量突破 1 000 篇大关，体育教育训练学迎来了新的发展。由于运动人体科学领域的发文数量在不断增长，因此可以提供给体育教育训练学的引文数量也是随之增长的。

　　体育人文社会学对体育教育训练学的学科知识内部流动影响占比为 32.23%，位居 4 个二级学科的第二位，其中引文总数为 6 968 篇，年均引文数量为 696.8 篇，体育教育训练学与体育人文社会学的知识交流十分密切，为体育教育训练学的发展起到关键的作用。结合图 4-20 可知，从 2002 年开始，体育人文社会学对体育教育训练学的学科知识内部流动影响就显示出了明显的优势。在此之前，体育教育训练学论文引用体育人文社会学论文的引文数量不到 400 篇；从 2002 年开始，引文数量迅速增加，突破 600 篇大关；在 2007 年，引文数量达到顶峰，为 823 篇。这体现出体育教育训练学的研究对体育人文社会学在科学性、前沿性方面具有依赖性。1998—2008 年，体育教育训练学对体育人文社会学的学科知识流动呈现不断增加的趋势。社会学是体育人文社会学的母学科，社会学科有着较强的依附性。体育人文社会学从人文、社会等方面为体育教育训练学提供了研究方法和研究视角。体育人文社会学正是不断借鉴、学习社会学的研究成果，沿用社会学的各种调查手段和实验方法，研究体育人文社会学领域的现象与问题，促进体育教育训练学研究的规范化发展。

　　民族传统体育学对体育教育训练学的学科知识内部流动影响占比为 7.30%，其中引文总数为 1 578 篇，年均引文数为 157.8 篇。体育教育训练学与民族传统体育学有一定的交流，民族传统体育学为体育教育训练学的发展起到辅助作用。结合图 4-20 可知，从发展初期开始，民族传统体育学对体育教育训练学的学科知识内部流动影响呈现下降趋势，以 2000 年为节点开始呈现上升趋势，且每年以稳定的引文数量占据一定的重要性。

　　随着现代科学技术的不断进步，我国运动人体科学领域的研究也在不断地深化与发展，运动人体科学领域新的研究方法被使用，新的研究结果不断诞生，为体育教育训练学的学科发展夯实了理论基础，拓展了应用空间，丰富了体育教育训练学的研究内涵、广度和深度。随着体育人文社会学的不断输入和渗透，体育教育训练学的研究成果数量增多，学科地位不断攀升。武术文化和精神、传统拳种套路、文化传播研究等基于多学科、多视角的研究，视野在不断拓宽，为体育教育训练学与民族传统体育学交叉融合研究提供了新的方向。多学科知识输入为体育教育训练学的发展夯实了理论基础，丰富了教育学、心理学、社会学、人类学、民俗学、人口学等多个领域的研究。

3. 体育教育训练学论文引文的学科知识内容建构

为了深入分析这一阶段体育教育训练学论文引文的学科知识内容建构，采用内容分析法对体育教育训练学、体育人文社会学、运动人体科学及民族传统体育学4个二级学科引文的学科知识内容进行手工统计，整合知识点并聚类。依据聚类频次由高到低进行排列，再计算每个知识点的累计值，并依据帕累托分析法判断这些知识点对体育教育训练学研究的重要性，从而形成了体育教育训练学论文引文的学科知识内容建构，如表4-9所示。

表4-9　1998—2008年体育教育训练学论文引文的学科知识内容建构

学科名称	知识内容
体育教育训练学	体育教育、运动训练、体育教师、普通高校、竞技能力、体育活动、教学效果、教学改革、人才培养、体质健康、体育思想、文化建设
体育人文社会学	素质教育、学校体育、家庭体育、改革、终身体育、社会、健康、体育赛事、消费、职业体育、场馆
运动人体科学	运动员、动物实验、有氧运动、运动生理学、骨骼肌、运动心理学、青少年、身体素质、耐力训练、体力活动、运动性疲劳、太极拳、低氧训练、过度训练、教练员
民族传统体育学	传统武术哲学、体育认知、体育训练、大学生成长、相对指标、训练效果、体育服务体系、健康文化系统、心动调节、游戏、生命美学、绷带固定防护、快速力量、生态建设、中国形象、文化主体性

由表4-9可知，体育教育训练学自引的学科知识内容建构主要集中在体育教育、运动训练、体育教师、普通高校、竞技能力、体育活动、教学效果、教学改革、人才培养、体质健康、体育思想以及文化建设等方面，其中教学效果、教学改革及人才培养等知识内容涉及教育学相关学科知识，运动训练、竞技能力和体质健康涉及生理学和卫生学等相关学科知识，体育思想、文化建设等涉及政治学和历史学相关学科知识。以上主题和内容的多样性再次证明体育

教育训练学不是孤立存在的，而是与其他学科相互交叉渗透的，研究者从多学科、跨学科的角度审视自身学科特征和学科发展状况。

　　体育教育训练学与体育人文社会学同属于体育学二级学科。体育人文社会学的研究对象为人的体育活动所引发的人文及社会现象，而体育教育训练学的研究对象是人的体育行为，二者关系密切。由表4-9可知，体育教育训练学所引用体育人文社会学的学科知识内容建构主要集中在素质教育、学校体育、家庭体育、改革、终身体育、社会、健康、体育赛事、消费、职业体育和场馆等方面。体育教育训练学所产生的人文、社会现象需要体育人文社会学的知识进行解答，这在推动体育教育训练学发展的同时也扩展了体育人文社会学的研究领域。

　　由表4-9可知，运动人体科学对体育教育训练学研究的影响力同样较大。本研究对运动人体科学引文的关键词进行整合，主要包括以下15项内容：运动员、动物实验、有氧运动、运动生理学、骨骼肌、运动心理学、青少年、身体素质、耐力训练、体力活动、运动性疲劳、太极拳、低氧训练、过度训练和教练员。这表明，运动人体科学的知识与体育教育训练学的知识存在一定的联系，主要体现在运动员的竞技能力提升及青少年素质发展等方面，运动人体科学的不断发展为我国体育教育训练学提供了可借鉴的理论基础。

　　由表4-9可知，体育教育训练学所引用民族传统体育学的学科知识内容建构主要集中在传统武术哲学、体育认知、体育训练、大学生成长、相对指标、训练效果、体育服务体系、健康文化系统、心动调节、游戏、生命美学、绷带固定防护、快速力量、生态建设、中国形象及文化主体性等方面。重点内容聚焦如下：①挖掘民族传统体育的精神文化，对传统武术哲学进行研究，探讨传统武术的内在意蕴价值，揭示传统武术的内在精神表现。②开展校园民族传统体育项目，进而对大学生的成长起到积极作用。③弘扬富有中国形象的民族传统体育项目，坚定文化自信，讲好中国体育故事，弘扬中华体育精神，民族传统体育在体育强国战略中作用凸显。④在实践中，武术还被用于竞技体育训练方面，充分表明我国民族传统体育学开始与体育教育训练学交叉融合，为体育教育训练学研究的深化提供了新思路。

（二）体育人文社会学论文引文分析（1998—2008年）

1. 体育人文社会学论文引文的学科知识演变趋势

为进一步探究体育人文社会学引用学科知识的动态变化，明确该学科论文引文的学科知识演变趋势，对1998—2008年该学科论文引文的学科变化情况进行统计，如图4-21所示。

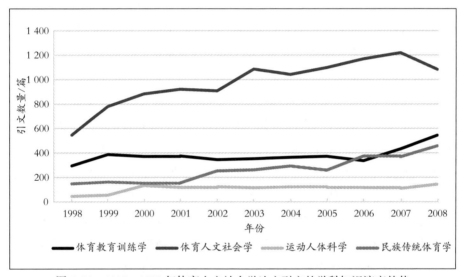

图4-21　1998—2008年体育人文社会学论文引文的学科知识演变趋势

由图4-21可知，体育人文社会学论文引文呈现平稳的趋势，表明体育人文社会学学科知识吸收能力在1998—2008年较为稳定，有自身成熟的知识体系与研究范式。其中，引用体育教育训练学的引文数量总体呈现上升趋势。1998—1999年，体育人文社会学论文引用体育教育训练学论文的引文数量呈现大幅度上升的趋势，可能是由于体育人文社会学的内容与体育教育训练学的内容出现初步融合的现象，体育人文社会学开始借鉴体育教育训练学中的前沿性知识与内容。1999—2006年，体育人文社会学对体育教育训练学的学科知识吸收能力趋于稳定，引文方面并无太大变化。在2006—2008年，体育人文社会学论文对体育教育训练学论文的引用数量又一次出现了小幅度的上升，此时正是我国体育学科地位有所提升之际，体育教育训练学作为与体育人文社会学联系最为密切的学科之一，其引用次数逐渐提高。整体来说，体育人文社会学论文引用体育教育训练学论文的引文数量在 1998—2008 年除了出现过两端提升的现象之外，在中间阶段一直趋于平稳，呈现"中间平，两头增"的趋势。

体育人文社会学作为被引用的体育学主要二级学科，其被引数量在 1998—2008 年整体呈现大幅度上升趋势，其中一个重要原因在于体育人文社会学方面的论文在撰写过程中更多的还是要对本学科的体育论文进行借鉴与研读，从而使论文内容更好地被呈现。其变化趋势在 1998—2003 年均呈现不同程度的变化性增长，尤其是在 1998—1999 年和 2002—2003 年出现大幅度的提升。针对这两个具有明显提升特征的阶段进行分析，可以发现，在这两个阶段，体育人文社会学论文的发文数量分别明显高于前一年的论文发文数量，因此其被引数量也出现了大幅度的上升，除了 2003—2004 年对体育人文社会学论文引用数量有小幅度的下降外，在 2004—2008 年，其引用数量一直呈现稳步上升的趋势。在此期间，体育人文社会学的发文数量也是逐步提高的。总体来说，体育人文社会学的论文引用数量呈现曲折上升的趋势，近年来，该学科论文的被引次数呈现持续上升趋势。

在体育人文社会学论文引用运动人体科学论文方面，运动人体科学论文被引数量处于最低水平，在 1998—2008 年皆是如此，在 4 个二级学科分布的引用次数里，运动人体科学论文被引数量一直处于低位，尽管在 1999—2000 年存在小幅度的提升，但也只是昙花一现，后续都没有提升。纵观我国运动人体科学论文的发表数量，在 1998—2008 年都没有太大的突破，当时我国在运动人体科学研究领域还缺乏相关的仪器设备、实验材料及部分实验理论，研究者对该领域了解甚少，研究尚处于萌芽阶段，故运动人体科学论文对其论文引用数量最少。

从体育人文社会学论文对民族传统体育学论文的引用情况可以看出，对其引用数量总体呈现上升趋势，但是总引用数量比较少，不如体育人文社会学论文引用其自身学科论文和体育教育训练学论文的引文数量多。纵观 1998—2008 年，民族传统体育学的论文发表数量得到提升，一些传统体育文化与体育非物质文化遗产的地位开始得到提升，因此民族传统体育学在这一阶段的发文数量不断提高，但体育人文社会学对民族传统体育学的学科知识吸收能力不是很强，民族传统体育学所涵盖的部分体育项目、规则与运动原理仍未被纳入人文社科范畴。虽然在 1998—2008 年体育人文社会学论文引用民族传统体育学论文的引文数量总体来说是提高的，但此阶段并未达到最高，并且随着学校体育与人文社科对民族传统体育项目与理论的发掘，体育人文社会学论文引用民族传统体育学论文的引文数量也会逐渐攀升。

整体来说，1998—2008 年，体育人文社会学论文引用体育教育训练学、体育人文社会学、运动人体科学及民族传统体育学这 4 个体育学二级学科的论文的引文数量都是呈现上升趋势的，尤其是体育人文社会学的论文对自身学科知识的引用情况更是不断提升的，而对体育教育训练学论文的引用情况，在这一阶段的变化比较平缓，对民族传统体育学论文的引用则有上升势头，但是从对运动人体科学论文的引用情况来看，则显得"无欲无求"。在此阶段，我国体育事业的发展取得了极大的进步，体育人文社会学科也开始向成熟的方向发展。

2. 体育人文社会学论文引文的学科知识内部流动

通过对 1998—2008 年体育人文社会学论文引文知识内部流动进行统计，整理相关数据绘制成表 4-10。由表 4-10 可知，体育人文社会学论文引文的学科知识内部流动仍然集中在体育教育训练学、体育人文社会学、运动人体科学、民族传统体育学 4 个二级学科。在此阶段，体育人文社会学论文自引率最高，排在第一位；运动人体科学论文被引数量最低，排在最后一位；体育教育训练学和民族传统体育学居中，起重要的支撑作用。体育学 4 个二级学科在此期间引文总数不同，对于体育人文社会学所起的作用也不同。他们之间相互影响、相互交融，促进了体育人文社会学的发展。

表 4-10　1998—2008 年体育人文社会学论文引文的学科知识内部流动

学科名称	引文总数 / 篇	年均数 / 篇	占比 / %
体育教育训练学	4 174	379.45	21.98
体育人文社会学	10 736	976	56.55
运动人体科学	1 194	108.55	6.29
民族传统体育学	2 882	262	15.18

通过观察可得出结论，除去体育人文社会学学科内部的知识流动外，1998—2008 年，体育人文社会学的学科知识交流重点仍然主要集中在体育教育训练学和民族传统体育学之间，体育人文社会学论文引用体育教育训练学论文的引文总数最多，为 4 174 篇，年均数为 379.45 篇，占比为 21.98%；体育人文社会学论文引用运动人体科学论文的引文总数最少，为 1 194 篇，年均数为 108.55 篇，占比为 6.29%；体育人文社会学论文引用民族传统体育学论文的引文总数稳居第二位，为 2 882 篇，年均数为 262 篇，占比为 15.18%。

体育人文社会学本学科自身的引文总数最高，为 10 736 篇，年均数为 976 篇，自引率为 56.55%。说明该学科知识内容建构来源的学科维度具有相对独立性和稳定性，学科开放性还有待提高。体育人文社会学论文引用运动人体科学论文的引文数量最少，学科交叉点也较少，因此，未来体育人文社会学的发展可以着眼于运动人体科学，为本学科提供专业的学科理论指导，带动体育人文社会学的发展，促进新兴学科与传统学科的交叉融合。

体育人文社会学与体育教育训练学的知识交流密切，其引文占比达21.98%。体育人文社会学的研究对象为人的体育活动所引发的人文及社会现象，而体育教育训练学关注人的体育行为，二者关系密切。体育教育训练学所产生的人文、社会方面的疑问需要借助体育人文社会学的知识进行解答，这不仅推动了体育教育训练学发展，也拓宽了体育人文社会学的研究领域。因此，应从多学科、跨学科的角度来审视这两门学科的特性和发展状况。

体育人文社会学可以为体育学这 3 个二级学科提供科学方法理论的指导。体育教育训练学、民族传统体育学又通过其深厚的底蕴促进体育人文社会学的完善和发展，为其增添了人文情怀，加强了其学科建设，促进了体育人文社会学的改革和健康发展。

新时代，我国体育发展和改革进入"深水区"，体育科学研究肩负着重任，体育人文社会学作为体育学科发展的基础理论支撑，亟待为我国体育发展提供坚实的基础理论和发展助力。在国家"双一流"建设和"健康中国"战略的背景下，体育人文社会学也迎来了前所未有的发展机遇。因此，体育人文社会学研究者须在把握学科知识建构和引用规律的基础上，明确体育人文社会学的学科性质，完善学科基本理论，加强学科建设，促进我国体育科学研究及体育改革的健康发展。体育人文社会学正是不断借鉴、学习社会学的研究成果，沿用社会科学的各种调查手段和实验方法，研究体育人文社会学领域的现象与问题，促使体育人文社会学研究的规范化发展。在研究视角上，体育人文社会学以社会学的视角全方位地审视体育人文社会学领域的研究问题，丰富了体育人文社会学的研究内涵，拓展了体育人文社会学的研究广度和深度。

3. 体育人文社会学论文引文的学科知识内容建构

采用内容分析法对体育教育训练学、体育人文社会学、运动人体科学及民族传统体育学4个二级学科引文的学科知识内容进行统计，整合知识点并聚类。依据聚类频次由高到低进行排列，再计算每个知识点的累计值，并依据帕累托分析法判断这些知识点对体育人文社会学研究的重要性，从而形成了体育人文社会学论文引文的学科知识内容构建（表4-11）。

表4-11　1998—2008年体育人文社会学论文引文的学科知识内容建构

学科名称	知识内容
体育教育训练学	小学、培养方案、大型赛事、发展战略、户外运动、职业教育、体教结合、专业化、体能、办学模式、心理训练、国际奥委会
体育人文社会学	公共政策、女性、体育消费、体育文化、文化认同、社会结构、体育资源、管理体制、竞技体育、老龄化、运动参与
运动人体科学	营养、中介作用、身体素质、脂肪、心理测量、性别、抗氧化、中长跑、地区、有氧运动、认知
民族传统体育学	田野调查、身体哲学、理论体系、文化特征、竞技武术、身体文化、文化传播、体育人类学、文化生态、文化软实力、地域文化、武术国际化、文化自觉、发展战略

在体育人文社会学引文学科知识内容建构中，引文的关键词累计有11个，对这些关键词进行整合发现，体育人文社会学论文自引知识内容构建主要包括公共政策、女性、体育消费、体育文化、文化认同、社会结构、体育资源、管理体制、竞技体育、老龄化、运动参与等方面。

其中，公共政策、体育文化、文化认同、社会结构等知识内容主要涉及社会学相关知识；女性、体育消费、体育资源等知识内容与经济学有关；管理机制、竞技体育、老龄化、运动参与等知识内容需要吸收教育学的相关知识。

以上主题和内容的多样性再次证明体育人文社会学不是孤立存在的，而是与其他学科相互交叉渗透的。我国体育事业包括体育产业、学校体育、竞技体育、群众体育等领域。体育发展战略是从宏观层面对各个领域进行顶层设计的，用于指导我国体育事业的发展。体育人文社会学是指应用人文社会学的理论和方法对体育中的社会现象进行研究的学科，其目的是要揭示和阐释作为社会文化生活方式的体育运动与人、社会之间的互动，从理论上提出有关体育决策的建议，并在建立和完善我国体育方针、政策、法规和制度等方面发挥重要作用，是我国体育事业改革的理论基础和重要支持。

从引文的知识内容来看，体育人文社会学与公共政策有密切的关系。公共政策是公共部门针对特定公共事务，为实现和维护公共利益而做出的决策与相关制度安排。在体育领域，公共政策可以影响体育活动的发展和实践，如公共政策中对体育场馆建设、体育教育、体育培训、运动员培养等方面的规划和投入。同时，体育人文社会学研究对于政策制定具有指导作用，通过对运动员、教练员、观众等多元化主体的研究，可以帮助政策制定者更好地理解体育活动的本质和社会影响力，以便制定更加合理的政策。体育人文社会学和公共政策相互关联，共同为构建健康、和谐的体育社会做出贡献。

在体育人文社会学领域中，女性一直是研究的重要主体之一，因为性别差异在体育运动中的反映和影响是不容忽视的。体育人文社会学研究女性在体育中的地位和角色。女性在传统的体育运动中受到诸多限制，这一话题在体育人文社会学的研究中得到了深入探讨。女性对体育文化的影响体现在女性的参与和消费对体育产业的发展产生了积极的影响。此外，体育人文社会学也关注体育中涉及性别平等的问题，尤其是对女性的影响和保护。针对这些问题，许多相关组织和倡导者也在积极推动解决，尤其是保障女性在参与体育中的权利和地位。综上所述，体育人文社会学的研究和女性密切相关，它促进了我们对运动中性别差异的认识和理解，也为推动性别平等和争取女性权益提供了有力的支持。

体育人文社会学与体育消费之间存在着密不可分的关系。体育人文社会学对于体育消费的影响体现在以下几个方面：第一，体育文化的传播促进了体育消费的兴起，如世界杯、奥运会等国际知名体育赛事，不仅为人们提供了丰富多样的观赛体验，还提供了一种具有文化意义的体验。第二，体育人文社会学的研究成果对于体育消费者的体育认知和体育趣味产生深远的影响，进而满足了体育消费者的消费需求。第三，体育人文社会学的研究结合了研究者对文化、历史等因素的多重解读，使得个体或集体的体育消费产生了符号性、文化性的内涵，因此体育消费具有满足体育消费者精神层面需求的功能。同时，体育消费对于体育人文社会学也产生了一定的影响，体现在以下几个方面：第一，体育消费的多样化与体育消费的不断增长推动了体育人文社会学的发展，体育人文社会学需要对新兴的消费模式、体验需求、消费行为等做深入的研究。第二，为了满足个体和集体的体育消费需求，体育赛事、体育设施、体育产品、服务等进行了多方面的创新。第三，体育消费者的消费态度、消费行为及其消费结果等成为体育人文社会学的研究对象，进一步丰富了体育人文社会学的内容。因此，体育人文社会学与体育消费之间是相辅相成的关系，它们共同提高了人们对体育文化的认知，促进了我国体育事业的发展。

　　体育人文社会学是研究体育文化的重要途径。研究者通过深入探究各种体育活动在不同历史阶段、不同社会文化背景下的演化、变革和影响，可以更加全面深入地认识和把握体育文化的内涵和演进规律。体育文化通过反映不同社会文化的特点和方向，呈现不同的内容和形式，对体育的发展产生深远的影响。体育人文社会学可以揭示体育文化的价值观念与社会、政治、经济等领域的关系，进而推进体育文化的传承和发展。例如，现代奥运会所倡导的以相互了解、友谊、团结和公平竞争为核心的"奥林匹克精神"，已经慢慢演变为一种全球共识，促进了世界各国之间的平等交流、友好互助和体育文化的融合。体育人文社会学还可以从文化视角对体育文化产业的发展进行深入研究。体育人文社会学不断分析社会文化变化对体育文化产业发展的影响，深入探究体育文化与产业、市场、商业之间的关系，为理解体育文化背后的经济支撑提供有益的参考。

　　体育人文社会学的研究内容包括体育文化、体育社会和运动身份等，这些内容都与文化认同息息相关。例如，通过参与体育运动，人们不仅能够获得强烈的身份认同感，还能更深刻地领悟并体验自己所属文化群体的习俗、价值观和传统。许多体育赛事和运动项目融入了特定地区的文化元素，例如在体育比赛中使用民族乐器、参与的表演团队等，这些不仅增加了比赛的娱乐性，也帮助观众更深入地认识和理解不同文化之间的差异性和共同点。

体育也可以成为一个跨越文化和国界的交流平台，人们可以通过体育赛事、运动员之间的交流和合作等方式，建立起更加广泛和深入的跨文化联系和理解。因此，体育人文社会学与文化认同之间的关系是相辅相成的，它们共同推动着体育文化的发展和传播。

体育运动作为社会活动的一种，被社会结构所影响。社会结构包括了社会等级制度、社会阶层和社会地位等，这些因素都会影响人们对体育活动的参与和对体育活动的态度。例如，在某些特定的社会群体中，人们可能由于某种原因无法参与到体育活动中去，导致这个社会阶层的人群体育意识较为薄弱，体育习惯不够良好，而在其他社会群体中，体育运动可能是更为普遍的生活方式，这就构成了社会结构与体育活动之间的交互作用。体育活动本身也会对社会结构产生影响。一方面，体育活动可以成为社会中各个群体之间交流的媒介，通过各种体育活动的组织和赛事的举办，促进不同社会群体之间的交流和互动，塑造一种共同的、跨越不同社会群体的文化认同；另一方面，体育活动也可以成为社会结构改变的推动力，通过培养优秀的运动员和激发人们的体育热情，带动社会体育水平的提高，进而推动社会结构的变化。由此可见，体育人文社会学与社会结构之间存在着紧密的联系，它们共同为理解体育与社会的互动关系提供了重要视角。

体育人文社会学研究了体育在社会文化中的地位、作用和发展规律，从而为体育资源配置提供了政策决策和市场需求的预测依据。例如，一些大型体育赛事可以助力城市形象的推广，为城市带来经济效益；一些群众性体育活动则可以满足人民群众日益增长的健身需求，提高其身体素质，减少医疗负担。体育资源在一定程度上也影响和塑造着体育人文社会学的形成和发展。体育资源包括体育设施、体育场馆、人力资源和经济投入等，这些因素都会影响体育活动的开展。同时，体育资源还可以通过不同的形式，如体育文化艺术、体育教育、运动训练等，推进体育人文社会学的发展，促进体育文化的传承和创新。

体育人文社会学与管理体制之间存在着密切的关联。管理体制是指管理系统的结构和组织方式，即采用怎样的组织形式以及如何将这些组织形式结合成为一个合理的有机系统，并以怎样的手段、方法来实现管理的任务和目的。体育人文社会学主要是研究体育与社会文化现象的相互关系，包括社会和文化的各种因素在体育活动中的影响和作用。因此，体育人文社会学与管理体制的关系主要表现在以下几个方面：第一，管理体制的制定和实施需要充分考虑社会和文化的因素。体育人文社会学能够深入研究社会和文化因素在体育活动中的影响，这些工作结果能够提供有价值的信息，为管理体制的实施提供依据。第二，管理体制的调整和改善需要考虑体育人文社会学的研究成果。体育人文社会学的研究成果对于管理体制的调整和改善非常有价值，可以为管理者提供宝贵的指导和建议。第三，管理体制对于体育人文社会学的研究具有推动作用。管理体制可以为体育人文社会学的研究提供丰富的案例素材和广泛的应用领域，为体育人文社会学研究的发展提供持续的动力。

竞技体育是社会文化活动的一种重要形式，同时也是体育人文社会学研究的重要对象。竞技体育是各种体育活动中最具有竞争性和娱乐性的一种形式，因此具有较高的研究价值。体育人文社会学通过对竞技体育的研究，揭示了竞技体育与社会文化的密切关系，如竞技体育的民族文化特征、社会文化背景等，从而深入分析竞技体育在社会文化中的作用和地位。体育人文社会学通过研究二者的相互关系，彰显了其对于体育发展的深远影响。竞技体育不仅反映了运动员自身的身体能力，也受到社会文化因素的影响。体育人文社会学通过分析社会文化因素对竞技体育的影响、竞技体育对社会文化的反作用，揭示了竞技体育与社会文化相互作用的特点。

体育人文社会学与老龄化之间也存在一定的关系。老龄化是指总人口中因年轻人口数量减少、年长人口数量增加而导致老年人口比例相应增长的过程。其有两种含义：第一种含义是指老年人口相对增多，在总人口中所占比例不断上升的过程；第二种含义是指社会人口结构呈现老年状态，进入老龄化社会。体育在老年人的生活中起着至关重要的作用。适量的运动可以促进老年人的身体健康，改善血液循环，预防和治疗疾病，提高免疫力和心理健康水平。体育人文社会学在这方面的研究可以找出运动和老年人身心健康之间的关系，从而推广健康的生活方式，改变老年人的生活状况。老年人在参与体育运动时，往往面临多重障碍，这些障碍不仅涵盖了生理层面的身体机能和运动损伤，还涉及社会和经济层面的复杂因素。就医的不便、经济压力导致的消费顾虑，以及不同社会经济和文化地位所带来的差异，都在不同程度上制约了老年人对体育运动的参与。体育人文社会学研究老年人体育运动的障碍因素，寻找解决方案，起到推进体育活动的作用。体育人文社会学与老龄化之间有一定的联系，研究者通过研究这种联系来改变老年人参与体育运动的方式以提高老年人的生活质量，并帮助老年人迈入健康快乐的晚年生活。

体育人文社会学与运动参与之间存在着密切的关系。体育人文社会学不仅可以帮助我们了解体育成为一种行为、文化和社会活动的原因，而且可以指导我们如何更好地参与体育活动。体育人文社会学的研究可以帮助我们探讨运动文化和社会体育活动，增加对不同文化和社会体育活动的理解，同时对于提高体育参与的积极性和减少运动不足等问题，也有着不可忽视的作用。此外，对于体育参与者而言，体育人文社会学可以帮助我们更好地理解运动的意义和目的，帮助我们更好地理解身体、身份认同、社会群体和文化等因素对体育活动的影响。这种理解可以帮助我们更好地选择运动项目、设定运动目标，提高运动的成功率和满意度。

（三）运动人体科学论文引文分析（1998—2008 年）

1. 运动人体科学论文引文的学科知识演变趋势

为进一步探究运动人体科学引用学科知识的动态变化，明确该学科论文引文演变趋势，对 1998—2008 年该学科论文引文的学科知识演变趋势进行统计，如图 4-22 所示。

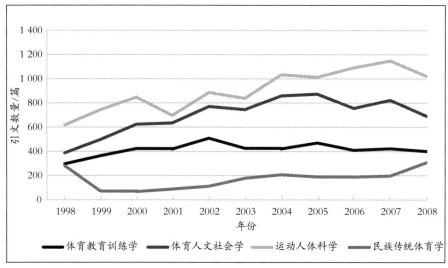

图 4-22　1998—2008 年运动人体科学论文引文的学科知识演变趋势

　　运动人体科学论文引文数量总体呈现递增的趋势，1998—2000 年，论文引文数量快速增加，但于 2001 年开始出现短暂滑坡，而后保持上升趋势。这表明运动人体科学学科知识吸收能力在 1998—2008 年较为稳定，有自身成熟的研究范式。其论文自引数量逐渐增强，表明运动人体科学自身知识体系不断完善，学科逐渐趋于成熟。1998 年，教育部在对高校本科专业目录进行调整时，将体育生物科学专业和体育保健康复专业统一更名为运动人体科学本科专业。运动人体科学课程涉及范畴较广，主要包括运动解剖学、运动生理学、运动生物化学、运动生物力学、体育保健学、运动损伤学、运动处方原理、运动营养学、体育康复学、医务监督、运动医学、临床医学基础、中医基础、运动心理学、运动技术基础和运动实践与分析等，有自身成熟的知识体系，可供研究使用。1998—2004 年是运动人体科学专业快速发展的阶段，全国共有 18 所院校新增设了运动人体科学本科专业，占专业总数的 66.66%[1]，该阶段运动人体科学的

[1]　乔德才, 康道峰, 刘晓莉, 等. 我国高校运动人体科学学科建设现状 [J]. 首都体育学院学报, 2011, 23（3）：225-228.

研究成果随之增多，知识体系更加完备。由此可见，运动人体科学论文自引数量稳居首位的原因是多方面的，包括国家政策层面、社会层面、母学科本身知识范畴的广泛性等，这都为 1998—2008 年运动人体科学的自引数量高于其他 3 个学科打下了坚实基础。

运动人体科学论文引用体育人文社会学论文的引文数量逐年增加，引文数量在 1998—2000 年递增幅度大，从体育人文社会学论文引用知识体系来看，这 3 年的论文引用主要集中在人力资源管理、体育经济学、学校体育、体育人类学等方面。这说明在体育人文社会学学科兴起的同时，体育人文社会学对运动人体科学产生的影响越来越大。体育人文社会学中的体育经济学、体育心理学、体育管理学等学科理论可以合理运用于运动人体科学学科知识中，促进其发展。引文数量于 2005 年达到峰值，在 2005—2006 年出现小幅滑坡，而后继续呈现上升趋势。20 世纪末、21 世纪初期，随着我国经济社会的变革，体育人文社会学相关研究的数量呈现持续递增趋势，研究范围逐渐宽泛，其不断吸收其他学科的知识，也为其他学科发展提供了参考价值。

运动人体科学论文引用体育教育训练学论文的数量总体呈现上升趋势，在 2002 年达到峰值。2003—2008 年，运动人体科学论文对体育教育训练学论文的引用数量呈现缓慢起伏发展的趋势，且总体引用数量起伏缓和，态势平缓。这表明该阶段这两个学科间的关系稳定，且各自平稳发展。运动人体科学应继续加强对体育教育训练学学科的借鉴和学习，加强二者之间的融合。我国有学者指出，运动人体科学与体育教育训练学的跨界融合发展，既是运动训练学发展方向不定、学科价值和意义受限的破解之道，也是青少年儿童体质健康之困的破解之道 [1]。因此，未来体育教育训练学必将会与运动人体科学进行更加广泛和深入的交叉融合与创新发展。体育教育训练学作为我国发展较早的一门学科，自身具有很强的独立性。1998—2008 年，在运动人体科学不断发展和完善的过程中对于体育教育训练学的引用和借鉴还存在意识上的不确定性。

---

[1] 王娟，王正珍. 美国运动医学会 4 大期刊及所关注的运动人体科学研究热点 [J]. 北京体育大学学报，2014，37（8）：54-59.

运动人体科学论文引用民族传统体育学论文的引文数量在 1998 年起点较高，1999 年的引文数量却快速跌落，而后出现缓慢回升的状态。2002—2003 年，引文数量上升速度较快；2003 年之后，引文数量一直处于平缓发展状态，进入平台期，没能恢复至 1998 年的高度。民族传统体育学是一门以中国武术为主干，涵盖中华民族民间体育和传统养生体育的综合性学科，1997 年被确定为体育学一级学科下属的 4 个二级学科之一，其研究对象由最初的武术拓宽为整个中华民族的体育运动项目，具体包括武术、民俗民间体育、传统体育养生、少数民族体育四大块内容 [1]。1997 年，民族传统体育学专业成立后，师资队伍的数量得到增加，在质量上得到了较大程度的提高，武术工作者也相应拓展了教学、训练和研究等方面的内容。1998 年，民族传统体育学相关研究增多，故而被引数量也增多。1998—2008 年，与体育人文社会学和体育教育训练学相比，民族传统体育学对运动人体科学的影响较小。总体来说，由于民族传统体育学的内容更加偏向于体育文化及民族传统方面，对于人体科学的内容涉及的较少，因而在 1998—2008 年，运动人体科学与民族传统体育学的学科交叉特征不明显。

2. 运动人体科学论文引文的学科知识内部流动

通过对 1998—2008 年运动人体科学论文引用体育学二级学科的论文数量进行统计，整理得出相关数据。由表 4-12 可知，运动人体科学内部的知识引文流动主要集中在体育教育训练学、体育人文社会学、运动人体科学、民族传统体育学 4 个学科。其中，运动人体科学论文自引数量最高；民族传统体育学论文被引数量最低；而体育教育训练学和体育人文社会学居中，起重要的支撑作用。这 4 个学科相互影响、相互交融，促进了运动人体科学的发展。

除运动人体科学学科内部知识流动之外，在 1998—2008 年运动人体科学的学科知识流动重点主要集中在体育教育训练学和体育人文社会学。运动人体科学论文引用体育人文社会学论文的引文总数最多，为 7 659 篇，年均数为 765.9

---

[1] 邱丕相，杨建营，王震. 民族传统体育学科发展回顾与思考 [J]. 上海体育学院学报，2020，44（1）：12–20.

篇，占比为 31.85%；运动人体科学论文引用民族传统体育学论文的引文总数最少，为 1 887 篇，年均数为 188.7 篇，占比为 7.85%；运动人体科学论文引用体育教育训练学论文的引文总数稳居第二，为 4 563 篇，年均数为 456.3 篇，占比为 18.98%。

表 4-12　1998—2008 年运动人体科学论文引文的学科知识内部流动

学科名称	引文总数 / 篇	年均数 / 篇	占比 / %
体育教育训练学	4 563	456.3	18.98
体育人文社会学	7 659	765.9	31.85
运动人体科学	9 936	993.6	41.32
民族传统体育学	1 887	188.7	7.85

运动人体科学论文引用本学科论文的引文总数最高，为 9 936 篇，年均数为 993.6 篇，自引率为 41.32%，这说明该学科知识建构来源的学科维度具有相对独立性和稳定性，学科开放性还有待提高。运动人体科学论文引用民族传统体育学论文的引文总数最少，学科交叉点也较少。

运动人体科学与体育教育训练学、体育人文社会学的知识交流密切，其对这两个学科论文的引文占比达 50.76%，超过一半论文的引文来自这两个学科，这说明其相对独立性不足，还有待进一步提升自身研究质量和影响力。一方面，运动人体科学的发展尚处在初级阶段，这些学科与运动人体科学交流密切，以其较为成熟的理论、方法和研究视角丰富了运动人体科学的发展方向和研究思路，为运动人体科学的发展夯实了理论基础，拓展了应用空间。另一方面，体育教育训练学和体育人文社会学的研究主要以理论研究为主，缺乏相关的实践支持和数据证明，而运动人体科学是一门年轻的学科，研究的内容主要是通过相关实验来开展的，隶属于实验科学。因此，运动人体科学与其他学科进行交叉融合不仅使体育教育训练学与体育人文社会学的理论有了数据支持，也增加了其可信度；体育教育训练学与体育人文社会学促进了运动人体科学的发展，为其提供了理论支持。

近年来，众多学者和专家纷纷呼吁并试图用实际行动推动改革，使运动人体科学领域展现出改革的趋势，并有望成为改革的突破口。有研究指明：体育教育训练学两个重要领域均与运动人体科学关系密切。2019 年，国务院办公厅印发的《体育强国建设纲要》指出，提升我国竞技体育的综合实力，要统筹国际、国内体育科技资源，构建跨学科、跨地域、跨行业、跨部门的体育科技协同创新平台，加强科研攻关、科技服务和医疗保障工作。因此，运动人体科学应更加注重与其他体育学科的交叉融合，学科发展之路任重道远。

体育人文社会学的知识输入主要是自引论文，另外还有体育教育训练学、运动人体科学和民族传统体育学等学科论文。除运动人体科学自身，体育人文社会学论文的引文总数排在第一位，说明这两个学科之间的学科融合水平之高、学科关系之密切。同时，体育人文社会学、体育教育训练学和民族传统体育学这 3 个体育学二级学科都是对体育现象和问题进行研究，其相关概念、研究方法和理论基础等知识可相互交流借鉴。因此，运动人体科学可以为体育人文社会学、体育教育训练学提供支持，以及科学方法的指导。体育人文社会学、体育教育训练学通过其深厚的文化底蕴促进运动人体科学的完善和发展，为其增添了人文情怀，加强了其学科建设，促进了运动人体科学的改革和健康发展。

表 4-12 仅显示了 1998—2008 年运动人体科学论文引文的学科知识内部流动情况。从整体情况来看，无论是论文引文总数还是年均数都相对较少，且学科内部知识流动主要靠学科自引率来支撑，学科交叉融合的情况相对较差，且主要是以人文学科为主，理论支撑和数据支持较弱。在此阶段，我国体育学科的发展并不完善。同时，该阶段体育学科也受我国经济发展水平的影响，相关学科建设并不完善，体育学科的研究重心过分偏向人文主义方向，这就使得与相关学科的交融程度不够。该阶段对体育学的研究也存在一定的局限性。但总体来说，体育学科的发展呈现上升状态，学科知识交叉融合情况呈现增长趋势。

3. 运动人体科学论文引文的学科知识内容建构

为了更深入地分析 1998—2008 年运动人体科学论文引文的学科知识内容构

建，本研究采用内容分析法统计运动人体科学中的引文来源的体育学二级学科中的体育教育训练学、体育人文社会学、运动人体科学和民族传统体育学的知识内容。之后将这些知识点整合起来，以便构建 1998—2008 年运动人体科学论文的引文学科知识内容（表 4-13）。

表 4-13　1998—2008 年运动人体科学论文引文的学科知识内容构建

学科名称	知识内容
体育教育训练学	体育教学、体育课程、竞技体育、运动训练、运动员、奥运会、优秀运动员、田径、运动技术、青少年、身体素质、疲劳、体态
体育人文社会学	体育运动、政策、管理体制、公共服务、健身、城市、教育、竞技管理、运动、城市、治理、健康、教学评价、农村、社区
运动人体科学	体育运动、运动员、训练、心理、大学生、临床、代谢、体质、骨骼肌、损伤、游泳、心理健康、自由基、高原训练、运动负荷、红细胞、体育锻炼、有氧、生物力学
民族传统体育学	武术、人体科学、中国武术、太极拳、运动员、散打、运动训练、保护、运动损伤、拳击、搏击、女子、疲劳、运动动机、技能、摔跤、动作模型

由表 4-13 可知，在运动人体科学论文引文的学科知识内容构建中，体育教育训练学的主要知识内容为：体育教学、体育课程、竞技体育、运动训练、运动员、奥运会、优秀运动员、田径、运动技术、青少年、身体素质、疲劳、体态等；体育人文社会学的主要知识内容为：体育运动、政策、管理体制、公共服务、健身、城市、教育、竞技管理、运动、城市、治理、健康、教学评价、农村、社区等；运动人体科学的主要知识内容为：体育运动、运动员、训练、心理、大学生、临床、代谢、体质、骨骼肌、损伤、游泳、心理健康、自由基、高原训练、运动负荷、红细胞、体育锻炼、有氧、生物力学等；民族传统体育学的主要知识内容为：武术、人体科学、中国武术、太极拳、运动员、散打、运动训练、保护、运动损伤、拳击、搏击、女子、疲劳、运动动机、技能、摔跤、动作模型等。

运动人体科学主要研究体育运动与人体的相互关系及其规律；体育教育训练学主要研究体育教育与运动训练的规律，为球类、田径、体操等诸多体育运动项目的教学、训练、科研与管理提供科学指导。二者之间较为直接的联系是均对运动规律进行了深刻的研究。由此可见，运动人体科学研究的主要是运动与人体的规律，而体育教育训练学研究的多为体育教育与运动的规律。通过整理发现，运动人体科学论文出现了体育教育训练学学科知识中的"体育教学"与"体育课程"等内容，体育教育训练学对体育教育及体育课程与运动训练的规律进行了大量的研究，运动人体科学也对体育教学过程中人的机体与运动之间的关系进行探索，因此出现了"体育教学"与"体育课程"等知识内容。"竞技体育""运动员""奥运会""优秀运动员"等主题的出现与当时的时代背景有关，21世纪初，受举国体制的影响，我国培养的优秀运动员在国际体育赛事中取得佳绩，因此运动人体科学与体育教育训练学都致力于通过本学科的研究来提高运动成绩，二者的研究对象不谋而合。关于运动人体科学论文引用体育教育训练学中"运动训练""田径"等知识，是由于运动人体科学旨在通过研究运动训练中人体发生的各种变化，从而检验各种运动训练方法的科学性。在运动训练过程中，各种训练方法的使用导致人体反应大、变化规律明显，这便于对人体的各种机能进行检测。田径素有"运动之母"之称，其受众庞大、技术动作相对简便易测，也使其成为运动人体科学研究中引用的较多的知识内容之一。青少年是指处在青春期、尚未成年的年轻人，一般年龄在13~18岁。青少年的身体健康状态已然成为众多研究者的重点研究对象，运动人体科学对青少年在各类体育活动中的机体反应、生长规律进行大量研究，并取得了较多的策略成果，如提高青少年体质健康等。"身体素质"是指人体综合性的活动能力，主要指人在运动、劳动与生活中表现出来的力量、速度、耐力、灵敏性和柔韧性等机体能力。身体素质是体育教育训练中运动表现的决定基础，其与运动人体科学的联系十分密切，其中的"生理机能"与"体态"都是运动人体科学研究中可以直接进行测量的指标。"疲劳"是运动后最容易出现的身体现象，尤其是在体育教育训练中，高强度的身体活动造成机体疲劳的感觉更加明显，运动人体科学中对机体的疲劳可以直接进行检测，从而反映身体活动的强度是否科学。

体育人文社会学作为运用人文科学、社会科学的理论和方法来研究体育与人、体育与社会相互关系、基本规律等体育本质问题的综合性学科，与运动人体科学的联系多在于研究体育与人的关系。"体育运动"作为对人身体素质增强的活动，在体育人文社会学中用于对体育与人关系的研究，同样也是运动人体科学中关于体育运动与人体关系的研究。在 1998—2008 年，运动人体科学主要通过体育运动研究人体的各种机能，由此引文大量出现"体育运动"的知识内容。"政策"作为知识内容大量被引用于运动人体科学论文，主要是由于体育政策的重要性和体育政策变化带来的影响。体育政策对于推动运动人体科学的学科发展和促进社会进步具有至关重要的作用。因此，对体育政策的研究成为研究者关注的焦点。体育政策在不同的历史阶段和国家（地区）有着不同的制定和实施方式。运动人体科学学科研究者希望通过对政策变化的分析，揭示出不同政策对运动的影响，为制定更加科学、合理的体育政策提供参考。运动人体科学引用体育人文社会学中"管理体制""健身"的知识内容可能是由许多因素共同作用的结果，包括健身热潮、药物使用问题、商业化和女性运动员的崛起等。在此阶段，健身运动的流行度急剧上升，许多人开始关注身体健康和运动的益处。这导致了更多的研究和出版物的出现，探讨如何管理身体以达到健康和健身的目的。同时也有一些运动员由于使用兴奋剂而被禁赛或受到谴责，这类事件引起了人们对运动员身体管理的关注，包括如何管理兴奋剂和如何确保运动员的健康等。在 1998—2008 年，体育运动越来越商业化，这使得更多的人开始关注如何管理运动员身体以提高他们的表现力和竞争力，从而提高商业价值。与此同时，女性运动员在许多领域崭露头角，赢得了更多的奖牌和荣誉，这引起了人们对如何管理女性运动员身体的关注，包括如何管理月经周期的运动和身体形态等问题。作为全球化和城市化的快速发展期，城市和社区的发展和治理也成了研究的热点。同时，政府重视公共服务的提供和管理，这些都反映在体育领域的研究中。人们对体育运动的需求不仅包括个人健康和娱乐，也包括社区和城市的公共服务需求，如运动场馆建设、体育赛事组织等。因此，这也是体育领域的研究需要关注的方面。体育人文社会学作为一个交叉学科，与城市规划、社会学等学科存在重叠和交叉，因此，研究中涉及这些领域的知识内容也是必要的。总体来说，以上这些原因共同促使运动人体科学的研究者在其研究中引用体育人文社会学中的"公共服务""城市""城市治理""社区"等知识内容。运动人体科学的研究需要考虑运动本身的各个方面，包括技术、训练、营养、心理、生理等。这些方面往往与教育、竞技管理、运动、治理、健康、教学评价等方面有很多联系。运动人体科学的研究对象往往是运动员，而运动员的训练、表现和健康状况等受到教育、竞技管理、运动、治理、健康、教学评价等方面的影响。因此，了解这些方面的知识对于研究运动员的表现和健康状况具有重要意义。运动人体科学与体育人文社会学有许多共同的研究领域和研究主题，如运动员的身份认同、性别差异、职业化、体育政策等。因此，运动人体科学的研究者需要了解体育人文社会学方面的知识，以便更好地研究这些问题。在跨学科研究中，不同学科之间的知识交流和互相借鉴是非常重要的。因此，运动人体科学的研究者可能会借鉴体育人文社会学方面的知识，以便更好地研究运动人体科学的相关知识。

运动人体科学是一门研究人体运动及其与身体健康的关系的学科。因此，在运动人体科学领域的研究中，体育运动、运动员、训练、心理、大学生、临床代谢、体质、骨骼肌、损伤、游泳、心理健康、自由基、高原训练、运动负荷、红细胞、体育锻炼、有氧、生物力学等知识内容经常被提及。这些内容通常是研究人体运动及其对健康影响的关键要素。例如，运动员是人体运动的重要实践者，通过对运动员的研究可以了解人体在高负荷运动下的生理反应。训练和运动负荷是影响人体适应性的关键因素，而心理健康是影响人体运动表现和适应性的重要因素。代谢、红细胞、自由基等生理指标则可以反映人体在运动过程中的代谢状态和氧化应激水平。此外，有氧运动、游泳、高原训练等特定形式的运动则是研究的重点，因为它们具有不同的生理效应和适应性要求。综上所述，这些知识内容在运动人体科学的研究中频繁出现，是因为它们是研究人体运动及其与身体健康关系的关键要素。

运动人体科学的研究者在他们的研究中引用了大量民族传统体育学的知识内容，其中包括武术、人体科学、中国武术、太极拳、散打、运动训练、保护、运动损伤、拳击、搏击、女子、疲劳、运动动机、技能、摔跤、动作模型等主题。这些主题为什么在这段时间内受到了运动人体科学研究者的广泛关注呢？本研究总结了以下几个原因：第一，民族传统体育学知识的独特性。民族传统体育学是中国文化的瑰宝之一，其知识内容和特点在国际上具有独特性和代表性，运动人体科学的研究者希望通过引用这些知识为运动和健康领域的研究提供新的视角和思路。第二，运动人体科学的研究者对文化传承的关注。中国的武术和传统体育文化有着悠久的历史、传承和发展，运动人体科学的研究者认识到这些文化知识对于我国人民的身心健康和文化传承有着重要的作用。因此，他们希望通过研究和引用这些知识，推动文化传承和健康促进。第三，运动训练与竞技体育的兴起。在这段时间内，随着运动训练和竞技体育的兴起，人们对于运动员的身体素质和运动技能的要求越来越高，而民族传统体育项目中的武术、散打、拳击、搏击等正是这些要求的典型代表。因此，运动人体科学的研究者也希望通过引用这些知识，为运动员的训练和表现提供参考和指导。在此阶段，运动人体科学的研究方法得到了不断的改进和完善，特别是在运动生理学、运动心理学、运动力学等领域得到了发展。这些研究方法的改进和完善为运动人体科学的研究者引用民族传统体育学的知识提供了更为精细和深入的工具。

（四）民族传统体育学论文引文分析（1998—2008年）

1. 民族传统体育学论文引文的学科知识演变趋势

为进一步探究民族传统体育学引用学科知识的动态变化，明确该学科论文引文的学科知识演变趋势，对1998—2008年该学科论文引文的学科知识演变趋势进行统计，如图4-23所示。

民族传统体育学是一门以中国武术为主干，涵盖了中华民族民间体育和传统养生体育的综合性新兴学科，在1997年被确定为体育学4个二级学科之一，其研究对象由最初的武术拓宽为整个中华民族的体育运动项目，具体包括武术、民族民间体育、传统养生体育、少数民族体育四大块内容。

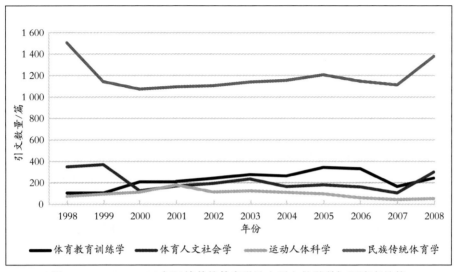

图 4-23　1998—2008 年民族传统体育学论文引文的学科知识演变趋势

　　通过对 1998—2008 年民族传统体育学论文引文的学科知识演变趋势分析发现，民族传统体育学论文自引数量遥遥领先，体育教育训练学、体育人文社会学、运动人体科学 3 个学科之间交相辉映。该阶段民族传统体育学自引数量稳居首位，说明该学科知识建构来源的学科维度具有相对独立性。引文数量虽出现起伏波动，但整体呈现略微下降的趋势，总计约下降了 26%。整体来看，民族传统体育学自身知识吸收能力在 1998—2008 年较强，有自身成熟的知识体系与研究范式，但学科开放性还有待提高。过高的自引数量在一定程度上直接影响了民族传统体育学对其他体育学二级学科知识的吸收。具体来看，民族传统体育学引文数量在 1998 年达到最大值，随后快速下降，在 2000 年降到最低，随后在 2000—2005 年缓慢上升，在 2005—2007 年开始逐年下降，但总体下降趋势不大，民族传统体育学的引文数量仍保持在每年 1 000 篇以上。对于体育教育训练学而言，1998—2008 年的被引数量整体呈波浪形上升的趋势，引文数量增长了 54.7%，并在 2005 年和 2006 年形成两个小高峰。具体来看，体育教育训练学论文的引用数量在 1999 年和 2004 年后均出现了小幅上升，但在 2005 年后开始小幅下降。由此可见，民族传统体育学与体育教育训练学的结合逐渐增多，研究热度不断上升。对体育人文社会学而言，其引文数量在 1998—2007 年呈现波浪式下降的趋势，引文下降率高达 70.0%，仅在 1998 年、1999 年、2003 年的年引文数量较高。具体而言，体育人文社会学引文数量变化大致可分为三个阶段，第一阶段为 1998—2000 年，引文数量开始降低；第二阶段为 2000—2003 年，引文数量开始缓慢上升；第三阶段为 2003—2008 年，引文数量呈下降趋势。由此可见，民族传统体育学与体育人文社会学的知识结合率较低，整体研究热度呈下降趋势。对于运动人体科学而言，其引文数量在 2001 年出现转折点，2001 年之前的引文数量略微上升，2001 年之后引文数量开始持续下降，总体呈现波浪式下降的趋势，下降率为 41.3%，在 2001 年出现了一次小高峰。由此可见，民族传统体育学与运动人体科学的知识结合率以及学科交叉率略低，且整体相关的研究热度呈现下降趋势。

对于民族传统体育学而言，在 2000 年之前，其对体育人文社会学的知识吸收、采纳得较多，与体育教育训练学和运动人体科学知识的交流相对较少。在 2000 年之后，民族传统体育学与体育教育训练学、运动人体科学知识的交流增多，与体育人文社会学知识的交流减少。究其原因，可能是民族传统体育学主要承载着各民族的历史文化和民风民俗，对民族社会生活的传统与沿革起到一定的映射作用。体育人文社会学是运用人文科学、社会科学的理论和方法来研究体育与人、体育与社会之间的相互关系、基本规律等体育本质问题的综合学科，而民族传统体育学中的人文现象和社会价值也包含许多人与社会的知识。因此，民族传统体育学与体育人文社会学就会产生千丝万缕的联系，体育人文社会学在民族传统体育学学科发展起步阶段起到了一定的铺垫作用。就运动人体科学学科而言，它是一门应用多种人体科学理论和方法研究体育运动对人体形态结构、生理功能影响以及体育运动中的保健规律、方法、措施的综合性学科，而民族传统体育学涉及民族传统体育项目中保健养生价值等研究，因此运动人体科学对民族传统体育学学科的发展也起到了铺垫和支持的作用。2000年，国家体育总局发布了《2001—2010 体育改革与发展纲要》，提出要建立和完善运动医学体系，提高运动训练和竞赛水平。由此可见，运动人体科学学科在国家政策的推动下，更多地朝向运动训练、运动竞赛的方向开展研究，这

与民族传统体育学的体育保健、体育与养生的作用相关度较低，从而导致民族
传统体育学论文引用运动人体科学论文的引文数量下降。就体育教育训练学而
言，其研究范畴集中于体育教育与运动训练两大体育基础领域，基本涵盖了除
民族传统体育项目外的所有运动项目。体育教育训练学对民族传统体育学的支
撑主要体现在为民族传统体育学提供训练理论和人才基础，以及在体育教育过
程中对民族传统体育学进行宣传和推广方面。体育人文社会学、体育教育训练
学和运动人体科学为民族传统体育学的学科研究和发展奠定了坚实的基础，提
供了理论支撑和研究方法支持，在一定程度上丰富了民族传统体育学的知识体
系，对民族传统体育学的学科发展起到了支撑作用。

2. 民族传统体育学论文引文的学科知识内部流动

通过对 1998—2008 年民族传统体育学论文引用体育学二级学科的论文进行
统计，并整理相关数据得出表 4-14 所示的结果。运动人体科学内部的知识引文
流动仍然集中在体育教育训练学、体育人文社会学、运动人体科学、民族传统
体育学 4 个二级学科。从表 4-14 可以看出，1998—2008 年，民族传统体育学
论文的自引数量最高，其次是体育教育训练学论文的引文数量，再次是共被引
用了 2 355 篇论文的体育人文社会学，最后是运动人体科学。4 个学科在此阶段
引文总数不同，对于民族传统体育学的作用也不同。他们之间相互影响、相互
交融，共同促进了运动人体科学学科的发展。

表 4-14　1998—2008 年民族传统体育学论文引文的学科知识内部流动

学科名称	引文总数 / 篇	年均数 / 篇	占比 / %
体育教育训练学	2 497	227	13.15
体育人文社会学	2 355	214.1	12.41
运动人体科学	1 064	96.73	5.61
民族传统体育学	13 066	1 187.82	68.83

1998—2008 年，民族传统体育学论文的自引数量最高，共引用了 13 066 篇
本学科的论文，年均数为 1 187.82 篇，占比为 68.83%。这说明该学科在自身的

研究领域内积累了丰富的理论知识和实践经验，形成了独特的研究体系和研究方法，为该学科的发展奠定了坚实的基础。该学科论文自引率高还反映了研究者对民族传统体育学研究的持续关注和热情，这表明该学科研究的主要动力来自内部的需求和自身的发展。这种情况在其他学科中也比较常见，如在人文社会科学和自然科学领域中，内部知识自引也是很普遍的现象。但是民族传统体育学的内部知识自引也反映出该学科的研究范围相对狭窄，尚未充分融入其他学科领域的研究中。因此，该学科需要在继续深化自身研究的同时，积极与其他学科进行交叉融合，拓展研究领域和研究方法，以便更好地推动本学科的发展和应用。

1998—2008 年，民族传统体育学论文引用体育教育训练学论文的引文总数居第二位，为 2 497 篇，年均数为 227 篇，引用体育教育训练学的论文数量占到了民族传统体育学的总引文数量的 13.15%。体育教育训练学是民族传统体育学领域中的一个重要的知识来源和合作领域，这说明体育教育训练学在民族传统体育学的研究中具有重要的地位和作用。一方面，体育教育训练学对民族传统体育学的研究提供了重要的研究方法和理论支持。体育教育训练学是以培养体育人才和提高体育技能为目的的学科，其研究内容涉及体育训练、体育教育、体育心理、运动生理等方面。在民族传统体育研究中，体育教育训练学可以为研究者提供科学的、系统的研究方法和技术手段，使其在民族传统体育学研究中更加深入地了解民族传统体育学的内涵和外延，从而有助于提升对民族传统体育的保护力度和传承水平。另一方面，体育教育训练学在民族传统体育学的教育和普及方面发挥了重要的作用。民族传统体育是中国传统文化的重要组成部分，传承和发扬民族传统体育不仅有利于增强国民体质和文化自信，而且是中国特色体育事业的重要组成部分。在此过程中，体育教育训练学可以为民族传统体育学的传承和普及提供技术支持和理论指导，通过科学、合理的教育和训练手段，提高人们对民族传统体育的认识和理解，增强人们对民族传统体育的热爱和推广。总之，体育教育训练学和民族传统体育学的融合可以促进双方学科的发展和进步。体育教育训练学理论和研究方法的引入可以为民族传统体育学的研究注入新的思路和研究方法，从而提升民族传统体育学的研究水平和研究深度。

1998—2008 年，民族传统体育学论文引用体育人文社会学论文的引文总数居第 3 位，为 2 355 篇，年均数为 214.1 篇，占比为 12.41%。体育人文社会学关注的是体育活动的社会和文化方面，涉及体育的历史、人类学、社会学、哲学、文化研究等多个领域。因此，体育人文社会学的研究内容和研究方法在理解民族传统体育的社会背景和文化背景方面具有独特的优势。首先，体育人文社会学可以通过对民族传统体育的历史背景和文化背景进行深入研究，了解它们在不同阶段和不同地区的演变和发展。其次，民族传统体育作为一种民间文化传承形式，其运动方式、规则、器材等都与当地的文化、历史、地理等因素密切相关。因此，民族传统体育学的研究需要借助体育人文社会学的研究方法和研究理论，以深入理解和探究民族传统体育学的社会和文化特点。例如，体育人文社会学可以通过对社会、文化等因素的研究，探索民族传统体育学的传承和演变规律，深入挖掘民族传统体育所蕴含的文化价值。此外，民族传统体育项目还包含了许多民间游戏和活动，这些活动与人们日常生活密切相关，体现了当地的文化和传统习俗。体育人文社会学可以通过对这些民间游戏和活动的研究，了解当地的文化和传统习俗，深入挖掘民族传统体育的社会价值和文化价值。因此，体育人文社会学对民族传统体育学的研究具有重要的作用，它可以为民族传统体育学提供更加广阔的研究视角和研究方法，丰富民族传统体育学的理论体系，促进民族传统体育的保护和传承。

1998—2008 年，民族传统体育学论文引用运动人体科学论文的引文总数排名在最后，引文总数仅有 1 064 篇，年均数为 96.73 篇，占比为 5.61%。这说明在该阶段运动人体科学与民族传统体育学之间的学科联系不够紧密，交流较为有限。运动人体科学是研究运动生理、运动心理和运动生物力学等方面的学科，与民族传统体育学的研究领域关联度较低。因此，在研究民族传统体育学的过程中，运动人体科学的相关理论和研究方法可能会显得相对不够适用。此外，运动人体科学的研究方法主要是实验研究法，而民族传统体育学的研究方法主要是实地观察和实践探索，研究方法的差异也可能导致二者在学科交流方面不够紧密。随着科技的发展和学科的交叉融合，运动人体科学与民族传统体育学的交流与合作也在逐渐加强，这也为运动人体科学在民族传统体育学领域的应用提供了更多的可能性。

民族传统体育学论文自引数量最高，这表明在民族传统体育学领域，研究者非常重视对自身学科研究成果的引用和应用，这有利于进一步夯实该领域的理论基础和研究方向。此外，体育教育训练学和体育人文社会学两门学科的论文被引数量也很大，这两个学科在民族传统体育学研究中发挥了重要的作用，为其发展提供了理论基础和研究视角。民族传统体育学论文引用运动人体科学论文的引文数量最少，这说明运动人体科学在民族传统体育学研究中的应用和影响较少，需要进一步加强与其他学科的交流和融合，以推动民族传统体育学的研究进程。

3. 民族传统体育学论文引文的学科知识内容建构

为深入研究民族传统体育学的学科知识内容建构，对体育教育训练学、体育人文社会学、运动人体科学和民族传统体育学 4 个二级学科引文的知识内容进行统计整理，并将民族传统体育学论文在 1998—2008 年的引文重新进行聚类分析，得到民族传统体育学论文引文的学科知识内容建构表（表 4-15）。

表 4-15 1998—2008 年民族传统体育学论文引文的学科知识内容构建

学科名称	知识内容
体育教育训练学	学校体育、体育教学、体育课程、竞技体育、运动训练、运动员、篮球、乒乓球、艺术体操、奥运会、优秀运动员、田径、运动技术、排球、青少年、身体素质、后备人才
体育人文社会学	体育管理、体育经济、群众体育、体育思想、体育运动、体育社会学、体育市场、体育赛事、素质教育、社区体育、可持续发展、产业融合、运动员、体育史、少数民族
运动人体科学	身体活动、骨密度、太极拳、运动处方、身体形态、胰岛素抵抗、运动强度、体质健康、中学生、低氧训练、血脂、糖尿病、心肌、运动疲劳、心理训练、锻炼行为、耐力运动、身体成分、身体机能
民族传统体育学	武术、民族传统体育、武术文化、太极拳、武术套路、散打、竞技武术、跆拳道、非物质文化遗产、传统体育、优秀运动员、武术传播、拳击、传承、学校武术、奥运会、全球化、文化变迁、文化自信

体育学下属的 4 个二级学科之间均关系密切，民族传统体育学中民族传统体育项目的发展更是离不开体育教育训练学相关知识内容的支撑。由表 4-15

可知，体育教育训练学的知识内容主要集中在：学校体育、体育教学、体育课程、竞技体育、运动训练、运动员、篮球、乒乓球、艺术体操、奥运会、优秀运动员、田径、运动技术、排球、青少年、身体素质、后备人才等方面。以上体育教育训练学的知识内容大概可以分为以下 3 个层面：一是学校体育层面，包括学校体育、体育教学、体育课程；二是竞技体育层面，包括竞技体育、运动训练、运动员、奥运会、优秀运动员、运动技术、身体素质、后备人才；三是运动项目层面，包括篮球、乒乓球、艺术体操、田径、排球等。体育教育训练学的研究内容以体育教学和运动训练的相关内容为主，为多项体育运动项目的教学、训练提供了科学的指导；民族传统体育学以发展中国传统武术为主，在其发展中与体育教育训练的学校体育、竞技体育运动项目方面的知识内容相辅相成，这充分表明了民族传统体育学发展过程中与其他学科交叉融合的特点，同时也进一步证明了学科间的交叉融合是学科创新发展最常见的途径。

通过表 4-15 可知，体育人文社会学的知识内容包括：体育管理、体育经济、群众体育、体育思想、体育运动、体育社会学、体育市场、体育赛事、素质教育、社区体育、可持续发展、产业融合、运动员、体育史、少数民族等方面，其中分别涉及了管理学、经济学、社会学、历史学等相关学科的知识理论。

民族传统体育学包含了中华民族传统体育和民族民间传统养生体育，作为一门综合性学科，其与体育人文社会学的交叉融合可以促进民族传统体育学的发展。中华民族传统体育作为世界体育文化的重要组成部分，是对我国各民族生活的综合反映。从中华传统武术项目到各项中华民族传统体育项目，从各项民族传统体育项目的形式、特征到与之相关联的赛事组织、竞赛程序、比赛规则、器材组成，以及各民族传统体育项目所传递的各民族的体育文化、历史文化、风俗习惯等，都是民族传统体育学所包含的内容。民族传统体育学与体育人文社会学的交叉融合可以弥补民族传统体育学自身在发展过程中的一些羁绊，加上与管理学、经济学、社会学以及历史学等多学科相关知识理论的相互借鉴、吸收、融合，也会使研究者从多学科的视角来促进民族传统体育学的发展。

运动人体科学通过理论与人体运动实践相结合来研究人体与体育运动间的相互关系及规律，学科自身结合了医学、生物学、心理学等多个学科。通过表

4-15 可知，运动人体科学的相关知识内容包括：身体活动、骨密度、太极拳、运动处方、身体形态、胰岛素抵抗、运动强度、体质健康、中学生、低氧训练、血脂、糖尿病、心肌、运动疲劳、心理训练、锻炼行为、耐力运动、身体成分、身体机能等方面。

　　运动人体科学涉及范围较广，如涉及运动生理学、运动解剖学、运动生物化学、运动生物力学、运动心理学、运动医学、体育保健学等，民族传统体育学与运动人体科学的融合渗透从不同程度发挥了民族传统体育学的更多价值。从民族传统体育学与运动人体科学交叉融合的情况来看，民族传统体育学学科专业在发展过程中，越来越重视人体成分（如骨密度、身体成分、身体机能）对运动表现的影响。同时，民族传统体育学也关注如何将传统的体育训练方法与现代训练（包括运动处方、运动强度调控、低氧训练及心理训练等）相结合。此外，预防运动员损伤和运动康复也是学科研究的重要内容。民族传统体育学在我国特定的传统历史文化背景下产生和发展，从某些方面来看，在这一过程中难免存在一些根深蒂固的思想与观念。在现代社会快速发展的背景下，只有正视民族传统体育学在历史演变和传承中出现的问题，从发展的角度出发来洞察民族传统体育学的特点与短板，运用现代化的科学理论对民族传统体育学的各方面做出科学合理的解释，才能使民族传统体育学更加适应现代社会的发展需要，真正发挥民族传统体育学在现代社会的功能与价值。民族传统体育学多学科交叉融合的特点也要求与运动人体科学学科之间进行更深入的融合，为民族传统体育学的发展提供更好的研究方向。

　　由表 4-15 可知，民族传统体育学论文引文自引学科知识内容包括：武术、民族传统体育、武术文化、太极拳、武术套路、散打、竞技武术、跆拳道、非物质文化遗产、传统体育、优秀运动员、武术传播、拳击、传承、学校武术、奥运会、全球化、文化变迁、文化自信等方面。在新时代实施健康中国战略和体育强国战略的大背景下，民族传统体育学迎来了新的发展阶段，把握历史机遇，从而真正实现民族传统体育学的价值和意义。在跨学科、多方位与其他学科融合发展的大背景下，民族传统体育学改变了以往单一的发展模式，在发展自身传统体育项目（武术、太极拳、武术套路、散打、竞技武术、跆拳道、拳击等）的同时，对文化的传承也广为关注，如武术文化、非物质文化遗产、武术传播、传承、全球化、文化变迁、文化自信等。民族传统体育学与优秀运动员、学校武术、奥运会等知识内容都进行了交叉融合，改变了以实践为主的学科特点，将实践与理论相结合，促进民族传统体育学的创新发展。实践表明，民族传统体育学在发展过程中不断与其他学科的知识内容进行交流、碰撞、结合，这种多学科以及跨学科的交叉融合正是促进民族传统体育学创新发展的重要途径，研究者应加大对民族传统体育学与其他学科交叉融合发展的研究力度，以便推动民族传统体育学的发展。

三、体育学二级学科论文引文分析（2009—2020年）

（一）体育教育训练学论文引文分析（2009—2020年）

1. 体育教育训练学论文引文的学科知识演变趋势

为进一步探究体育教育训练学引用学科知识的动态变化，明确该学科论文引文的学科知识演变趋势，对2009—2020年该学科论文引文的学科知识演变趋势进行统计，如图4-24所示。

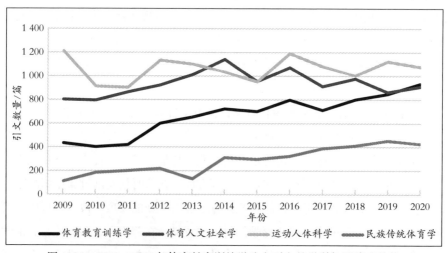

图4-24　2009—2020年体育教育训练学论文引文的学科知识演变趋势

　　由图 4-24 可知，2009—2020 年体育教育训练学论文引文的学科知识演变
趋势包含 4 个学科，分别是：体育教育训练学、体育人文社会学、运动人体科
学和民族传统体育学。通过图 4-24 可以发现，体育教育训练学论文引文在此阶
段总体呈现逐年上升的趋势，具体表现为：2009 年，引文数量最少为 433 篇；
2009—2011 年，变化幅度较为平缓；2011—2014 年，引文数量呈现明显的上升
趋势，由 2011 年的 419 篇上升为 2014 年的 723 篇；2014—2015 年，引文数量
变化不大；2016 年，体育教育训练学论文引文数量达到峰值，为 798 篇。体育
人文社会学相关引文数量在此阶段呈现先下降再上升的趋势，但是其上升趋势
要比下降趋势更加明显。具体表现为：2009—2010 年，呈现缓慢下降趋势，引
文数量由 2009 年的 802 篇下降至 2010 年的 795 篇；但是在 2010—2014 年，体
育人文社会学相关引文数量逐年升高并在 2014 年达到峰值，为 1 141 篇，涨幅
极为明显；此后，2014—2017 年，呈现逐渐下降的趋势。运动人体科学相关引
文数量在 2009—2017 年呈现较为明显的波动趋势，具体表现为：2009 年，引
文数量为 1 212 篇；2009—2011 年，论文引文数量呈现明显的下降趋势，2011
年的引文数量最低，仅有 903 篇；2011—2012 年，引文数量再度呈现上升趋势，
为 1 134 篇；2012—2015 年，引文数量再度缓慢下降至 952 篇；2015—2016 年，
引文数量再度上升至 1 191 篇；2017 年，引文数量再度缓慢下降至 1 081 篇。
民族传统体育学相关引文数量在此阶段总体呈现明显的上升趋势，具体表现为：
2009—2012 年，引文数量呈现平缓上升的趋势，其中，2009 年为此阶段引文数
量最低点，为 112 篇，到 2012 年，引文数量上升至 219 篇；2013—2017 年，
引文数量呈现明显的上升趋势，2013 年的引文数量为 132 篇，2013—2014 年，
快速上升至 311 篇，此后逐年上升，并在 2017 年引文数量达到 388 篇。

　　对于以上数据，仍然需要从宏观和微观两个角度进行分析。从宏观上来
讲，从图 4-24 我们不难看出，2009—2020 年，运动人体科学是和体育教育训
练学知识流动往来最为密切的学科。但是也有例外，2014 年，体育人文社会学
论文被体育教育训练学论文引用的引文总数超过了其引用运动人体科学论文的
引文总数，这并不能掩盖运动人体科学与体育教育训练学之间的紧密关系。另
外，体育教育训练学论文自引数量也呈现明显的上升趋势，这表明体育教育训

练学学科自身的知识流动十分频繁，之前所发表的体育教育训练学的论文不断地为后续研究提供理论支持，形成了学科发展的连续效应，也充分说明了体育教育训练学学科本身的独立性及代表性逐渐增强，在各个学科中逐渐形成自身独特的体系。除了上述 3 个学科之外，此阶段民族传统体育学也逐渐开始活跃起来，相关论文在体育教育训练学研究领域的被引数量逐渐增多。

从微观上来讲，则需要分别讨论体育教育训练学、体育人文社会学、运动人体科学和民族传统体育学在 2009—2017 年的发展趋势，以论文被引数量为顺序，2009 年、2012 年、2016 年是 3 个较为关键的年份，这 3 个年份均出现了运动人体科学论文被体育教育训练学论文引用的小高峰。自 2008 年北京奥运会成功举办之来，2009 年，国务院颁布了《全民健身条例》并在 8 月 8 日迎来首个全民健身日，这在一定程度上加速了体育教育训练学对运动人体科学领域知识的吸收；2012 年伦敦奥运会、2016 年里约热内卢奥运会的举办，使运动人体科学论文被体育教育训练学论文引用的数量增多，因此运动人体科学论文被引数量的波动与奥运会的举办呈现了明显的正相关。由图 4-24 可知，2014 年，体育人文社会学论文的被引数量达到了峰值且超过了运动人体科学论文的被引数量，这是由于在这一年国务院颁布了《关于加快发展体育产业促进体育消费的若干意见》，推动了体育人文社会学研究的进展，从而迁移到了体育教育训练学当中；另外，兴奋剂问题也引发了体育人文社会学研究者的深度思考，因此体育教育训练学吸收了大量有关体育人文社会学在以上两个方面的研究成果。

在此阶段，体育教育训练学论文引用民族传统体育学论文的引文数量逐渐升高，尤其值得关注的是，2013—2014 年，民族传统体育学论文的引文数量出现了明显的增长趋势，并在 2014 年后呈现缓慢增长的趋势。这是由于 2014 年是《武术段位制推广十年规划》的起步之年，同时也是全面推进武术的改革之年。在 2014 年第 17 届亚运会上，12 名武术运动员获得 10 枚金牌、1 枚银牌、1 枚铜牌的好成绩。从根本上讲，教育是推广武术及传统运动项目最佳的途径之一，因此体育教育训练学理所应当地将武术运动的研究纳入其中，这也就很好地解释了为什么从 2014 年开始，民族传统体育学论文的被引数量开始呈现上升的趋势。从学科特点和学科本质上来讲，运动人体科学和体育人文社会学仍然是体育教育训练学的理论基础，运动人体科学和体育人文社会学的研究新成果、新突破仍然会带动体育教育训练学的不断发展和完善，但是相比上一阶段，我们又能看到体育教育训练学在此阶段正逐渐地自成体系，体育教育训练学论文的自引数量越来越多，证明自身学科的研究发展连续性越来越强，出现了自身学科的研究主线，逐渐自成一派。同时民族传统体育学在此阶段也逐渐成为体育教育训练学所划分出来的研究分支，从任务分工上来讲，民族传统体育学重在深入研究民族传统体育运动项目的内涵、价值、意义等，而体育教育训练学则承担着对民族传统体育学在教育训练等实践领域进行研究的重要职责。由此可见，体育教育训练学与其他3个学科之间的知识流动脉络愈发清晰。

2. 体育教育训练学论文引文的学科知识内部流动

体育教育训练学是研究体育教学和运动训练基本理论与方法的学科，是体育学下设4个二级学科之一，担负着体育教育、运动训练2个本科专业和体育教育训练学硕士、博士学位研究生人才培养，以及体育教学、运动训练、竞赛组织3个方向专业学位研究生教育的重任，是我国体育学中涉及学生数量最多、对体育事业发展影响最大的学科之一。体育教育训练学的发展更是离不开其他3个学科相关知识的支撑。基于二级学科的视角，能从中观层面准确地揭示体育教育训练学学科交叉融合、创新发展的特征。

表4-16　2009—2020年体育教育训练学论文引文的学科知识内部流动

学科名称	引文总数 / 篇	年均数 / 篇	占比 / %
体育教育训练学	8 024	668.67	22.64
体育人文社会学	11 223	935.25	31.68
运动人体科学	12 725	1 060.42	35.92
民族传统体育学	3 458	288.17	9.76

如表4-16所示，通过2009—2020年体育教育训练学论文引文知识内部流动发现，体育教育训练学论文引用运动人体科学论文的引文总数位居第一位，体育人文社会学论文引文总数位居第二位，自引数量位居第三位，民族传统体

育学论文引文总数相对最少。但总体与前一阶段相比，体育教育训练学论文对体育学 4 个二级学科论文的引文总数都有所提高，这说明体育学科研究发展的总量在提升。论文引文知识内部联系最密切的运动人体科学引文总数超过了 1 万篇，运动人体科学对体育教育训练学学科的发展有不可替代的支持作用。该阶段，体育教育训练学自引率稳居第三位。体育教育训练学对运动人体科学和体育人文社会学的知识吸收得最多，与民族传统体育学知识交流得相对较少，但与 1998—2008 年相比提高了约 1% 的引文比例。

体育教育训练学自引率达到 22.64%，说明该学科引文知识来源的学科维度具有相对的开放性和稳定性。与 1998—2008 年相比，自引率提升了 3.39%，在独立性方面有了一定的提高。具体表现为：2009—2020 年，体育教育训练学论文自引总数为 8 024 篇，在体育学 4 个二级学科知识流动中位居第三位；与 1998—2008 年自引总数 4 162 篇相比，增加了 3 862 篇；体育教育训练学自引年平均数也有所增加，为 668.67 篇，由多组数据对比看出，体育教育训练学引文相较之前更具有开放性、综合性。结合图 4-24 分析可知，体育教学训练学在 2009—2020 年稳定发展，2013 年的自引数量为 700 篇，达到自引最高峰。体育人文社会学、运动人体科学、民族传统体育学累计占比为 77.36%，这反映了它们与体育教育训练学之外的其他的体育学二级学科的联系程度较为密切。同时，体育教育训练学自身的相对独立性得到了加强，进一步提升了其自身研究的质量和影响力。体育人文社会学、运动人体科学和民族传统体育学 3 个学科论文引文数量占比分别为 31.68%、35.92%、9.76%，虽然与体育人文社会学、运动人体科学知识流动均衡且深入，但与民族传统体育学知识流动占比仅为 9.76%，为进一步提高体育教育训练学学科知识流动的完整性、全面性，应该更加注重与民族传统体育学的知识流动，以期促进学科知识流动的均衡发展。

运动人体科学对体育教育训练学论文引文的知识内部流动的影响占比为 35.92%，依然位居第一位，其中引文总数为 12 725 篇，年均数为 1 060.42 篇。由此可见，运动人体科学对于体育教育训练学的研究发展起到了不可替代的作用。反观其论文引文的知识内部流动占比却有所下降，1998—2008 年的占比为 41.23%，2009—2020 年的占比为 35.92%，这说明其他学科在这一阶段有所发展，对体育教育训练学研究的影响更广泛，体现出体育教育训练学论文引文知识流动的全面性、综合性。由图4-24可知，运动人体科学对体育教育训练学的知识流动显示出了巨大的优势，引用运动人体科学论文除2009年、2013年外，年均引文数都在1 000篇以上。体育教育训练学一直保持着对运动人体科学领域研究的依托，确保其科学性和前沿性得到持续深化。1998—2020年，体育教育训练学论文对运动人体科学论文引用的知识流动呈现不断攀升的趋势，更是在2012年和2016年出现了两个引文高峰，引文数量达到最高，为1 200篇，迎来了全面深入的发展。

体育人文社会学对体育教育训练学论文引文知识内部流动的影响占比为31.68%，位居第二位，其中引文总数为11 223篇，年均引文数为935.25篇。体育教育训练学对体育人文社会学论文引文知识内部流动变得更加密切，且运动人体科学对体育教育训练学论文引文的知识内部流动的影响占比差距也缩小到了3%，两个学科齐头并进，对体育教育训练学的发展起到关键作用。由图4-24可知，体育人文社会学从2008年开始就对体育教育训练学论文引文的知识内部流动影响显著，一直保持到2014年，随后出现小幅下降。在前一阶段其论文引用体育人文社会学论文的引文数量较低，从2009年开始，其论文引用体育人文社会学论文的引文数量迅速增加，突破700篇大关。体育教育训练学越来越依赖体育人文社会学研究的科学性和前沿性。社会学作为体育人文社会学的母学科，为后者提供了深厚的理论基础和研究范式，社会学具有较强的跨学科依附性。体育人文社会学从人文、社会等方面为体育教育训练学提供了研究方法和研究视角。体育人文社会学正是不断借鉴、学习社会学的研究成果，沿用社会科学的各种调查手段和实验方法，研究体育人文社会学领域的现象与问题，促使体育教育训练学研究的规范化发展。

民族传统体育学对体育教育训练学论文引文知识内部流动的影响占比为9.76%，其中引文总数为3 458篇，与1998—2008年的论文引文的知识内部流动总数1 578篇相比，有了显著的增加。体育教育训练学与民族传统体育学在知识内容方面有了更多的交流，民族传统体育学对体育教育训练学的发展起到了辅助作用。由图4-24可知，民族传统体育学对体育教育训练学论文引文的知

识内部流动的影响有了明显的提升，与1998—2008年相比，本阶段有了显著的
突破和创新。

3. 体育教育训练学论文引文的学科知识内容建构

为了深入分析这一阶段体育教育训练学论文引文的学科知识内容建构，采
用内容分析法对体育教育训练学、体育人文社会学、运动人体科学及民族传统
体育学4个二级学科引文的知识点进行手工统计，整合知识点并聚类。依据聚
类频次由高到低进行排列，再计算每个知识点的累计值，并依据帕累托分析法
判断这些知识点对体育教育训练学研究的重要性，从而形成体育教育训练学论
文引文的学科知识内容建构表（表4-17）。

表4-17　2009—2020年体育教育训练学论文引文的学科知识内容建构

学科名称	知识内容
体育教育训练学	学校体育、教育思想、政策、社区、体育赛事、运动员、足球、健美操、训练方法、建模、肌肉力量、动作评估
体育人文社会学	学校体育、体育管理、体育教师、大学生、运动员、体育文化、体育政策、举国体制、体育强国、群众体育、国外体育
运动人体科学	运动员、短跑、力量训练、有氧、损伤、能量、体质、形态、儿童、加速度、竞技体育、风险评估、间歇训练
民族传统体育学	武术、套路、文化传播、课程、发展、中国、教育、影响力、文化遗产、身体、竞技、时代价值、改革、国家政策

由表4-17可知，体育教育训练学论文引文的学科知识内容建构主要集中
在学校体育、教育思想、政策、社区、体育赛事、运动员、足球、健美操、训
练方法、建模、肌肉力量和动作评估等方面。其中，体育赛事等知识内容涉及
经济学相关学科知识，训练方法、建模、肌肉力量和动作评估等涉及生理学和
物理学等相关学科知识，教育思想、政策等需要吸收和引用政治学和历史学知
识。以上知识内容的多样性再次证明了体育教育训练学不是孤立存在的，而是
与其他学科相互交叉渗透的，研究者需从多学科、跨学科的角度审视自身学科
的特征和学科发展的状况。

体育教育训练学与体育人文社会学同属于体育学二级学科。体育人文社会
学的研究对象是人的体育活动所引发的人文及社会现象，体育教育训练学也关

注入的体育行为，二者关系密切。表4-17显示，体育教育训练学所引用体育人文社会学的学科知识内容建构主要集中在学校体育、体育管理、体育教师、大学生、运动员、体育文化、体育政策、举国体制、体育强国、群众体育和国外体育等方面，体育教育训练学其所产生的人文、社会现象需要体育人文社会学的知识解答，这在推动体育教育训练学发展的同时也扩展了体育人文社会学的研究领域。体育教育训练学与体育人文社会学相辅相成、互相借鉴，应从多学科、跨学科的角度审视各自的学科特征和学科发展状况。

如表4-17所示，运动人体科学对体育教育训练学研究的影响同样较大。运动人体科学论文引文的学科知识内容建构包括运动员、短跑、力量训练、有氧、损伤、能量、体质、形态、儿童、加速度、竞技体育、风险评估和间歇训练。以运动人体科学为主题或关键词的研究较少。2014年，王娟和王正珍对国际上的运动人体科学研究热点进行了总结，主要包括：运动与老龄化、骨骼肌的工作及机制、体力活动与健康、儿童研究、骨健康、加速度、间歇训练、运动损伤力学特点和风险评估、体力活动不足等[1]。对比发现，我国运动人体科学引文的学科知识内容更多地凸显竞技体育的特征，而国际上则主要是针对特殊人群及人的身体所做的研究。

由表4-17可知，体育教育训练学论文引用民族传统体育学论文的学科知识内容建构主要集中在武术、套路、文化传播、课程、发展、中国、教育、影响力、文化遗产、身体、竞技、时代价值、改革和国家政策方面。重点内容聚焦如下：①对传统套路和拳种的传承和保护、民族传统体育的非物质文化研究及武术史学、武学思想在不同历史阶段的内在精神表现研究。②挖掘少数民族体育和节庆体育的历史和特点，开展民俗、民间体育研究，开发少数民族体育人文旅游和体育休闲。体育旅游资源的开发在发展少数民族传统体育、带动当地体育旅游、拉动体育消费的同时，也对少数民族聚集区的人文保护起到了积极作用。③武术文化是中华优秀传统文化的典型代表，随着社会的不断发展，武

---

[1] 王娟，王正珍. 美国运动医学会第4大期刊及所关注的运动人体科学研究热点 [J]. 北京体育大学学报，2014，37（8）：54-59.

术文化的演进与武术领域的变迁也渗透到社会生活的各个领域，与体育教育训练学的关系更加密切。④武术传播研究基于多学科、多视角，视野不断拓宽，我们要以高度文化自信守护中华民族文化根脉，扩大对外文化交流，推动文化走向世界，为体育教育训练学与民族传统体育学交叉融合提供新方向。

（二）体育人文社会学论文引文分析（2009—2020 年）

1. 体育人文社会学论文引文的学科知识演变趋势

为进一步探究体育人文社会学论文引用体育学 4 个二级学科论文引文数量的动态变化，明确该学科论文引文的学科知识演变趋势，对 2009—2020 年该学科论文引文的学科知识演变趋势进行统计，如图 4-25 所示。

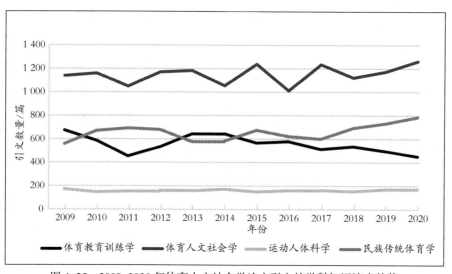

图 4-25　2009-2020 年体育人文社会学论文引文的学科知识演变趋势

首先，体育人文社会学论文引文呈现曲折发展的趋势，这表明体育人文社会学的知识吸收能力在 2009—2020 年有所提高，自身的知识体系与研究范式也已经逐渐趋于成熟，不论是单科引文数量还是总体引文数量都有明显的提升。其中，体育人文社会学引用体育教育训练学的数量在 2013—2014 年并无变化，体育人文社会学论文引用体育教育训练学论文的引文数量在 2011—2013 年大幅上升，达到了此阶段的峰值，但是后续引用体育教育训练学论文的引文数量出现了下降趋势。通过图 4-25 可知，体育人文社会学的引用情况也出现了下降趋势，结合该阶段体育人文社会学的发文数量分析，该阶段体育学科发文数量相比前一阶段略有下降，故导致该阶段体育教育训练学论文被引数量也出现下降趋势，而在这之后经历了比较平稳的"提高、过渡、下降"三个阶段，直至 2018 年恢复到与 2009 年相近的水平。在 2016—2017 年，该学科论文的被引数量又出现下降的趋势，可见体育人文社会学对体育教育训练学学科的容纳程度出现了不契合的现象，但是结合体育教育训练学的学科性质，在日后体育人文社会学论文引文中必然会得到大幅度提升，体育人文社会学对其吸收及容纳的程度亦会提升。

其次，纵观体育人文社会学论文对其自身学科论文的引用情况，引文数量折线虽然呈现上下起伏的趋势，但总体来说，引文数量一直处于较高的水平，在 2009—2020 年的增长幅度甚至超过了体育学其他 3 个二级学科引文数量的总和。纵观此阶段的引文情况，体育人文社会学论文引用自身学科论文的引文数量在 2009—2013 年起伏不定，但最低也不少于 1 000 篇，最高在 2017 年突破了 1 200 篇大关。但在此阶段，体育人文社会学论文自引数量变化过程是非常曲折的，2009—2010 年，引文数量经历了比较平缓的上升期；2011 年，引文数量经历了一段下降期，但下降幅度不大；2012 年，引文数量很快得到了回升；2013 年，引文数量经历了一段平缓的过渡期后，就来到了大幅度的起伏期；引文数量在 2014 年与 2016 年两个年度"落入低谷"，是 10 年来的最低点；在 2015 年与 2017 年，迎来了论文被引数量高潮，达到了此阶段的最高值。出现这种现象的原因可能是不同年度体育人文社会学论文的发文数量不同，从而导致引用数量也出现了高低之分，但总体来看，引文数量还是上涨居多的。

再次，从体育人文社会学论文引用运动人体科学论文的引文数量来看，不仅此阶段没有变化，而且此阶段的数据与前一阶段相比也没有太大的变化，对运动人体科学论文的引用数量一直以来都是在较低的引用数量水平保持不变，此阶段更像是直线发展的，不论发文数量是否增加或减少，对运动人体科学论文的引用数量都是基本保持不变的。由此可见，与其他体育学科相比，运动人体科学与体育人文社会学两者的融合度是最低的。

最后，民族传统体育学在这一阶段的变化跌宕起伏，但其总体还是呈现上升趋势的。在 2009—2010 年经历了 3 年的连续上升期，一度超越了体育教育训练学论文的自引数量；后续又在 2010 年、2011 年、2012 年经历了 3 年的论文被引数量高峰阶段，被引数量一度突破 700 篇。这表明自 2009 年开始，民族传统体育学的多种理论与运动项目大量被探索与开拓，因此其发文数量大大增加，而在此时，体育人文社会学涉及的领域得到拓展，于是民族传统体育学与体育人文社会学契合度大大提升；从 2009 年开始，体育人文社会学论文引用民族传统体育学论文的引文数量便一直处于较高水平，二者之间的关系也更加密切，虽然在此后经历了几个年度的下降期，但是从整体来看，下降只是短暂的，上升才是主体趋势。

总体来看，除了运动人体科学论文之外，此阶段体育人文社会学论文引用体育学其他二级学科论文的引文数量都有了极大的提高，这说明体育人文社会学对其他学科的吸收能力已然增强，各学科的交流程度与契合度也得到了提升，但是由于运动人体科学偏重实验性与操作性，因而其与人文、社科等方面没有极大的契合度，体育人文社会学论文对其他二级学科论文的引用数量偏低，可能未来也会一直保持较低水平，不会有太大的改变。

2. 体育人文社会学论文引文的学科知识内部流动

通过对 2009—2020 年体育人文社会学论文引用体育学二级学科论文的引文数量进行统计，得出表 4-18 相关数据。体育人文社会学论文引文的知识内部流动仍然集中在体育教育训练学、体育人文社会学、运动人体科学、民族传统体育学 4 个学科。在此阶段，体育人文社会学内部知识自引数量最高，排在第一位；体育人文社会学论文引用运动人体科学论文的引文数量最低，排在最后一位；体育教育训练学和民族传统体育学居中，起重要的支撑作用。4 个二级学科在此阶段引文总数不同，对于体育人文社会学的作用也不同，他们之间相互影响、相互交融，促进了体育人文社会学的发展。

表4-18　2009—2020年体育人文社会学论文引文的学科知识内部流动

学科名称	引文总数 / 篇	年均数 / 篇	占比 / %
体育教育训练学	6 680	607.28	22.06
体育人文社会学	13 797	1 254.28	45.56
运动人体科学	1 930	175.45	6.37
民族传统体育学	7 873	715.72	26

　　通过表4-18可知，除体育人文社会学论文引文知识内部流动之外，2009—2020年，体育人文社会学的学科知识流动重点集中在体育教育训练学和民族传统体育学，但是民族传统体育学相较于1998—2008年的论文引文总数已经有了很大的提升，且所占的比重也有所加大。体育人文社会学论文引用民族传统体育学论文的引文总数最多，为7 873篇，年均数为715.72篇，占比为26%；体育人文社会学论文引用运动人体科学论文的引文总数最少，为1 930篇，年均数为175.45篇，占比为6.37%；体育人文社会学论文引用体育教育训练学论文的引文总数稳居第二位，为6 680篇，年均数为607.28篇，占比为22.06%。

　　体育人文社会学的自引总数最高，为13 797篇，年均数为1 254.28篇，自引率为45.56%。虽然体育人文社会学内部知识流动处于首位，但是相较于1998—2007年的占比情况，出现了小幅度的下降，1998—2007年，体育人文社会学论文的自引数量占比为57.60%，而2009—2020年的自引率仅为45.56%。这说明虽然体育人文社会学内部知识流动仍然是以自身为主，但是其对于学科内部知识流动的依赖性已经呈现下降趋势，对于其他学科的知识流动比重增加，学科交叉融合的趋势加快，体育人文社会学的理论也趋于成熟，开始向其他学科交融延伸。

　　2009—2020年，体育人文社会学论文引用民族传统体育学论文的引文总数为7 873篇，相较于1998—2008年的2 882篇出现了较大幅度的上升；同时，民族传统体育学论文的引文总数占比也由1998—2008年的15.18%上升至2009—2020年的26%。这说明民族传统体育学成为体育人文社会学内部知识流动的主要学科，体育人文社会学在此阶段的内部知识流动重心在向民族传统体育学靠拢，在体育学 4 个二级学科中，民族传统体育学与体育人文社会学的交叉融合也逐渐加大。但是体育人文社会学对于其学科的依赖性也在不断上升，与体育教育训练学和运动人体科学学科的交叉增多，体育人文社会学论文引文的知识结构已经发生改变。

运动人体科学论文在 2009—2020 年的引文总数为 1 930 篇，相较于 1998—2008 年的 1 194 篇整体变化不大，仍然是体育人文社会学内部知识流动的主要学科之一。运动人体科学在体育人文社会学内部知识流动的占比仍然占有一定的地位。

在此阶段，民族传统体育学与体育人文社会学的内部知识流动密切，且占比加大。随着民族传统体育进入人们的视野，一些传统的民间体育活动得到了人们的喜爱，民族传统体育文化也得到普及。一些研究者足迹遍及全国，长期进行少数民族传统体育研究，为实证研究打下了扎实的基础。早在 1990 年，我国的研究者就吸收了体育人文社会学的研究方法，进行民族体育方面的研究。民族民间传统体育活动的开展可以为体育人文社会学提供更多的研究方向，扩大其研究范围，为体育人文社会学的研究理论提供范例；体育人文社会学的学科发展也能为民族传统体育项目的开展提供一些专业的理论指导和实践证明，促进民族民间特色体育活动的发展，振兴中华传统体育运动，有利于推动民族特色体育运动走向世界，打造属于我国的体育特色。

表 4-18 显示了 2009—2020 年体育人文社会学论文引文的知识内部流动的情况。从整体来看，该阶段体育人文社会学论文引用体育学其他二级学科论文的引文数量出现大幅度增加，年均数相较于前一阶段出现上涨，且学科内部的论文自引情况已经呈现减少的趋势，与体育教育训练学、运动人体科学和民族传统体育学的知识流动增多。体育人文社会学研究领域扩大化的趋势明显，由于人的体育活动及其产生的人文、社会现象具有广泛性，使得体育人文社会学的研究领域迅速扩大。体育人文社会学研究领域的强势性扩张在现阶段已经得到了充分的展现，彰显了其蓬勃发展的趋势和不可估量的学术潜力。同时，随着时代的发展、科技的进步，一些新兴的体育器材和体育设备等的出现，为体育人文社会学的发展提供了物质基础。有了先进设备的支持，体育人文社会学的研究水平得到提

高，体育人文社会学内部的知识流动数量也急剧增加。但是其他体育学科并不是停滞不前的，也随着时代的发展而进步，一些之前没有涉及的研究领域开始有研究者涉足，因此，体育人文社会学论文引文的自引率并不总是处于领先地位。

2009—2020 年，随着我国的经济的快速发展，体育学科在此背景下也发展迅速。进入新时代，我国体育事业迎来了蓬勃发展的机遇，但也面临新的任务和使命。在建设和谐体育的进程中，体育事业更加需要哲学、伦理学、美学等相关学科提供理论支撑和实践指导。为此，体育哲学、体育伦理学和体育美学等新兴学科应运而生，它们为体育人文社会学输入了丰富的知识资源。因此，体育学的研究重心不仅包括传统的强身健体，还扩展到了更为广阔的领域。在这一过程中，民族民间传统体育活动逐渐受到人们的青睐，民族传统体育学与体育人文社会学的交融也顺势实现，共同推动了体育学科的全面发展。

3. 体育人文社会学论文引文的学科知识内容建构

为深入分析 2009—2020 年体育人文社会学论文引文的学科知识内容构建，本研究采用内容分析法检索体育人文社会学论文引文来源，对体育学二级学科中体育教育训练学、体育人文社会学、运动人体科学、民族传统体育学中的知识内容进行整合，形成了 2009—2020 年体育人文社会学论文引文的学科知识构建如表 4-19 所示。

表 4-19　2009—2020 年体育人文社会学论文引文的学科知识内容建构

学科名称	知识内容
体育教育训练学	学校体育、校园足球、高校、体育锻炼、体操、青少年、比赛、身体素质、大学生
体育人文社会学	体育产业、体育强国、体育史、体育文化、体育赛事、政策、全民健身、奥运会、政府、群众体育、体育管理、改革
运动人体科学	儿童、身体活动、认知、运动技能、自我控制、锻炼、体医融合、心理训练、运动兴趣
民族传统体育学	文化自信、物质遗产、传承、传播、武术传播、体育文化、少数民族、传统体育

由表 4-19 可知，在体育人文社会学论文引文的学科知识内容建构中，引文中学科知识内容的关键词累计有 12 个，对这些关键词进行整合后发现，体育人

文社会学自引的知识内容主要包括体育产业、体育强国、体育史、体育文化、体育赛事、政策、全民健身、奥运会、政府、群众体育、体育管理、改革等方面。

体育人文社会学研究体育在社会、文化、经济、政治等多个方面的作用和影响，研究体育活动的本质及其在社会中的意义，包括其对个体和社会的身体、健康、文化、身份、认同、多样性等方面的影响。

体育人文社会学与体育产业之间有着紧密的联系。体育人文社会学的研究可以对体育产业进行分析和解释，包括了解体育产业的历史、文化、管理结构、市场分析和消费行为。同时，体育人文社会学对体育产业的研究也可以深入了解消费者、赞助商对于体育品牌和相关产品的需求和态度，这些知识可以为体育产业的管理和营销提供重要参考。体育人文社会学还可以帮助我们理解体育活动在经济、政治和社会等方面的作用，帮助我们了解体育产业在促进经济增长、增强社会凝聚力、塑造文化形象和实现政治目标方面的贡献，进而帮助我们更好地制定营销策略、解决体育产业面临的问题。

体育人文社会学与体育强国之间关系密切。体育人文社会学可以帮助我们研究和了解体育在国家发展中的作用。在许多国家，体育被作为一种发展战略来推广。体育不仅可以帮助塑造国家形象，形成国家文化特色，还可以作为扩大国际影响力和提升国家形象的一个重要手段。体育人文社会学可以帮助我们了解体育在过去、现在和未来的发展方向和发展趋势，探讨如何在体育中实现国家发展战略。体育人文社会学也可以帮助我们了解不同国家的体育发展现状和发展趋势。通过各国的消费行为，分析文化、社会、政治和经济因素对体育发展的影响，可以帮助我们了解不同国家在体育方面的优势和劣势。针对这些因素，根据不同国家的体育背景、历史和文化来制定适合的体育发展战略和政策。体育人文社会学还可以帮助我们了解体育文化特色，发现和培养优秀的体育人才和教练员，并为充分发挥他们的潜力提供更多的条件和保障。

在体育人文社会学的研究中，体育史是一个重要的研究对象。体育人文社会学是对体育活动在社会和文化领域的研究，而体育史则是对体育活动在历史时间轴上的研究。体育史作为一门历史学科，可以为体育人文社会学提供体育发展的历史背景和中华优秀传统体育文化。在体育史的时间轴上，体育活动与文化、社会、政治、经济等因素有着紧密的联系。因此，深入研究体育史不仅为我们打开了一扇了解体育文化深厚底蕴的窗，而且能揭示其在社会地位变迁中展现出的多样性和复杂性。在研究体育活动对社会和文化领域的影响时，我们需要考虑体育活动在不同历史阶段的演变轨迹，以及这些演变背后所承载的深层社会和文化意义。在这方面，体育史提供了大量的历史证据和信息，可以深入揭示不同历史阶段不同的社会制度、文化观念以及体育活动的发展变化。对于体育人文社会学研究者来说，体育史是一门重要的参考学科，它可以为研究者提供具有历史深度和文化多样性的视角，帮助我们更好地认识和理解体育在人类社会中的重要性和复杂性。

体育人文社会学研究了体育赛事的多个方面，包括身份认同、文化传播和体育产业等。对于体育赛事的研究，其重要性不仅在于揭示体育的社会和文化价值，还在于促进体育产业的改善和发展。体育人文社会学研究了人类通过体育赛事这种特殊制度来进行身体、性别、种族、社会阶层等多种身份认同的构建和表达。在体育活动中，运动员、裁判员、教练员和观众都会通过自己的行为和表现来表达和构建自己的身份认同，人们可以通过观看体育赛事了解和感受这种身份认同。国际体育赛事不仅是一项激烈的竞技活动，也是一种文化交流和传播的手段。体育赛事不仅能够增进国际友谊和沟通，还能够传递国家文化和价值观。图像、语言、符号和其他元素都被运用于体育赛事的组织和宣传中，以便在全球范围内推广特定的文化形象和品牌。体育赛事作为体育市场活动和媒体传播的重要内容，其商业化和市场化程度不断提高，相关行业也在不断发展和壮大，如体育媒体、体育用品、赞助商等。

体育人文社会学与政策有着密切的关系，因为通过对体育活动的研究和了解，可以为政策制定者提供有效的决策支持和指导，促进政策的实施。体育人文社会学帮助政策制定者了解体育的社会价值和文化价值。政策制定者需要了解体育活动对个人、社会和文化的影响，以制定有针对性的政策和规划。例如，政府可以通过体育活动来推动社区发展、促进社会和谐以及提升国际形象，这都需要对体育人文社会学进行深入的研究和分析。体育人文社会学可以指导政策制定者关注体育参与和体育公平。体育人文社会学研究了体育活动中身体、身份和社会群体的认同等方面，从而帮助政策制定者关注体育参与的平等和公平。例如，政府可以通过加强体育教育、增加公共体育设施等措施，促进人民群众参与体育活动的公平性和普及性，以及促进多元文化对体育参与的包容性。同时，体育人文社会学可指导政策制定者关注体育产业的发展。现代体育产业已经成为一个重要的产业，政府应该通过财政投入、税收支持等方式，促进体育产业的健康发展，推动体育产业的结构调整和产业集群的形成。体育人文社会学还研究体育市场、体育消费、体育赛事等方面的内容，为政策制定者提供更具有针对性的政策建议，促进体育产业的长期稳定发展。

全民健身是一项倡导所有国民积极参与体育运动的活动，旨在提升全体国民的体质，进一步推动全民健康事业的发展。全民健身可以提高人们的生活质量和健康水平，降低医疗保健成本，增强国民体质，维护社会稳定等。同时，全民健身也有一定的文化意义，可以促进不同民族和地区之间的交流和融合，传承和弘扬民族文化，增强国家文化软实力。而体育人文社会学研究全民健身对社会和文化方面的影响。体育人文社会学的研究可以帮助政策制定者更好地思考如何发展全民健身事业，如何丰富和提高全民健身的文化内涵和社会价值。

体育人文社会学与奥运会有着密切的关系。体育人文社会学研究奥运会对社会、文化、经济等方面的影响，例如，奥运会可以促进不同国家和民族之间的相互理解和交流，推动体育产业的发展和提高人们的体育素养和文化素质，增强国家的软实力和国际影响力。同时奥运会也面临着一系列的社会、文化和经济问题，如参与国家的体育政策制定和体育事业发展等问题。体育人文社会学可以帮助我们更好地理解奥运会的复杂性和多样性，提出更有效的政策建议和指导，维护奥运会的正常运行和健康发展。

政府需要关注体育在社会和文化领域的重要性和作用，制定相应的政策和措施，促进体育的健康发展。体育人文社会学可以为政府制定体育政策提供理论依据和参考，同时也可以为政策实施提供评估和反馈。体育人文社会学可以指导政府关注体育参与、体育公平和体育产业的发展等方面，提供有效的决策支持和指导。此外，政府也需要关注个人、群体和社会对体育的需求，为不同的人群提供适合的体育服务和体育场所，促进全民健康和社会和谐。因此，体育人文社会学与政府的紧密联系，对于促进体育的改革和发展，提升国家的软实力和国际影响力都具有重要意义。

体育人文社会学与群众体育是密切相关的。群众体育是体育活动的重要组成部分，也是体育产业的重要组成部分。它不仅可以促进个人的身体健康，还可以增强社会团结、提高社会经济水平、提高国家软实力。体育人文社会学的研究重点是体育活动在社会和文化领域的影响，包括体育对个人和社会的影响，体育与文化、政治、教育等领域的关系等。因此，体育人文社会学对于群众体育的发展和推广具有重要意义。其研究成果可以指导政府部门制定适合不同人群的体育政策，指导体育组织针对不同人群开展不同的体育项目。同时，体育人文社会学也可以普及科学的健身知识，促进体育文化的传播，增加群众参与体育活动的兴趣，从而推动群众体育的持续发展。

体育人文社会学和体育管理都是体育领域内的重要学科，两者之间有着密切的联系和互动。具体来说，体育人文社会学提供了对体育现象的深入分析和理解，揭示了体育活动的社会、文化和历史背景，为体育管理提供了重要的理论基础和管理思路。同时，体育管理将体育人文社会学的研究成果应用到具体的管理实践中，制定和执行相应的体育政策和计划，促进体育运动的发展和普及。总体来说，体育人文社会学与体育管理的关系是相辅相成、互为补充的，它们的合理结合可以为体育事业的健康发展提供坚实的基础和保障。

体育人文社会学与改革有着密切的关系，特别是体育制度改革。随着社会的不断发展和变化，现有的体育制度和模式需要进行改革和调整。体育人文社会学的研究大多关注体育运动的社会、文化和历史等方面，通过分析体育现象的本质特征，可以为体育改革提供理论支撑和实践指导。例如，在国家体育改革的历程中，体育人文社会学倡导以人为本的发展思路，提出"整体、与时俱进、永续发展"的改革理念，为制度改革提供了重要的借鉴和启示。

此外，体育人文社会学的研究还可以揭示社会和文化对于体育活动的影响，帮助我们明确改革的方向和目标。

（三）运动人体科学论文引文分析（2009—2020 年）

1. 运动人体科学论文引文的学科知识演变趋势

为进一步探究运动人体科学引用学科知识的动态变化，明确该学科论文引文演变趋势，对 2009—2020 年该学科论文引文的学科演变趋势进行统计，如图 4-26 所示。

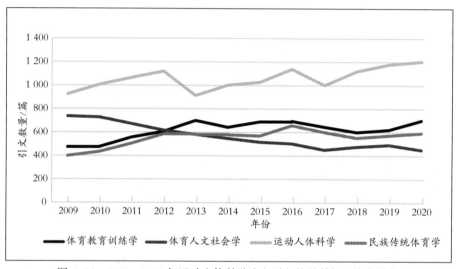

图 4-26　2009—2020 年运动人体科学论文引文的学科知识演变趋势

运动人体科学论文引文的自引数量在 4 个学科中仍居首位，但在整体上呈现上下波动的趋势。其中，2009 年和 2013 年，运动人体科学自引数量均低于 1 000 篇，为两个最低点且二者数据相差不大；另外，分别在 2012 年和 2016 年出现峰值，且两个峰值差异不明显；2009—2012 年，自引数量呈大幅上升趋势。以上数据表明，运动人体科学的学科知识吸收能力在 2009—2020 年较为稳定，有自身成熟的知识体系与研究范式，虽然其中存在波折，但运动人体科学自身的研究范式还是较为成熟的。运动人体科学的研究领域广泛，具有多学科集成、协作和实践性强等特点，是一门运用人体解剖学、生理学、营养学和体育保健学等多种人体科学学科理论和方法研究体育运动对人体形态结构、生理功能的影响，以及体育运动中的保健规律和措施的综合性科学知识体系。运动人体科学学科经过数年的发展具有学科稳定性和全面性等特点，因此，运动人体科学的自引率高。中国体育科学学会和中国疾病预防控制中心于 2012 年加入"运动是良医（Exercise Is Medicine）"项目，这表明我国对于体医融合的重视，使得相关研究数量增多，同时借鉴国外相关经验，使得我国运动人体科学的研究范围更加广泛，故其自引数量达到一个峰值。此外，2016 年 10 月 25 日，中共中央、国务院印发了《"健康中国 2030"规划纲要》，明确提出要通过"广泛开展全民健身运动""加强体医融合和非医疗健康干预""促进重点人群体育活动"等方式提高全民身体素质。体医融合代表健康促进新趋势的理念，将成为推进健康中国建设、全面提升中华民族健康素质、实现人民健康与经济社会协调发展的国家战略的重要措施和依托。因此，运动人体科学学科对此作出积极响应，加大、加深研究力度，相关研究成果增多。国内被中国知网数据库收录的与运动人体科学相关研究的论文数量有以下特征：2010 年，论文数量达到 369 篇，出现了第一个波峰；在随后的 3 年，论文数量在不断下降；2011 年，论文数量为 354 篇，较 2010 年下降了 4.1%；2012 年，论文数量为 326 篇，较 2011 年下降了 7.9%；到 2013 年，论文数量首次低于 300 篇，比 2012 年下降了 11.0%，为 3 年来降幅最大。故 2013 年的自引数量也随论文数量的减少而减少。

　　体育人文社会学论文被运动人体科学论文引用的被引数量的变化趋势整体呈现持续下降的状态，自 2009 年起，从位居第二位的被引数量跌至 2013 年少于民族传统体育学和体育教育训练学的被引数量。这表明体育人文社会学对于运动人体科学的影响在经过一段时间的热潮之后又逐渐减小。2008 年北京奥运会的成功申办以及"十一五"时期我国经济的稳步增长，给体育产业发展带来了契机。2007 年，我国体育及相关产业的增加值较 2006 年增长了 22.83%；2008 年，我国体育及相关产业的增加值较 2007 年增长了 14%[1]。正是国民经济的变化以及奥运会带动体育产业发展掀起的热潮，使得 2009 年体育人文社会学的被引次数仅次于运动人体科学，经济热潮退去之后，关于体育人文社会学的

---

[1]　曹一啸，王庆军，牟向前，等.改革开放以来中国体育人文社会学研究的演进与趋势展望 [J]. 体育学研究，2021，35（4）：66–75.

研究也相对减少，故被引次数也开始缓慢下降。体育人文社会学是应用人文社会学的研究方法对体育中的社会现象进行研究，其目的是要揭示和阐释作为社会文化生活方式的体育运动与人、社会之间的互动，旨在从理论上提出有关体育决策的建议，并在建立和完善我国体育方针、政策、法规和制度等方面发挥重要的作用，是我国体育事业改革的理论基础和重要支持。

体育教育训练学论文的被引数量整体呈现平稳上升趋势，于 2013 年达到峰值，并在 2013 年之后成为除运动人体科学自引数量外被引数量最高的学科。体育教育训练学论文在运动人体科学论文中被引数量越来越高，说明两个学科之间的联系和交叉越来越紧密。我国有学者指出：运动人体科学与体育教育训练学的跨界融合发展，既是运动训练学发展方向不定、学科价值和意义受限的破解之道，也是体育教育中青少年儿童体质健康之困的破解之道[1]。因此，未来体育教育训练学必将会与运动人体科学进行更加广泛和深入的交叉融合与创新发展。在这些学者的呼吁下，运动人体科学与体育教育训练学两个学科的发展都注重相互交叉和融合，以求创新，共谋发展，这也促使体育教育训练学被引数量逐年增高。我国运动人体科学主要研究和服务的对象是竞技体育，在相关政策的引导下，我国竞技体育综合实力得到提升，同时要统筹国际、国内体育科技资源，构建跨学科、跨地域、跨行业、跨部门的体育科技协同创新平台，加强科研攻关、科技服务和医疗保障工作。影响竞技体育最深远的要素之一是运动训练，因此运动人体科学与体育教育训练学有同一个服务对象，自然会有交相呼应和相互借鉴的方面。

民族传统体育学论文在运动人体科学论文中的被引数量整体呈现上升的趋势，于 2016 年达到峰值；2012 年是一个重要的节点，民族传统体育学论文的被引数量超过体育人文社会学论文的被引数量，位居第三位。这表明民族传统体育学逐渐兴起且学科交叉性愈发突出，知识体系及研究体系在不断完善。民族传统体育学是一门以中国武术为主干、涵盖中华民族民间体育和传统养生体

育的综合性新兴学科，是我国传统文化的重要载体，是人类体育文化的重要组成部分。民族传统体育学总体表现出对本源学科知识的高度集中，与社会学知识的交织也随着时代的变迁与社会的发展愈发深入，但与体育学下属其他二级学科的融合较为欠缺，相较于其他快速发展的学科，民族传统体育学还应开阔思维、拓宽视野，增加与其他学科互动融合的深度。2021年，国务院印发了《全民健身计划（2021—2025年）》，指出"推动武术、龙舟、围棋、健身气功等中华传统体育项目'走出去'，鼓励支持各地与国外友好城市进行全民健身交流"。民族传统体育项目成为助力全民健身的优势项目。运动人体科学中体医融合研究的目的与民族传统体育学的功能相重合，因此，二者具有很强的相互影响力，故民族传统体育学被引数量逐年上升。

2. 运动人体科学论文引文的学科知识内部流动

通过对2009—2020年运动人体科学论文引用体育学二级学科的论文进行统计，并整理相关数据得出表4-20，通过该表可知：运动人体科学内部的知识引文流动仍然集中在体育教育训练学、体育人文社会学、运动人体科学、民族传统体育学4个学科。在此阶段，运动人体科学论文自引数量最高，排在第一位；民族传统体育学论文引用数量最低，排在最后一位；体育教育训练学和体育人文社会学居中，起重要的支撑作用。4个学科在此阶段引文总数不同，对于运动人体科学所起的作用也不同。他们之间相互影响、相互交融，促进了运动人体科学的发展。

表4-20　2009—2020年运动人体科学论文引文的学科知识内部流动

学科名称	引文总数／篇	年均数／篇	占比／%
体育教育训练学	7 410	741	22.10
体育人文社会学	6 774	677.4	20.21
运动人体科学	12 707	1 270.7	37.91
民族传统体育学	6 631	663.1	19.78

通过表4-20可知，除运动人体科学内部的知识流动外，2009—2020年，运动人体科学的学科知识交流重点仍然集中在体育教育训练学和体育人文社会

学，但是民族传统体育学论文的引文总数相较于 1998—2008 年的引文总数已经有了很大的提升，且所占的比重也加大了。运动人体科学论文引用体育教育训练学论文的引文总数最多，为 7 410 篇，年均数为 741 篇，占比为 22.10%；运动人体科学论文引用民族传统体育学论文的引文总数最少，为 6 631 篇，年均数为 663.1 篇，占比为 19.78%；运动人体科学论文引用体育人文社会学论文的引文总数稳居第二位，为 6 774 篇，年均数为 677.4 篇，占比为 20.21%。

运动人体科学自引总数最高，为 12 707 篇，年均数为 1 270.7 篇，自引率为 37.91%。虽然运动人体科学内部的知识流动仍处于首位，但是相较于 1998—2008 年的占比情况，出现了小幅下降。1998—2008 年，运动人体科学学科论文自引数量占比为 41.32%，但 2009—2020 年的自引率仅为 37.91%。这说明虽然运动人体科学内部的知识流动仍然是以其自身为主，但是其对于学科自身知识流动的依赖性已经出现了下降，对于其他学科的知识流动比重增加，学科交叉融合的速度加快，运动人体科学的理论也趋于成熟，开始向其他学科交融延伸。

2009—2020 年，运动人体科学论文引用体育人文社会学论文的引文总数为 6 774 篇，相较于 1998—2008 年的 7 659 篇出现了较大幅度的下降；同时，运动人体科学论文引用体育人文社会学论文的引文总数占比也由 1998—2008 年的 31.85% 下降至 2009—2020 年的 20.21%。这说明体育人文社会学虽然仍是运动人体科学知识流动的主要学科，但是运动人体科学对于其学科交叉的依赖性减弱，与民族传统体育学和体育教育训练学的学科交叉增多，运动人体科学内部知识引文结构已经发生了改变。社会学作为体育人文社会学的母学科，存在大量人文主义的色彩，而这些色彩被体育人文社会学积极吸收、利用，这充分表明体育人文社会学高度交叉融合的特点，这也有利于体育人文社会学与运动人体科学的学科融合发展。

2009—2020 年，运动人体科学论文引用民族传统体育学论文的引文总数为 6 631 篇，相较于 1998—2009 年的 1 887 篇出现了大幅增长，引文占比也由原来的 7.85% 增至 19.78%。这说明运动人体科学在此阶段的知识流动重心正在向民族传统体育学靠拢，民族传统体育学与运动人体科学的交融也逐渐加大。

2009—2020 年，运动人体科学论文引用体育教育训练学论文的引文总数为 7 410 篇，相较于 1998—2008 年的 4 563 篇，整体数量有所提升，仍然是运动人体科学内部知识流动的主要学科之一，在运动人体科学内部知识流动的占比仍然具有重要地位。

在此阶段，民族传统体育学与运动人体科学的内部知识流动占比加大。民族民间传统体育活动的开展可以为运动人体科学研究提供更多的研究方向，扩大运动人体科学的研究范围，为运动人体科学的研究理论提供了范例；运动人体科学的学科发展也能为民族传统体育项目的开展提供理论指导和实践证明，促进民族民间传统体育活动的发展，有利于推动民族传统体育运动走向世界，打造具有我国民族特色的传统体育项目。

表 4-20 展示了 2009—2020 年运动人体科学论文引文的学科知识内部流动的情况。从整体来看，2009—2020 年的引文总数出现大幅度增加，年均数相较于前一阶段出现上涨，且运动人体科学论文自引数量已经出现减少的情况，与体育教育训练学、体育人文社会学及民族传统体育学的联系加大，逐渐与其他体育学科出现交融。同时，随着时代的发展、科技的进步，一些新兴的体育设备的出现，为运动人体科学的发展提供了物质基础，有了先进设备的支持，运动人体科学的研究水平得到提高，运动人体科学内部的知识流动数量急剧增加。其他体育学科随着时代的发展而不断进步，如一些尚未被研究的领域开始有人涉足。因此，运动人体科学自身的内部引文占比并不总是处于领先的地位。

3. 运动人体科学论文引文的学科知识内容建构

为了深入分析 2009—2020 年运动人体科学论文引文学科知识建构，本研究采用内容分析法检索运动人体科学论文引文来源，对体育学二级学科中体育教育训练学、体育人文社会学、运动人体科学、民族传统体育学中的知识内容进行整合，形成了 2009—2020 年运动人体科学论文引文的学科知识内容建构表，如表 4-21 所示。

由表 4-21 可知，在运动人体科学论文引文的学科知识内容建构中，体育教育训练学中的主要知识内容为：竞技体育、运动项目、职业体育、运动损伤、动作评估、运动技术、运动疲劳、体力活动、运动强度、运动状态、耐力。体育人文社会学中的主要知识内容为：竞技、体育产业、运动、健身、健康促进、运动处方、全民、学校、运动员、大学、体育赛事、统计、模型。运动人体科学中的主要知识内容为：体育运动、运动训练、小鼠、康复、儿童、有氧、线粒体、心理学、肥胖、慢性病、久坐、骨骼肌、身体发育、运动干预、体质、损伤、细胞、患者、情绪、肌肉力量、基因、心肌、指标。民族传统体育学中的主要知识内容为：身体形态、散打运动员、太极推手、学校武术教育、运动生物力学、保护、竞技化、难度动作、技术分析、技术运用、伦敦奥运会、少数民族体育、身体素质、膝关节、全民健身、动作测试。

表4-21　2009—2020年运动人体科学论文引文的学科知识内容建构

学科名称	知识内容
体育教育训练学	竞技体育、运动项目、职业体育、运动损伤、动作评估、运动技术、运动疲劳、体力活动、运动强度、运动状态、耐力
体育人文社会学	竞技、体育产业、运动、健身、健康促进、运动处方、全民、学校、运动员、大学、体育赛事、统计、模型
运动人体科学	体育运动、运动训练、小鼠、康复、儿童、有氧、线粒体、心理学、肥胖、慢性病、久坐、骨骼肌、身体发育、运动干预、体质、损伤、细胞、患者、情绪、肌肉力量、基因、心肌、指标
民族传统体育学	身体形态、散打运动员、太极推手、学校武术教育、运动生物力学、保护、竞技化、难度动作、技术分析、技术运用、伦敦奥运会、少数民族体育、身体素质、膝关节、全民健身、动作测试

2009—2020年，体育教育训练学学科的知识内容在运动人体科学论文引文中出现较多的原因主要有以下几个方面：第一，越来越多的研究者关注运动训练和体育教育等方面，体育教育训练学作为研究运动训练和体育教育的学科，便成为研究的热点。第二，运动人体科学的研究领域十分广泛，包括运动生理学、运动心理学、运动生物力学等方面，而体育教育训练学的研究内容则涉及这些方面的综合应用，因此它可以作为连接和综合运动人体科学的一个桥梁。第三，运动人体科学的研究越来越受到关注，人们开始更加注重如何将科学研究成果转化为实践，而体育教育训练学正是研究如何将运动人体科学研究成果应用于体育教育和训练实践的一门学科。体育教育训练学学科的知识内容在运

动人体科学论文引文学科中出现较多的原因是其研究方向与运动人体科学的研究方向相互交叉，同时又具有一定的综合性和实践性，因此体育教育训练学在运动人体科学研究中扮演着重要的角色。

运动人体科学的研究者引用竞技体育相关论文的原因可能是竞技体育的训练和竞赛是运动人体科学研究的一个重要领域。研究者通过对竞技体育进行研究，有助于了解人体在高强度、高压力的运动状态下的反应和适应，以及如何优化训练和竞技表现。不同的运动项目对身体的适应和要求不同，因此研究运动项目有助于我们更深入地了解不同运动对身体的影响和适应机制。例如，研究长跑运动员和短跑运动员的肌肉形态和代谢特征，可以更具体地理解不同运动项目对身体产生的不同影响。职业体育是指以赛事为主的职业化体育活动，其特点是具有高度商业化的运营模式。运动人体科学研究者引用职业体育相关论文的原因可能是因为职业体育对运动人体科学的发展具有重要作用。职业运动员的训练和表现可以为研究者提供研究的素材和实验条件。运动损伤是指在体育运动中发生的身体损伤，它不仅会影响运动员的表现和训练计划，还会影响其健康状况和生活质量。运动人体科学的相关研究者引用运动损伤相关论文的原因可能是因为运动损伤的预防和治疗有助于优化运动员的表现和训练计划。动作评估是指对运动员的身体姿势、运动技能等进行客观评估和分析的过程。运动人体科学的研究者引用动作评估相关论文的原因可能是因为动作评估是运动科学研究的一个重要领域，它可以帮助了解运动员的身体特征和技能水平，从而优化训练和竞技表现。运动技术是指在体育运动中所使用的技术动作。

在运动人体科学领域，研究者通过研究不同运动项目的技术要领和技术细节，来帮助运动员提高技术水平和竞技表现。运动疲劳是指在体育运动中由于身体疲劳导致的身体不适和运动表现下降。产生运动疲劳的原因主要包括运动强度过大、运动时间过长、训练负荷不合理等因素。研究者通过研究运动疲劳的机制和影响因素，以及采用训练和营养干预等方法来减轻运动疲劳和提高运动表现。体力活动是指有意识、有目的的由骨骼肌收缩产生的身体活动。具有较强的主观性和方向性，包括竞技运动、工作与劳动、日常生活活动、健身活动等。研究者通过研究不同体力活动的能量消耗和影响因素，以及采用训练和营养干预等方法来提高体力活动水平和促进健康。运动强度是指单位时间内完成的运动量。不同运动项目的运动强度不同，而且同一运动项目的运动强度也会随着训练计划和个体差异的不同而有所变化。研究者通过研究不同运动项目的运动强度和运动员如何合理安排运动强度，使运动员能够达到最佳的训练效果。运动状态是指运动员在比赛或训练中的身体状态。不同运动状态下，运动员的身体反应和表现也会有所不同。研究者通过研究不同运动状态下运动员的生理和心理反应，以及采用调整训练计划和营养干预等方法来提高运动状态和竞技表现。耐力是指人体长时间进行持续肌肉工作的能力，即对抗疲劳的能力。耐力研究主要包括心肺功能、肌肉力量和身体代谢等方面。研究者通过研究耐力的机制和影响因素，以及采用训练和营养干预等方法，来提高耐力水平和竞技表现。

体育人文社会学作为一门独立的学科，主要关注运动与社会、文化、历史等方面的关系。在过去的几十年中，体育人文社会学的知识内容逐渐成为运动人体科学领域的研究热点。运动人体科学的发展已经趋于多学科的交叉融合发展，体育人文社会学的研究内容和方法可以为运动人体科学提供新的思路和视角，从而有助于推动运动人体科学的发展。运动人体科学的研究已经越来越注重其实践应用的价值，体育人文社会学的研究可以为运动实践提供更加全面和深入的思考，以便更好地指导运动实践的发展。体育人文社会学作为一门独立的学科，在运动人体科学的研究中扮演着重要的角色。其研究方向和研究内容可以为运动人体科学提供新的视角和思路，有助于推动运动人体科学学科的发展。同时，体育人文社会学的研究也可以为运动实践提供更加深入和全面的思考，有助于指导运动实践的发展。竞技是指各种具有竞争性的体育运动。运动人体科学的研究者研究竞技运动员的训练方法、技术和战术等方面，以帮助运动员提高竞技水平和战斗力。体育产业是指与体育相关的经济活动。研究者通过研究体育产业的发展和管理等方面，来促进体育事业的健康发展。运动是指由肌肉收缩或松弛所引起的躯体、肢体或内脏器官的活动。多数情况下，运动受中枢神经系统的控制，是生物体的一种基本生理功能。研究者通过研究不同运动项目的训练方法和技术，来促进身体健康和提高生活质量。健身是指通过运动和锻炼来保持身体健康和强壮。研究者通过研究不同的健身方法和训练计划，来帮助人们达到健身的目的。健康促进是指通过健康教育、健康管理和健康政策等手段，提高人们的健康水平。研究者通过研究不同的健康促进方法和策略，来提高人们的健康水平和预防慢性疾病。运动处方是指对从事体育锻炼者或患者，根据医学检查资料（包括运动测试及体力测验），按其健康、体力及心血管功能状况，结合生活环境条件和运动爱好等个体特点，用处方的形式规定运动种类、运动时应达到的和不宜超过的运动强度、每次运动持续的时间、每次运动的次数及注意事项等。研究者通过研究运动处方的制定方法和效果评估等方面，来提高运动处方的科学性和针对性。另外，研究者通过研究采用的体育锻炼和健康促进等手段，来提高全民的健康水平和生活质量。学校、大学和体育赛事等是体育人文社会学中的重要研究对象，研究者在研究这些对象时，需要借鉴体育人文社会学中的相关理论和方法。例如，运动人体科学的相关研究者可能会从体育人文社会学中了解到如何设计和实施体育课程，如何评估和监控运动员的身体素质，如何组织和管理体育赛事等。统计和模型是体育教育训练学中重要的研究方式，研究者在进行研究时，需要运用统计和模型进行数据分析和预测。例如，研究者可能会使用统计学方法来分析运动员的表现数据，以便更好地了解其身体素质和运动能力；研究者也可能会使用模型来预测运动员在比赛中的表现和成绩。运动人体科学的相关研究者引用体育人文社会学论文中的主要知识内容，其原因是多方面的，包括了解和掌握学科范畴、满足研究对象的需求，以及运用合适的研究工具等。

运动人体科学作为一个跨学科的研究领域，涵盖了许多与身体运动和健康相关的主题，如体育运动、康复、儿童、肥胖、慢性病、久坐等。因此在运动人体科学研究中，需要引用和借鉴不同领域的知识和理论，基于科学数据和实验结果进行分析和讨论。例如，对于心理学、肌肉力量、指标等主题，研究者需要引用相关的实验研究结果，以便更好地支持自己的研究结论。运动人体科学的研究不仅关注体育运动本身，还重视其对健康和医学应用的影响。因此，在研究中涉及小鼠、康复、细胞、患者等主题时，研究者需要引用相关的医学研究和临床实践，以便更好地探讨运动对健康的作用。体育运动作为运动人体科学的核心内容之一，一直是该领域研究的重点之一。运动人体科学的相关研究者通过研究不同类型、强度、频率的体育运动对人体的影响，来探索人体在运动中的生理变化和适应性，以及如何在体育运动中预防和治疗运动损伤等问题。运动训练是指反复进行并持续较长时间的有目的和针对性活动。有特定内容和规范，旨在提高身体活动能力的各种运动锻炼。运动人体科学的研究者致力于研究不同类型的运动训练对身体机能和运动能力的影响，旨在通过运动训练改善人体健康和预防运动损伤等。小鼠是运动人体科学研究中常用的动物模型，其生理结构和代谢过程与人类相似，具有较高的实验可重复性和研究可控性。运动人体科学的研究者利用小鼠模型可以研究运动对不同器官和组织的影响，以及通过运动改善健康状态等问题。康复是指综合协调地应用各种措施，使病、伤、残者已经损伤的功能尽可能地得到恢复和重建的过程，包括生理、心理和社会功能的恢复。运动人体科学的相关研究者致力于研究不同类型的康复运动对身体机能和健康的影响，旨在通过康复运动改善人体健康水平和提高生活质量等。

儿童是运动人体科学的重要研究对象之一。运动人体科学的相关研究者致力于研究儿童在不同阶段的生理变化和运动能力的发展规律，旨在通过运动促进儿童身体和认知发展等。有氧运动是指以有氧代谢提供运动中所需能量的运动方式，运动负荷与耗氧量是线性关系。有氧运动不仅可以增强心肺功能、促进血液循环和新陈代谢，还可以减少体重和改善心理健康。在运动人体科学研究中，有氧运动是重点研究对象之一，因为它对身体健康的益处已经得到了广泛的认可。大量研究表明，有氧运动可以降低罹患慢性疾病的风险，如心血管疾病、糖尿病等。此外，有氧运动也可以提高心理健康水平，如降低抑郁和焦虑等。线粒体是进行细胞内呼吸和能量供应的、呈小杆状或颗粒状的重要细胞器。在运动人体科学中，线粒体是研究重点之一，因为它与身体的能量代谢、运动性能和健康状态密切相关。大量研究表明，线粒体的数量和质量可以通过有氧运动等方式得到提高，这对身体健康和运动表现都有显著的提高效果。此外，线粒体功能障碍还与某些慢性疾病的发生和发展有关。心理学是研究人的心智与行为、心理现象及其规律的学科，其在运动人体科学中的应用主要是探讨身体与心理的互动关系和运动对心理健康的影响。大量研究表明，运动可以对心理健康产生积极的影响，如减轻压力和焦虑、提高自尊心和自信心等。此外，运动对于治疗某些心理疾病也有一定的辅助作用。慢性病是指病程较长、发展缓慢、治疗困难的疾病，如心血管疾病、糖尿病、肥胖症等。在运动人体科学中，慢性病是一个重要的研究领域，因为运动对预防和治疗慢性疾病具有重要的作用。大量研究表明，运动可以降低慢性病的发生率和病人的死亡率，同时也可以减轻病人的症状和提高其生活质量。久坐是指人在清醒的状态下，长时间静坐不动的行为，如看电视、上网、开车等。在运动人体科学中，久坐也是一个重要的研究领域，因为久坐与慢性病的发生和身体健康状况密切相关。大量研究表明，久坐会增加患慢性病的风险，如肥胖、心血管疾病和糖尿病等。因此，适当的运动干预可以减轻久坐对身体健康的不利影响。骨骼肌是指分布于体壁和四肢，由骨骼肌纤维组成的附着于骨骼的肌肉，在神经系统的支配下，能进行收缩活动，参与前进、咀嚼、呼吸等运动。在运动人体科学研究中，骨骼肌是重点研究对象之一，因为它与运动表现和身体健康密切相关。大量研究表明，骨骼肌的力量和质量可以通过适当的运动训练得到提高，这对预防和治疗某些慢性疾病、提高运动表现都有显著的效果。

身体发育是指人体从出生到成年期的生长和发育过程，包括身高、体重、骨骼发育、肌肉发育等方面。在运动人体科学研究中，身体发育是重点研究对象之一，因为它与运动表现、身体健康和运动能力密切相关。大量研究表明，适当的运动干预可以促进儿童和青少年的身体发育和运动能力的提高。运动干预是指通过运动训练来改善身体健康和运动表现的方法。在运动人体科学中，运动干预是一种常用的研究手段，可以探讨运动对身体的影响和运动对不同人群的适应性。大量研究表明，适当的运动干预可以促进身体健康和预防慢性疾病的发生，同时也可以提高运动表现和生活质量。体质是指在遗传性和获得性基础上表现出来的人体形态结构、生理机能和心理因素等综合的、相对稳定的特征。人的生命活动和工作能力的物质基础。主要包括身体形态发育水平、生理功能水平、身体素质和运动能力发展水平、心理发展水平和适应能力5个方面。在运动人体科学中，体质是重点研究对象之一，因为它与运动表现、身体健康和运动能力等密切相关。大量研究表明，适当的运动训练可以提高体质水平，从而预防慢性疾病的发生和改善运动表现。细胞是生物体结构和功能的单位。在运动人体科学研究中，细胞是一个重要的研究领域，因为它与身体的代谢、生长和适应性密切相关。大量研究表明，运动可以通过改变细胞代谢和信号传递来提高身体的适应性和健康水平。患者是指正在接受医疗治疗或康复的病人。在运动人体科学研究中，患者是重点研究对象之一，因为运动对患者的康复过程有积极的影响。运动可以提高患者的身体健康状况和生活质量，同时也可以减轻患者的症状和缓解情绪问题。情绪是人的主观体验，涉及情感、心理和生理方面的变化。在运动人体科学研究中，情绪是一个重要的研究领域，因为运动对情绪有显著的影响。大量研究表明，运动可以缓解压力和焦虑，提高自尊心和自信心，改善情绪状态，从而促进身体和心理的健康。

肌肉力量是指肌肉产生的力量和运动表现的能力。在运动人体科学研究中，肌肉力量是一个重要的研究领域，因为它与身体健康和运动表现密切相关。大量研究表明，适当的运动训练可以提高肌肉力量，从而预防慢性疾病的发生和改善运动表现。基因是指遗传物质的基本单位。在运动人体科学研究中，基因是一个重要的研究领域，因为它与身体的适应性和运动表现密切相关。大量研究表明，基因可以影响身体对运动的适应性和表现，从而导致个体之间的差异。此外，适当的运动训练也可以影响基因表达，从而提高身体的适应性和健康水平。心肌由心肌细胞构成，是分布于心壁和邻近心脏的大血管壁上的肌组织，是心脏收缩的动力结构。其主要功能是产生心脏收缩和泵血，维持血液循环。在运动人体科学研究中，心肌是一个重要的研究领域，因为运动对心肌的适应性和健康状况有显著的影响。大量研究表明，适当的运动训练可以提高心肌的功能和适应性，从而预防心血管疾病的发生和改善心脏健康状况。指标是指用来评价身体健康和运动表现的客观标准或测量标准。在运动人体科学研究中，指标是一个重要的研究对象，它可以帮助研究者评估运动对身体的影响和预测身体的适应性和健康状况。常见的指标包括身体组成、心肺功能、肌肉力量、灵敏度、平衡能力等方面。这些指标可以通过各种测量方法进行评估，如体重测量、心肺功能测试、肌肉力量测试、平衡测试等。大量的研究表明，通过综合评估不同的指标可以更全面地了解身体的健康状况和运动能力。此外，指标也可以用于评估运动干预的效果和个体的运动适应性。

随着全球化进程的推进和跨文化交流的加强，运动人体科学领域的研究者开始认识到民族传统体育学在保护和传承人类运动文化遗产方面的重要性。此外，民族传统体育学研究对于理解不同文化和社会群体的身体表现也有重要意义，因此运动人体科学的研究者开始关注和引用民族传统体育学的学科知识内容。此外，民族传统体育学的研究也提供了一些有益的健身方式和健康保健方法，对于运动人体科学的研究和实践有一定的借鉴作用。一方面，由于体育竞技的发展，民族传统体育学中的散打、太极推手等运动项目在近年逐渐被引入竞技体育中，吸引了运动人体科学的研究者的关注。研究者通过对这些项目进行技术分析和技术运用方面的研究，对于竞技体育的发展具有重要的意义。另一方面，在学校体育教育中，民族传统体育项目逐渐得到重视，如学校武术教育的推广和普及，对于提高学生的身体素质和促进全民健身具有积极的作用。民族传统体育项目作为人类运动文化遗产的一部分，具有重要的历史、文化和社会价值。在全球化进程中，保护和传承这些项目对于维护人类文化多样性和促进跨文化交流具有重要的意义。

（四）民族传统体育论文引文分析（2009—2020 年）

1. 民族传统体育学论文引文的学科知识演变趋势

为进一步探究民族传统体育学引用学科知识的动态变化，明确该学科论文引文的学科知识演变趋势，对 2009—2020 年该学科论文引文的学科知识演变趋势进行统计，如图 4-27 所示。

通过图 4-27 可知，民族传统体育学论文引文数量呈现平稳的趋势，这表明民族传统体育学学科知识吸收能力在 2009—2020 年较为稳定，有成熟的知识体系与研究范式。其中，引用体育教育训练学的次数呈上升趋势，并在 2015 年达到了新的高峰。2009—2020 年，民族传统体育学论文引用体育人文社会学论文的引文数量较其引用体育教育训练学论文、运动人体科学论文的引文数量来说遥遥领先。其中，民族传统体育学论文引用体育人文社会学论文的引文数量在 2009—2014 年相差不大；民族传统体育学论文引用体育教育训练学论文与运动人体科学论文的引文数量在 2009—2017 年相差不大，体育教育训练学论文引文数量比运动人体科学论文引文数量自始至终均较多。民族传统体育学论文的自引数量在 2009—2017 年虽出现波动，但整体呈现上升趋势，总计上升了 30.7%；体育人文社会学论文引文数量在 2009—2017 年整体呈现波浪式下降趋势，仅在 2010 年和 2014 年出现了两个小高峰，引文数量整体下降率为 36.1%；运动人体科学论文引文数量在 2009—2017 年出现了小的波动，并在 2010 年出现了小高峰，整体增长率为 27.2%；体育教育训练学论文引文数量整体呈现先下降后上升的趋势，并在 2015 年出现了峰值，整体增长率为 11%。就民族传统体育学而言，民族传统体育学与体育人文社会学在 2009—2014 年联系得较为紧密；但在 2014 年以后，民族传统体育学与体育人文社会学的结合度开始下降。就体育教育训练学而言，体育教育训练学与民族传统体育学联系得较为密切，体育教学训练学的研究内容为民族传统体育学学科的发展起到了一定的推动作用，因此在一定程度上，体育教育训练学的发展使其自引率提高了。就运动人体科学而言，运动人体科学的一些专业理论知识为民族传统体育项目的养生保健功能奠定了理论基础。因此，运动人体科学的不断发展，促进了其引文数量的增加。随着医学理论的完善以及各类国内外合作的广泛开展，运动人体科学学科不断向前迈进，这也直接导致其被引率增加。

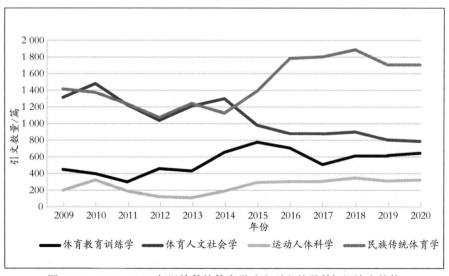

图 4-27　2009—2020 年民族传统体育学论文引文的学科知识演变趋势

2. 民族传统体育学论文引文的学科知识内部流动

通过对 2009—2020 年民族传统体育学论文引用体育学二级学科论文的情况进行统计，并整理相关数据得出表 4-22。民族传统体育学内部的知识流动仍然集中在体育教育训练学、体育人文社会学、运动人体科学、民族传统体育学 4 个学科。在此阶段，民族传统体育学论文自引数量最高，占比为 44.23%。体育人文社会学论文引文的学科知识内部流动的占比达到 31.90%，排到第二位。体育教育训练学和运动人体科学论文引文的学科知识内部流动占比分别为 16.33% 及 7.53%。相较于 1998—2008 年，此阶段民族传统体育学论文引用体育学 4 个二级学科论文的引文总数都有了很大的提高。这表明，民族传统体育学在过去 10 年内得到了更多学科研究的关注和支持，研究的广度和深度得到了扩展。这为民族传统体育学的发展提供了更多的机遇和挑战，需要进一步加强学科之间的合作与交流，推动民族传统体育学的研究成果的应用和推广。

表 4-22　2009—2020 年民族传统体育学论文引文的学科知识内部流动

学科名称	引文总数 / 篇	年均数 / 篇	占比 / %
体育教育训练学	6 555	595.91	16.33
体育人文社会学	12 799	1 163.55	31.90
运动人体科学	3 021	274.63	7.53
民族传统体育学	17 743	1613	44.23

在 2009—2020 年，民族传统体育学论文的自引率仍为最高，引文总数为 17 743 篇，年均数为 1 613 篇，占比为 44.23%。与 1998—2008 年相比，民族传统体育学论文引文总数增加了一倍之多，引文总数的增加反映了民族传统体育学在社会和文化领域的重要性日益受到关注。民族传统体育作为一种独特的文化遗产和身体活动形式，具有深厚的历史和文化背景，研究者对其研究的持续深入，有助于加深人们对民族传统体育学的认知和理解，促进其在社会发展和文化传承中的重要作用。此外，民族传统体育学论文的自引率有所下降，反映出该学科在开放性和多元性方面取得了一定的进展。学科间的交叉融合和知识共享使得民族传统体育学能够借鉴其他学科的研究成果，从而在理论和方法上

更加多样化和综合化。这种学科间的互动和合作不仅为民族传统体育学提供了新的研究视角和思路，也促进了学科间的交叉融合。民族传统体育学能够与其他学科形成有机的交叉与融合，必将推动学科的发展，促进知识的进一步创新和应用。

总体来说，民族传统体育学在2009—2020年引文情况的变化反映了该学科的发展和进步。引文总数的增加、论文引用年均数的增加和自引数量的占比下降，表明了民族传统体育学在知识产出、学术影响力和学科合作方面取得了显著的进展。这种现象既反映了民族传统体育学自身的发展和成熟，又展示了学科间交流合作的重要性。在未来的研究中，民族传统体育学可以进一步加强与其他学科的合作，探索新的研究领域和研究方法，为民族传统体育的保护、传承和发展作出更大的贡献。

2009—2020年，体育人文社会学对民族传统体育学的知识流动排名提升至第二位，引文总数增至12 799篇，年均引用数增至1 163.55篇，占比增至31.90%。体育人文社会学论文引文的学科知识流动增加反映了研究者对民族传统体育学在社会文化领域的关注增加。通过体育人文社会学的研究，人们可以更好地理解民族传统体育的社会和文化意义，以及其在社会中的功能和影响。这种认识对于保护和传承民族传统体育具有重要意义。此外，体育人文社会学论文引文的学科知识流动增加也反映了学科间的交叉融合和知识共享的发展。民族传统体育学是一个复杂的学科，它涉及的不仅是体育运动本身，还包括社会、历史、文化等多个方面。体育人文社会学与其他学科（如人类学、社会学、历史学等）的交流，可以为民族传统体育学的研究提供更加全面和多元化的视角。这种学科间的交流与合作有助于推动民族传统体育学研究的深入和学科的发展。

2009—2020年，体育教育训练学对民族传统体育学的知识流动排名下降至第三位，引文总数增至6 555篇，年均引用数增至595.91篇，占比降至16.33%。这种现象表明体育教育训练学在民族传统体育学的研究中的相对重要性有所下降。1998—2008年，体育教育训练学对民族传统体育学的研究得到了较多的关注，引用数量较高。然而，2009—2020年，其他学科对民族传统体育学的研究得到了更多的关注，体育教育训练学论文被引数量相对较少。2009—2020 年，民族传统体育作为非物质文化遗产，受到了更多的重视和关注。研究者可能更加关注民族传统体育项目的历史、文化、社会背景等方面，而非局限于教育和训练方面。因此，其他学科（如体育人文社会学等）在民族传统体育学的研究中得到了更多的引用和关注。此外，体育教育训练学对民族传统体育学的知识流动虽然排名下降，但引文总数和论文引文年均数仍然有所增加。这反映了体育教育训练学在民族传统体育学研究中的作用。尽管相对于其他学科，体育教育训练学知识流动的占比降低了，但它仍然为民族传统体育的教育、训练和技能方面提供了重要的理论支撑和实践支持。

2009—2020 年，运动人体科学对民族传统体育学的知识流动排名依然为最后，引文总数增至 3 021 篇，年均数增至 274.63 篇，占比为 7.53%。这种现象表明运动人体科学在民族传统体育学的研究中的相对重要性有所下降。在对民族传统体育学的研究中，运动人体科学的研究范围可能相对较窄，关注点较为局限，因此在知识流动中排名靠后。同时运动人体科学的知识流动排名靠后也反映了其对民族传统体育学的研究方法和研究视角的不足。民族传统体育作为一种独特的体育形式，其学科研究与运动人体科学的研究方法和理论框架不完全契合。近年来，新的研究领域和研究方法的出现，吸引了研究者的关注。

运动人体科学对民族传统体育学的知识流动相对较低，是由于研究重心的不同、学科发展阶段的差异以及学科间的交叉融合较少。然而，这并不意味着运动人体科学对民族传统体育学的研究没有价值，相反，通过促进学科间的交流与合作，我们可以进一步丰富民族传统体育学的理论基础和实践应用。

综上所述，2009—2020 年的数据显示了民族传统体育学论文引文数量不断增长，体育人文社会学的地位逐渐提升，体育教育训练学的影响力有所下降，而运动人体科学论文被引数量仍然相对较少。这些变化反映了学科间的相对重要性和研究方向的调整，为进一步推动民族传统体育学的发展提供了有益的参考。

3. 民族传统体育学论文引文的学科知识内容建构

通过对体育教育训练学、体育人文社会学、运动人体科学、民族传统体育学 4 个体育学二级学科论文引文的知识内容进行统计整理，并将民族传统体育学在 2009—2020 年的引文重新进行聚类分析，得到民族传统体育学论文引文的学科知识内容建构表（表 4-23）。民族传统体育学在 2009—2020 年论文引文的学科知识内容相较于 1998—2008 年有着较大的变化，随着时代的进步，民族传统体育学领域关注的内容也在不断地向前发展。

表 4-23　2009—2020 年民族传统体育学论文引文的学科知识内容建构

学科名称	知识内容
体育教育训练学	体能、中国、篮球、竞技运动、影响因素、竞技能力、高校、青少年、优秀运动员、高水平、评价体系、实证研究、训练方法、后备人才、制胜规律
体育人文社会学	体育产业、消费、竞技、城市、体育旅游、传统、体育文化、文化传播、国际化、发展战略、老年人
运动人体科学	运动生物力学、动作评估、骨质疏松、炎症、最大耗氧量、抑郁、脑功能、心理学、自我效能、健身气功、心肺耐力、运动动机
民族传统体育学	武术、竞技武术、文化、传统体育、少林、高校、审美、中国体育、非物质文化、西方体育、竞技化、文化认同、价值取向、"一带一路"倡议、文化精神

在此阶段，民族传统体育学论文引用体育教育训练学论文的知识内容主要体现在以下 3 个方面，一是体能训练：体能、影响因素、训练方法；二是竞技运动：篮球、竞技能力、高水平、后备人才、制胜规律；三是教育与评价：中国、高校、青少年、优秀运动员、评价体系、实证研究等。体能是体育活动中的重要组成部分，民族传统体育学强调身体的健康和强壮，在体能方面注重综合性和多样性的训练方式，以及传统体育项目对身体的柔韧性、平衡能力以及心肺功能的锻炼，同时也关注影响运动员竞技能力和训练效果的因素，如心理因素、环境因素、遗传因素等。篮球虽然起源于欧洲，但中国已经成为推动这项运动发展的重要力量，民族传统体育学的研究借鉴体育教育训练学的研究方法，包括篮球项目的训练方法和竞技能力的提高等方面。民族传统体育学不仅注重传统运动方式的

保护和传承，也在探索如何将传统运动方式与现代化的竞技运动相结合，提高运动员的竞技能力，使其具备国际竞争力，对高水平、后备人才以及制胜规律等内容的研究也是以促进民族传统体育学的发展为目的。民族传统体育学的研究借鉴体育教育训练学的研究方法，着重探讨中国传统体育文化的内涵、价值以及传承等问题，以便更好地传播传统体育文化。高校是培养后备人才的重要场所，民族传统体育学在高等教育中得到重视，这样高校可以培养具有传统文化背景的专业人才。民族传统体育学与体育教育训练学的交叉融合，不仅丰富了民族传统体育学的研究内容与研究方法，在很大程度上也促进了民族传统体育学的发展和创新，进一步体现了民族传统体育学与其他学科交叉融合的特点。

　　民族传统体育学的研究主要关注的是传统体育文化的传承、保护和发展，以及其在现代社会中的意义和作用。研究的内容包括各个民族的传统体育项目、技艺、规则、习俗、仪式等。体育人文社会学的研究则更加注重人类社会、文化、历史和政治等方面对于体育的影响和作用，主要关注的是体育与社会、文化、政治和经济的关系，以及体育在这些方面的作用和影响。研究的内容包括体育组织、体育政策、体育产业、体育与性别、种族、阶级、国家等方面的关系。由表4-23可知，民族传统体育学论文引用体育人文社会学论文的知识内容主要体现在：体育产业、消费、竞技、城市、体育旅游、传统、体育文化、文化传播、国际化、发展战略、老年人。这些内容主要涵盖了4个领域的内容，即体育产业和市场化（体育产业、消费、城市、国际化、发展战略等）、传统体育和文化（传统、体育文化、文化传播）、竞技和体育运动（竞技、老年人）和旅游（体育旅游）。体育产业和市场化主要研究体育产业的发展和市场化趋势，包括一些体育产业的组织形式、体育消费者行为、城市体育建设、国际化趋势及体育发展战略等。传统体育和文化主要研究民族传统体育项目的历史、文化传承和文化传播等方面的内容，包括传统体育项目的起源、传统体育文化的内涵、传统体育技能的传承和传播、传统体育文化的保护等。竞技和体育运动主要研究竞技体育项目和体育运动对个体和社会的影响，包括竞技体育项目的规则、竞技体育项目对身体和心理的影响、老年人的体育运动和健康等方面的内容。旅游方面主要研究体育旅游现象，包括体育旅游的概念、类型、发展趋势等方面。总体来说，民族传统体育学论文引用体育人文社会学论文的知识内容涉及多个领域和方面，旨在深入探究体育与社会、文化、政治和经济等的关系，为理解民族传统体育在社会中的作用和意义提供更加全面的视角。

运动人体科学更多地关注身体和生理方面，而民族传统体育学则关注文化和社会方面，民族传统体育学与运动人体科学的交融可以给民族传统体育学带来全新的研究视角。通过表4-23发现，民族传统体育学论文引用运动人体科学论文的知识内容主要体现在：运动生物力学、动作评估、骨质疏松、炎症、最大耗氧量、抑郁、脑功能、心理学、自我效能、健身气功、心肺耐力、运动动机。运动生物力学是研究人体运动的物理学原理和力学特性的学科，在民族传统体育学和运动人体科学的交叉领域，运动生物力学可以应用于改善运动技能、防止运动损伤、提高运动表现等方面。动作评估是评估个体运动技能和身体功能的过程，民族传统体育学和运动人体科学可以结合使用各种评估工具和技术，如关节测量、肌肉力量测试、灵敏度测试等，来评估个体的身体状态和运动能力。骨质疏松、炎症和抑郁是健康领域的相关主题，民族传统体育学和运动人体科学可以研究不同的运动方式和运动强度对骨质疏松的预防和辅助治疗的作用，以及对炎症和抑郁的影响，并探讨运动作为一种抗炎症手段和治疗抑郁的辅助措施的作用。最大耗氧量、心肺耐力、运动动机是运动和身体机能方面的内容，民族传统体育学和运动人体科学可以通过研究不同的运动方式和训练方法提高个体的最大耗氧量，从而促进身体健康和改善运动表现；研究如何提高心肺耐力，以提高人体的运动能力和身体素质；研究影响运动动机的关键因素并寻求策略，以激发和维持人们对参与民族传统体育运动的积极性。民族传统体育学和运动人体科学都是体育学科的重要分支，它们之间的交叉融合有助于促进体育学科的整合，提高体育学科的学术水平和综合应用能力，运动人体科学的研究者通过对民族传统体育活动的科学分析，可以推动传统体育文化的保护与发展，让更多的人了解和参与到传统体育活动中来。

由表4-23可知，民族传统体育学在2009—2020年论文引文自引的知识内容主要体现在：武术、竞技武术、文化、传统体育、少林、高校、审美、中国体育、非物质文化、西方体育、竞技化、文化认同、价值取向、"一带一路"倡议、文化精神等。武术是中国的传统体育项目，具有悠久的历史和文化底蕴；竞技武术是在武术的基础上发展而来的，是一项注重竞技性和规范性的运动项目，在研究民族传统体育学时，武术和竞技武术是不可忽视的重要内容。民族传统体育学与中国的历史和文化密不可分，它承载着丰富的文化内涵和民族精神，在研究民族传统体育学时，文化和传统体育是不可分割的。高校作为中国体育事业的重要组成部分，也是民族传统体育项目发展的重要场所。因此，在研究民族传统体育学时，高校和中国体育的发展是需要被关注的对象。民族传统体育文化具有独特的审美价值，是我国的非物质文化遗产，是传承和弘扬中华传统文化的重要载体。"一带一路"倡议是中国的重要战略，民族传统体育文化作为中国的文化软实力的重要体现之一，在"一带一路"倡议中发挥着重要的作用。因此在研究民族传统体育学时，"一带一路"倡议和文化精神是需要被关注的对象。在新时代体育强国、健康中国的大背景下，民族传统体育在新时代迎来了新的发展机遇。民族传统体育学的研究者需要在研究方法、研究内容等方面不断创新，推动中国传统体育文化的保护、传承和创新，为实现我国体育强国和健康中国的目标不断努力。

第五章

研究结论与展望

第一节　研究结论

　　本研究主要立足于知识流动的视角，以多种学科知识为指导，从体育学科知识规模、知识流入视角、知识流出视角3个方面对新中国成立以来至2020年体育学科知识演化进行了研究，力求揭示我国体育学科知识流动规模、特征以及动力机制，得出以下结论。

　　第一，新中国成立以来，我国体育学科的整体知识存量经历了由少到多、由简单到复杂的发展过程。从总体上看，可以分为两个部分4个阶段，改革开放前，我国学术体系的构建和发展还处于筹备阶段，此时的体育学科知识量少，知识增量波动频繁，体育学科处于学科萌芽发展期；改革开放后，我国体育学科知识量在国家和社会的广泛支持下快速革新与发展，经历了学科发展的3个阶段，即知识储备成长期、知识指数爆发期、知识逻辑稳定期。

　　第二，从知识流动的规模上看，知识流入量、知识流出量与体育学科的发展呈现正相关趋势。体育学科整体的知识流入量在各阶段呈现指数增长趋势，自引率受社会环境的影响呈现不稳定状态，总体呈现上升趋势，从发展初期的独立性较弱、包容性较强的学科，逐步发展至独立性较强、包容性较弱的学科。体育学科整体的知识流出量在各阶段出现爆发式增长，由1999—2008年达到顶峰，在下一阶段出现回落，且呈现稳定状态，标志着体育学科进入逻辑增长阶段；随着学科建设初期政策和社会支持力度的增加，知识体量不断扩张，自引率得到了提升但依旧处于较低水平，学科知识总体呈现较为封闭的状态，学科地位不高，学术影响力较差，尽管当前体育学科的自引率与其他成熟学科相比依旧处于较低水平，但却呈现逐步稳定上升的态势，学科知识开放程度提高，学科地位及学术影响力、认同感正在缓慢提高。从知识流动类型上看，体育学科知识流动总体呈现稳定型状态，2009—2018 年的知识流动类型最符合当前体育学科的发展规律、最具有代表性，2009—2018 年的我国体育学科知识流动恰属于知识流入阶段。

第三，从知识流入的视角对我国体育学科知识流动特征进行分析，发现体育学科知识吸收的体量由新中国成立初期的微弱状态，发展至改革开放时期的稳固上升并呈现爆发式增长的趋势。吸收的广度由开始的医学、教育学、理学 3 个基础学科门类的 6 个一级学科逐步增加至涵盖艺术学、军事学、理学、工学、经济学、法学、教育学、农学、医学、管理学、文学、历史学、哲学的全部 13 个学科门类的 95 个一级学科，知识吸收内容由新中国成立初期较为简单且不明显发展至较为复杂且清晰，从主要吸收基础医学、生物学、教育学等一级学科的知识增至临床医学、特种医学、心理学、理论经济学、哲学、艺术学、中国语言文学、生物学、教育学等一级学科的知识。

第四，从知识流出的视角对我国体育学科知识流动特征进行分析发现，体育学科知识流出的体量呈现指数式增长趋势，以改革开放为转折点，体育学科知识的体量爆发，知识流出的体量增加，达到较高水平。流出广度由最初的理学、教育学、医学学科门类的生物学、体育学、预防医学与卫生学等一级学科增至 13 个学科门类的 82 个一级学科，学科流出内容由简单的 4 个一级学科逐步增至有体育学、艺术学、教育学、临床医学、特种医学、工商管理、应用经济学、计算机科学与技术、哲学、法学等多条吸收路径。流出强度已经由新中国成立初期的单一方向发展至有多条流出通路，流出强度较高，且呈现持续增强的趋势。

第五，体育学科与其他学科的知识势差是体育学科知识流动产生的根本原因，而体育学科的知识流动机制受到多方面影响，如体育学科内部发展不平衡性和竞争性、学科创新能力发展的要求、学科研究的不断深化、主体认知能力和学科认同度的提升、体育参与热情、减轻医疗卫生压力的社会需要、政策导向的支持、学科内在逻辑确立的内部动力和外部建制发展需要的外部动力等。

第六，从体育学科论文引文的可视化分析可知，体育学 4 个二级学科的论文引文总数都有明显的增加。尽管增加幅度不同，但可以看出，我国体育学的4 个二级学科已然发生了巨大的改变，其契合度愈发提高，各二级学科论文引文数量皆有所提升，这预示着我国体育学科与其他近似学科交叉度与融合度的双重提高，学科研究不断深化，学科延伸度愈发扩展，正经历横向与纵向双重发展的剧变时期。

第七，纵观体育学 4 个二级学科的发展程度，尽管在 1998—2020 年发展过程较为曲折，但纵观整体，其论文引文数量皆有所增加，体育学 4 个二级学科包容度有所提升，其涵盖的科目已然超越体育学常规的范围，学科之间交叉融合也愈发密切，这不仅预示着体育学科包容性与扩展性的提升。

第二节　研究展望

第一，关于知识流动理论在体育学科研究领域的应用，本研究只是对新中国成立以来至 2020 年体育学科与其他外部学科的知识流动情况进行了探索式分析研究。后期研究如针对体育学科知识内部的演化进行分析，从体育学科内部更深层次地讨论一级、二级、三级学科的分化和中和，引入更高水平的学科知识理论和学科研究技术方法，以夯实体育学研究基础，提高体育学科在外部学术交流中的地位，增强学科竞争力。

第二，本研究仅从宏观上考察了体育学科知识与外部学科知识的流动情况，缺乏对体育学科与其他学科的关系的具体把握，在后续研究中，将把握合适的切入点进行研究，以求给体育学科知识吸收和输出提供更为合理性的建议和指导。

第三，体育学科知识流动效果缺乏深入、系统的研究。本研究虽初步考察了知识流动的广度和强度，但在知识流动的深度上仍有待加强，未来的研究需要进一步深入探究这一领域。例如，对体育学科知识吸收效果的研究，体育学科有哪些理论、方法是吸收外部学科知识的，并与哪些外部学科领域结合得到创新性应用。在大数据科研环境的驱动下，准确捕捉外部其他学科对大数据的应用和管理的方法，从而为体育学科有效地开展知识流动研究提供数据支持。

第四，在学科论文引文层面，本研究仅仅局限于现有的期刊论文，并未对专著及学术毕业论文进行系统的筛查，对引文数量方面缺乏整体的剖析。在未来研究过程中，应加强这方面的技术运用与系统归类，保证数据的有效性与准确性。在各二级学科扩展层面，一些非常规学科的引文扩展并未得到体现，所展示的引文科目皆为常规学科，因而后续研究将对其进行扩展，将各个不同科目进行分类总结，并分析各数量及类型的占比，进而对引文类型进行更系统的解读与剖析。

主要参考文献

[1] 迪尔凯姆.社会学研究方法论 [M].胡伟,译.北京:华夏出版社,1988.

[2] 普赖斯.巴比伦以来的科学 [M].任元彪,译.石家庄:河北科学技术出版社,2002.

[3] 毕世明.论 50 年代学习苏联体育经验 [J].体育科学,1992(3):9-12.

[4] 曹一啸,王庆军,牟向前,等.改革开放以来中国体育人文社会学研究的演进与趋势展望 [J].体育学研究,2021,35(4):66-75.

[5] 陈为群.节约型社会与中国竞技体育后备人才培养的可持续发展 [J].北京体育大学学报,2007(11):1583-1585.

[6] 池建.国民体质健康研究的思考 [J].北京体育大学学报,2009,32(12):1-4.

[7] 初景利,盛怡瑾.科技期刊发展的十大主要态势 [J].中国科技期刊研究,2018,29(6):531-540.

[8] 崔乐泉.体育史学与体育社会学关系辨析 [J].山东体育学院学报,1997(3):1-5.

[9] 邓树勋.学校体育科学研究的若干思考 [J].体育学刊,2003(2):5-7.

[10] 丁省伟,储志东.中国共产党领导学校体育发展的百年演进与历史经验 [J].沈阳体育学院学报,2021,40(6):18-24.

[11] 董德龙,刘文明,SEAMUS K.归属、规模、规制:对中国体育学科发展的认识——一种学科方向探究 [J].体育科学,2015,35(3):83-89.

[12] 董红刚.中外体育社会学研究热点的对比分析 [J].首都体育学院学报,2009,21(5):541-546.

[13] 董坤，许海云，崔斌.知识流动研究述评 [J].情报学报，2020，39（10）：1120-1132.

[14] 樊临虎，陈振东.迈向 21 世纪的中国学校体育 [J].沈阳体育学院学报，1999（3）：1-3.

[15] 范广贯，孙久喜，阿英嘎.探析中国体育学科的演进方式及其跨学科研究的指向 [J].南京体育学院学报（自然科学版），2010，9（4）：17-20.

[16] 方千华，王润斌，徐建华，等.体育学基本理论与学科体系建构：逻辑进路、研究进展与视域前瞻 [J].体育科学，2017，37（6）：3-23.

[17] 龚建林，富学新.俄罗斯体育学科的发展状况及其启示 [J].上海体育学院学报，2009，33（5）：45-49.

[18] 龚建林，杨文轩，陈琦，等.德国体育学科体系的发展现状及启示 [J].体育学刊，2007（7）：121-125.

[19] 郭经宙，倪湘宏，张志华.我国竞技体育后备人才培养现状分析 [J].武汉体育学院学报，2002（2）：18-20.

[20] 郭玉，赵新力，潘云涛，等.我国科技期刊基本状况统计与分析 [J].编辑学报，2006（1）：1-4.

[21] 国家体育总局政策法规司.中国体育哲学社会科学研究（1978—2010）[M].北京：人民体育出版社，2013.

[22] 何晓庆.基于知识流动视角的图书馆知识实验室构建 [J].图书馆学研究，2018（4）：26-29.

[23] 黄汉升.现代体育科学研究的方法学特征 [J].体育科学，1999（2）：6-10.

[24] 黄汉升.全面提高体育人才自主培养质量，加快建设体育强国 [J].武汉体育学院学报，2023，57（1）：5-13.

[25] 黄汉升.中华人民共和国体育科技发展史 [M].北京：科学出版社，2002.

[26] 季煦，李雪蓉，林晨，等.数字经济时代反垄断研究知识图谱与演化——基于文献计量方法 [J].管理评论，2021，33（10）：12-21.

[27] 荆维玲.我国竞技体育后备人才培养现状分析 [J].南京体育学院学报（社会科学版），2013，27（1）：86-89.

[28] 李博，王雷.学科建构路径视域下体育学演进历程探微 [J].体育科学，2019，39（12）：3-13.

[29] 李博.学科交叉视域下我国体育学知识演化的多维研究 [D].福州：福建师范大学，2018.

[30] 李江."跨学科性"的概念框架与测度 [J].图书情报知识，2014（3）：87-93.

[31] 李敏，苏士梅.传播学与社会心理学的知识流动——以美国为例 [J].传播力研究，2019，3（15）：242.

[32] 李韶红，侯金川.自引与自引分析 [J].图书馆，2001（6）：39-43.

[33] 李文辉，利雪莹，邱钰杰，等.体育学科知识创新溢出研究——以《体育学刊》2001—2017 年载文为例 [J].体育学刊，2019，26（3）：72-77.

[34] 李盈，许萍.基于引文网络的医学各学科间知识流动的规律与启示 [J].中华医学图书情报杂志，2014，23（12）：1-5.

[35] 李元.体育科学学科结构与理论演进的科学计量研究 [D].北京：北京体育大学，2014.

[36] 李元伟.科技与体育——关于新世纪体育科学技术发展问题 [J].中国体育科技，2002（6）：4-9.

[37] 林显鹏，虞重干，杨越.我国体育产业发展现状及对策研究 [J].体育科学，2006（2）：3-9.

[38] 刘笑舫，武胜奇.体育旅游在我国体育产业中的地位与作用 [J].体育学刊，2003（4）：18-20.

[39] 刘则渊，陈悦，侯海燕，等.科学知识图谱：方法与应用 [M].北京：人民出版社，2008.

[40] 龙天启.体育与人的现代化及人的未来发展 [J].北京体育学院学报，1990（2）：1-5.

[41] 卢石，刘文娟，白洁.中文体育类核心期刊研制工作的历史、现状和发展趋势 [J].武汉体育学院学报，2001（6）：19-23.

[42] 卢文云，唐炎，熊晓正.20 世纪 60 年代以来我国竞技体育发展模式的历

史演变 [J]. 西安体育学院学报，2008（4）：12-16.

[43] 卢元镇 . 体育人文社会科学概论高级教程 [M]. 北京：高等教育出版社，2003.

[44] 卢元镇 . 体育人文社会学的学科集成与研究前沿 [J]. 体育学刊，2005（1）：4-7.

[45] 鲁长芬，罗勤鹏 . 体育学、体育科学与体育学科辨析 [J]. 天津体育学院学报，2009，24（4）：285-288.

[46] 鲁长芬，罗小兵，龚建林 . 发达国家体育学科体系研究的特点与启示 [J]. 上海体育学院学报，2008，32（4）：47-51.

[47] 鲁长芬，杨文轩，罗小兵 . 对体育学科分类的分析与调整建议 [J]. 体育学刊，2009，16（4）：6-10.

[48] 鲁长芬 . 我国体育学科体系研究的必要性及策略 [J]. 上海体育学院学报，2008（2）：6-10.

[49] 鲁长芬 . 体育学科体系研究 [M]. 武汉：华中师范大学出版社，2012：43-45.

[50] 鲁长芬 . 中国体育学科体系研究述评 [J]. 体育学刊，2007（6）：1-6.

[51] 路云亭 . 体育的贫困——关于体育学的成长性问题 [J]. 体育与科学，2013，34（6）：28-31.

[52] 钱钧，史兵 . 高校体育教学中教学交往的缺失与建构 [J]. 体育学刊，2010，17（1）：45-49.

[53] 乔德才，康道峰，刘晓莉，等 . 我国高校运动人体科学学科建设现状 [J]. 首都体育学院学报，2011，23（3）：225-228.

[54] 邱均平，瞿辉，罗力 . 基于期刊引证关系的学科知识扩散计量研究——以我国"图书馆、情报、档案学"为例 [J]. 情报科学，2012，30（4）：481-485.

[55] 邱均平 . 文献计量学 [M]. 北京：科学技术文献出版社，1988.

[56] 邱丕相，杨建营，王震 . 民族传统体育学科发展回顾与思考 [J]. 上海体育学院学报，2020，44（1）：12-20.

[57] 荣高棠. 让体育更好地为社会主义建设服务 [J]. 成都体育学院学报，1960（2）：1–7.

[58] 邵瑞华，张和伟. 图书情报学期刊内部知识流动分析——以 2013 年 SSCI 收录的 84 种图书情报学期刊为例 [J]. 情报杂志，2015，34（6）：75–80.

[59] 孙义良，王兵，周贤江，等. 新形势下体育教育专业人才培养模式的构建与创新 [J]. 武汉体育学院学报，2011，45（5）：61–65.

[60] 田麦久. 运动训练学 [M]. 北京：高等教育出版社，2006.

[61] 王娟，王正珍. 美国运动医学会 4 大期刊及所关注的运动人体科学研究热点 [J]. 北京体育大学学报，2014，37（8）：54–59.

[62] 王雷，李平平，方千华. 德国高等教育发展中心（CHE）体育学科评估解析及启示——兼评德国体育学科发展现状 [J]. 武汉体育学院学报，2015，49（11）：93–100.

[63] 王历生. 论中国体育经济的发展战略纲要 [J]. 山东师范大学学报（自然科学版），1984（2）：62–66.

[64] 王亮，张庆普. 基于引文网络的知识流动过程与机制研究 [J]. 哈尔滨工业大学学报（社会科学版），2014，16（1）：110–116.

[65] 王旻霞，赵丙军. 中国图书情报学跨学科知识交流特征研究——基于 CCD 数据库的分析 [J]. 情报理论与实践，2015，38（5）：94–99.

[66] 王琪，黄汉升. 西方现代体育科学学科结构的演变研究——基于美国《研究季刊》1930—2009 年文献共被引网络的知识图谱分析 [J]. 南京体育学院学报，2012，26（3）：26–33.

[67] 王琪. 西方现代体育科学发展史论——基于知识图谱视角的实证研究 [D]. 福州：福建师范大学，2011.

[68] 王晓微. 成就·经验·反思·构建：中国体育学若干重要议题探骊——黄汉升教授学术访谈 [J]. 北京体育大学学报，2021，44（12）：1–23.

[69] 文庭孝，陈书华，王丙炎，等. 不同学科视野下的知识计量研究 [J]. 情报理论与实践，2008（5）：654–658.

[70] 吴江，金妙，陈君. 基金视角下的学科知识流动网络构建与分析 [J]. 图书

情报工作，2016，60（8）：79-85.

[71] 习近平. 决胜全面建成小康社会夺取新时代中国特色社会主义伟大胜利——在中国共产党第十九次全国代表大会上的报告 [N]. 人民日报，2017-10-28（1）.

[72] 徐丹，陆作生. 基于共词分析的体育学科体系重构 [J]. 武汉体育学院学报，2019，53（5）：68-75.

[73] 徐坤，毕强. 次高频关键词的选择及在共词分析中的应用 [J]. 情报理论与实践，2019，42（5）：148-152.

[74] 徐晓艺，杨立英. 基于合著论文的学科知识流动网络的特征分析——以"药物化学"学科为例 [J]. 图书情报工作，2015，59（1）：89-98.

[75] 徐晓艺，杨立英. 科研合作视角下的学科知识流动分析方法研究——以药物化学学科为例 [J]. 图书情报工作，2014，58（19）：83-91.

[76] 徐振增. "体育之研究"的哲学思想 [J]. 成都体育学院学报，1960（2）：31-38.

[77] 杨波，杨文轩，龚建林. 美国体育学科发展历程及现状 [J]. 体育学刊，2007（7）：116-120.

[78] 杨培基，谢传宁. 气象要素对体育竞赛的影响 [J]. 湖北气象，1993（4）：36-37.

[79] 杨雪芹. 学科交叉视野下我国大学体育学学科建设研究 [D]. 北京：北京体育大学，2010.

[80] 易剑东，熊学敏. 当前我国体育学科发展的问题 [J]. 体育学刊，2014，21（1）：1-10.

[81] 易剑东. 对中国体育学科发展中两个问题的审视 [J]. 体育学刊，2013，20（4）：5-7.

[82] 张慧，张家榕，叶鹰. CSSCI 体现的我国人文社科领域知识流动探析 [J]. 图书与情报，2020（3）：41-48.

[83] 张家榕，张慧，叶鹰. CSCD 体现的我国理工农医跨学科知识流动探析 [J]. 图书与情报，2020（3）：49-54.

[84] 张林，黄海燕，王岩.改革开放 30 年我国体育产业发展回顾 [J].上海体育学院学报，2008，32（4）：1-5.

[85] 张瑞，赵栋祥，唐旭丽，等.知识流动视角下学术名词的跨学科迁移与发展研究 [J].情报理论与实践，2020，43（1）：47-55.

[86] 张瑞林，车雯.守正与创新：体育学科知识生产模式演进特征、逻辑转向与实践启示 [J].体育学刊，2023，30（2）：1-8.

[87] 张诗亚.论学科与学科交叉 [J].重庆高教研究，2022，10（4）：3-6.

[88] 张颖，沈君.体育学科的知识网络结构研究——基于 10 种 CSSCI 体育期刊的文献计量 [J].北京体育大学学报，2015，38（9）：34-41.

[89] 张争鸣.简论我国体育理论与实践相脱节的原因及对策 [J].广州体育学院学报，1992（1）：15-18.

[90] 赵丙军，司虎克.基于知识流动的体育亲缘学科定量识别探索 [J].图书情报工作，2013，57（1）：122-129.

[91] 赵丙军，司虎克.体育跨学科知识流动特征研究——基于中国引文数据库（CCD）的分析 [J].西安体育学院学报，2015，32（1）：60-64.

[92] 赵伟.区域创新系统（RIS）知识流动研究：复杂科学管理视角 [D].武汉：武汉大学，2013.

[93] 赵艳枝，王慧.基于引证关系的期刊知识流动评价的实证研究 [J].新世纪图书馆，2015（11）：91-96.

[94] 周爱光.体育学从一级学科提升为学科门类的几点思考 [J].北京体育大学学报，2022，45（3）：1-8.

[95] 周光礼，武建鑫.什么是世界一流学科 [J].中国高教研究，2016（1）：65-73.

[96] 周心珍.关于高等学校体弱学生的体育教学工作 [J].上海体育学院学报，1959（3）：77-81.

[97] 朱惠，邓三鸿，王昊，等.我国体育人文社会学学科引用网络的构建与分析 [J].图书与情报，2013（6）：77-83.

[98] 朱淑春.深化体育哲学研究若干问题的思考 [J].天津体育学院学报，

1996，4（11）：47–50.

[99]   BECKMANN M. Knowledge networks：the case of scientific interaction at a distance [J].The annals of regional science，1993，27（1）：5-9.

[100]   CARLILE P R. Working knowledge：how organizations manage what they know [M]. Boston：Harvard Business School Press，1999.

[101]   HESSEY R，WILLETT P. Quantifying the value of knowledge exports from librarianship and information science research [J]. Journal of information science，2013，39(1)：141–150.

[102]   JUAN J C，CHEN Z F. Patent collaboration and international knowledge flow [J].Information processing&management，2012，48（1）：170–181.

[103]   KARL M，NEWELL .Kinesiology: challenges of multiple agendas[J]. Quest，2007（59）：5–24.

[104]   LIAO S H，HU T C. Knowledge transfer and competitive advantage on environmental uncertainty：an empirical study of the Tai-wan semiconductor industry[J].Technovation，2007，27（6/7）：402–411.

[105]   ODELL J D，GABBARD R. The interdisciplinary influence of library and information science 1996–2004: a journal–to–journal citation analysis [J]. College & research libraries，2008，69：546–565.

[106]   POLANYI M.The tacit dimension [M].Chicago：The University of Chicago Press，1966.

[107]   THOMAS P，MCMILLAN G S. Using science and technology indicators to manage R&D as a business[J]. Engineering management journal，2001，13（3）：9–14.

[108]   WEST J，BOGER M.Leveraging external sources of innovation：a review of research on open innovation[J]. Journal of product innovation management，2014，31（4）：814–831.

[109]   YAN E，DING Y，ZHU Q. Mapping library and information science in China:coauthorship network analysis[J].Scientometrics，2010，83（1）：115–131.